KiWi
1690

Das Buch

Die Beatles, die Stones, Bob Dylan, ja gut, aber ein Deutscher, der auf Deutsch rockt – unmöglich. Rock'n'Roll war in Deutschland bis Mitte der 70er-Jahre eine rein angloamerikanische Angelegenheit. Dann kam Udo und machte alles anders. Und ein halbes Jahrhundert später ist er immer noch da – größer und erfolgreicher denn je. Nicht mehr Onkel Pö, sondern ausverkaufte Fußballstadien. Udo Lindenberg ist die große epische Figur des deutschen Pop. Er half, eine Gegenkultur zu formen, die das Land bis heute geprägt und verändert hat, zum Besseren. Das Buch »Udo« erzählt die ganze Geschichte, die Abstürze und die Triumphe, die Niederlagen und Siege. Basierend auf Udo Lindenbergs Erinnerungen, auf Berichten von Wegbegleitern und Mitgliedern des Panikorchesters, aufgeschrieben von Thomas Hüetlin – ein Geschenk an alle Fans, ein einmaliges Dokument der Zeitgeschichte und ein rasanter Ritt durch sieben Jahrzehnte BRD, illustriert vom Meister selbst.

Über die Autoren

Udo Lindenberg, geboren 1946 in Gronau, ist Deutschlands bedeutendster und erfolgreichster Rockmusiker. Er ist Songtexter, Dichter, Bildender Künstler. Seit 1971 erschienen 36 Studioalben und 9 Livealben. Er erhielt für seine Arbeit unzählige Preise und Auszeichnungen.

Thomas Hüetlin, geboren 1961. Studium der Literatur- und Politikwissenschaften. Deutsche Journalistenschule. Arbeitete bei Tempo und seit 1991 beim SPIEGEL, u. a. als Auslandskorrespondent in New York und London. Für seine Reportagen wurde er mit zahlreichen Preisen geehrt.

UDO

UDO LINDENBERG
MIT THOMAS HÜETLIN

Mit Illustrationen von Udo Lindenberg

Kiepenheuer & Witsch

MIX
Papier | Fördert gute Waldnutzung
FSC® C083411

5. Auflage 2026

Umschlaggestaltung Rudolf Linn, Köln
Umschlagmotiv © Tine Acke
Illustrationen Innenteil © Udo Lindenberg
Gesetzt aus der Dolly und der DIN
Satz Buch-Werkstatt GmbH, Bad Aibling
Druck und Bindung CPI books GmbH, Leck
ISBN 978-3-462-05345-6

Kontaktadresse nach EU-Produktsicherheitsverordnung:
produktsicherheit@kiwi-verlag.de

INHALT

TOD IN KREUZBERG

Ein Anruf aus Berlin 9
Das Möbelhaus 19
Der Flashkopp 39

GRONAU, WEST-GERMANY

Gartenstraße Nr. 3 59
Eine neue Sprache 77
Kleine und große Fluchten 94

ALLES KLAR, ABFAHRT

Trommelstöcke in der Tasche 117
Der Millionenscheck 144
Der Zirkus 183

PIONIER IM WILDEN OSTEN

Kein Bock auf Null Bock 205
Stell dir vor, du kommst nach Ostberlin 219
Gitarren statt Knarren 247
Hinter der Mauer 260

DER PHARAO
Ehrenkodex und Brut Impérial 267
Lebensfreude-Kongress 289
4,7 Promille 304

FOREVER 28ER 323

Personenregister 339
Danksagung 345
Textnachweise und Copyrights 346

TOD IN KREUZBERG

EIN ANRUF AUS BERLIN

Stell Dir vor, Du gibst eine Party, und das Ganze dauert ein bisschen länger.

Nicht bis zum Morgengrauen. Nicht zwei oder drei Tage. Eher vierzig Jahre. So genau weißt Du es nicht mehr. Es ist schließlich eine Party, und da kann es schon mal passieren, dass man den Überblick verliert.

Du konntest Dir das leisten, weil es ja Dein Beruf ist, das Leben zu feiern und Dich dabei gehen zu lassen, denn Du bist ja ein Rockstar.

Was für den Direktor von Wüstenrot der penibel aufgeräumte Schreibtisch und der ordentlich gezogene Scheitel ist, das sind für Dich hübsche Frauen, die Dich bis ins Bett Deines Hotelzimmers verfolgen, und die leeren Flaschen, die der Etagenkellner wegräumt, wenn Du weit jenseits des Zwölf-Uhr-Läutens die Augen aufschlägst.

Klingt alles ganz lustig, aber wenn Du so ein Ding über vier Jahrzehnte durchziehst, gibt es auch miese Tage.

Und, weil auch Rockstars Menschen sind, die zwar die Gesetze der Biologie dehnen können, aber sie nicht überwinden, werden diese schlimmen Tage eher mehr.

Tage, an denen Du den Etagenkellner anflehst, die Vorhänge

Deiner Präsidentensuite noch ein wenig geschlossen zu halten. Du bist schließlich in einem Luxushotel und nicht bei der Bundeswehr, und, wenn Du ehrlich bist, weißt Du mit dem Licht da draußen nicht mehr viel anzufangen.

Dein Tag ist die Nacht. Die Dunkelheit weckt Dich auf. Der Alkohol, die Sprüche Deiner Entourage, wie Du Deine Kumpels nennst, dienen als Beschleuniger. So gegen 10 Uhr, wenn der Mann von Wüstenrot allmählich ins Bett geht, kommst Du langsam gut drauf.

Die Reise beginnt, rumstreunen nennst Du das. Neue Wege suchen, neue Abenteuer, auch, wenn das Ende, ein dicker Schädel, meist feststeht. Der nächste Tag, der Etagenkellner, Du kennst das Spiel.

Manchmal hast Du Angst, dass es nicht ewig so weiterlaufen wird, dass Dich der Schlag trifft oder eine schlimme Krankheit Dich dahinrafft oder Dein Herz auf einmal stillsteht. Aber es ist ja alles bis jetzt gut gegangen, und wenn Du Dich der Zwei-Promille-Grenze näherst, wächst in Dir die Überzeugung, dass es auch in Zukunft gut gehen wird.

Der Alkohol ist Dein Schutzengel, flüchtig, wankelmütig, wie das so seine Art ist. Aber zu Deinem Glück gibt es noch einen echten Schutzengel. Einen, der Dich nie hängen lässt, der immer da ist, wenn Du ihn brauchst: Mr Zuverlässig, der Typ, der Dich in Deiner Garderobe aufbaut, wenn Du Dich nicht raustraust auf die Bühne, der Typ, der mit den Ärzten spricht, wenn Du wieder eine Entziehungskur brauchst, der Typ, der Dich beschützt hat, seit Du denken kannst.

Erich. Dein älterer Bruder. Mit vollem Namen Erich Lindenberg.

Du bist sein junger Bruder Udo. Udo Lindenberg.

Und dann erfährst Du, dass dieser Schutzengel Erich tot ist.

*

Verstorben, nicht mehr am Leben, es gibt viele Worte dafür, wenn ein Mensch aufhört zu atmen. Udo kannte sie alle. Neu war aber für ihn das Gefühl, umgerissen zu werden.

Der große Udo, Mr Flexibel, Mr Superelastisch. Der Mann mit den Beinen, die oft wirkten, als seien sie aus Kautschuk. Das Wesen, das es meist schaffte, schneller zu sein als die Schläge, die das Schicksal bereithält. Dieser große Udo saß am Samstag, dem 16. September 2006, schwer atmend auf seinem Bett im Atlantic in Hamburg.

Ausgeknockt von einem Anruf aus Berlin.

Ein Mann namens Werner Tammen war am Apparat, und er sagte, die Polizei habe gerade die Eisentür zu Erichs Atelier in der Möckernstraße in Berlin Kreuzberg aufgebrochen. »Erich ist auf dem Bett gelegen, die Decke war glatt gestrichen. Keine Spuren von Gewalteinwirkungen. Er wirkte, als sei er einfach eingeschlafen.«

Udo harrte auf seinem Bett, regungslos. Dann rief er seine Schwester Inge an, teilte mit ihr die traurige Nachricht.

Beide rangen damit, wollten es nicht wahrhaben. Sagten sich immer wieder gegenseitig: Doch nicht Erich. Der lebte doch so gesund. Der rauchte doch nicht. Der trank doch höchstens ein Glas Rotwein am Abend. Der fuhr fast alle Wege, selbst im weit ausgedehnten Berlin, mit dem Rad.

Erich doch nicht.

Doch Erich.

So ging es hin und her. Unglauben. Verzweiflung. Gewissheit. Doch Erich.

Udo dämmerte weg. Am nächsten Tag setzte er sich in seinen Porsche und fuhr nach Berlin. Im Hinterhof von Erichs Atelier in der Möckernstraße klebte kalter Nebel, aber die Tanzschule unter dem Atelier feierte eine Party. »Fröhlicher Samba« war auf einem Plakat angekündigt, brasilianische Rhythmen klangen im Kreuzberger Herbst. Seltsame Gleichzeitigkeit. Erich war tot, und die Mieter unter ihm gaben eine Party.

Udo, noch immer schwer von Schock und Trauer getroffen, lehnte an der Mauer, lauschte der Musik und begann, das Ganze als Abschiedsfest für Erich zu deuten.

Udo dachte an Erich, der ein abstrakter Maler gewesen war, einer, dessen Bilder vor allem grau und weiß und hell und dunkel waren und vom Verschwinden des Individuums handelten. Die Schatten der Toten von Hiroshima. Solche Sachen. Essenzielles Zeug. Schwerer Stoff. In vielem das Gegenteil von Udo.

Erich hatte Malerei studiert, an der renommierten Folkwangschule in Essen. Aber er konnte sich nicht verkaufen, auch weil er den lauten, grellen Kunstbetrieb hasste und seine Kunst auch als Kritik an diesen Zuständen begriff.

Fast vier Jahrzehnte lang hatte Erich die meisten seiner Bilder in seiner hellen Wohnung in München Haidhausen am Wiener Platz gestapelt, ganz selten eines verkauft und wenn für wenig Geld. Sein Leben finanzierte Erich vor allem mit Zeichnungen, die er für das Münchener Amt für Denkmalpflege erstellte. Die Zeichnungen von den Fundstücken, die bei Ausgrabungen aus der Erde geholt wurden, waren so etwas wie seine Lebensgrundlage. Sein Basisgehalt, mit dem er seine Arbeit finanzierte: das Verschwinden des Individuums aus unserer Welt zu zeigen.

Jetzt war Erich weg, aufbewahrt bei einem Beerdigungsunternehmen, und Udo lehnte an der Mauer im Hinterhof. Er hörte die Musik, er wollte sie als Ehrenbezeugung für Erich umdeuten, aber seine Füße blieben still, als hätte er Schlamm an den Sohlen.

Udo dachte wieder nach. Wie Erich vor einem halben Jahr nach Berlin gezogen war, um doch noch einmal zu versuchen, Erfolg zu haben in einer anderen Stadt. Neues Berlin, neues Glück. Ein Atelier, in dem auch Udo manchmal arbeiten würde. Zu guter Letzt vereint, die ungleichen Brüder, in einem Raum.

Zusammen, weil sie einander nicht nur schützten, sondern auch, wenn sie es auch nie so genannt hätten, einander brauchten und liebten.

Gerade, weil sie so unterschiedlich waren.

Udo, der Profi, und Erich, der ewige Amateur.

Udo, der Popstar, Erich, der Purist. Udo, der immer die maximale Verbreitung wollte, Erich, der seine Bilder zu Hause bis unter die Decke stapelte. Udo, der immer an seiner Sichtbarkeit arbeitete, Erich, der sich versteckte.

Udo dachte an die Diskussionen mit Erich. Über den Hype des Kunstmarktes, mit dem man, so Udo, spielerisch umzugehen habe.

Nimm die Scheiße nicht so ernst, Erich, hatte ihm Udo oft gesagt. Und Erich hatte geantwortet: »Das kann ich nicht. Ich nehme das wahnsinnig ernst!«

»Ich bin doch nur ein kleiner Stricher«, hatte ihm Udo geantwortet – auch um Erich zu zeigen, dass er es mit ihm an Können, Tiefe, Ernsthaftigkeit und Anspruch nie würde aufnehmen wollen.

»Du verkaufst Deine Sachen doppelt so teuer wie ich – obwohl Du nur mit Eierlikör herumspritzt«, hatte Erich gesagt. »Du machst doch keine Gemälde, Du machst Cartoons, nur Cartoons, Likörelle, den ganzen Quatsch.«

»Ist doch scheißegal, wie wir das nennen«, sagte Udo. »Ich bezeichne meine Sachen als Gemälde, klingt teurer, klingt nach Werkverzeichnis. Ich hau einfach einen Galeristen an, so bin ich drauf: Ey Du, lass mal schnacken, nee?«

Aber Erich schüttelte nur den Kopf. Das war nicht seine Art, Ey Du, lass mal einen schnacken, nee? Erich litt unter seiner Erfolglosigkeit, und Udo litt mit. Wollte, dass Erich ein bisschen fröhlicher und leichter mit dem in seinen Augen völlig irren Kunstmarkt umgeht.

Udo lehnte noch eine Weile an der Hausmauer und hörte dem Samba der Tanzschule zu. Es war eine etwas surreale Totenfeier, improvisiert, umgedeutet, irgendwie Kunst.

Erich in seinem Atelier darüber hätte sicher seinen Spaß gehabt. Nur leider blieb es beim Konjunktiv, denn Erich war tot. Und ja, vielleicht lächelte er jetzt, aber dann von einer Wolke am nächtlichen Himmel oder auf einem Kahn unten am Hades, wo ihn ein Fährmann mit sicheren Ruderschlägen ins Jenseits steuerte.

Erich, das spürte Udo, als der Samba den Hinterhof beschallte, war in guten Händen. Udo drückte sich von der Hauswand weg, zog den Hut ein wenig tiefer und machte sich auf den Weg zurück ins Hotel Interconti, sein Basiscamp, wenn er in Berlin zu tun hatte.

Er war traurig, als er durch die Straßen dorthin fuhr, aber das Adrenalin, das bei so einem Todesfall in den menschlichen Körper strömt, tat ebenfalls seine Arbeit und erfüllte ihn mit einer merkwürdigen, nervösen Energie.

Klar, Erich lächelte jetzt, aber es war trotzdem notwendig, dass man Erich bald auf dem ganz realen Planeten Erde in der ganz realen Metropole Berlin die Art letzter Ehre erwies, die ihm zustand.

Erich sollte nicht irgendwo verscharrt und vergessen werden. Das Adrenalin pumpte, und wie immer, wenn es in einer angemessenen Dosis, nicht zu viel, nicht zu wenig, durch Udos Blutbahnen gespült wurde, hatte er eine Idee.

Udo würde dafür sorgen, dass Erich an einem würdigen Ort beerdigt wird. Und gab es für Erich einen passenderen Ort als diesen verwunschenen kleinen Friedhof an der Chausseestraße in Berlin-Mitte?

Der Platz war ein wenig unscheinbar, schon klar. Draußen rumpelte eine Straßenbahn vorbei, die Straße war eigentlich nicht nur im November und im Februar, sondern das ganze Jahr schmutzig. Aber auf diesem Friedhof lagen viele Männer und Frauen, die etwas bewirkt hatten in diesem Land, Männer und Frauen, deren Geist die Künste und die Kultur leuchten ließ und deren Strahlkraft oft angehalten hatte bis heute.

Bertolt Brecht und seine Frau Helene Weigel waren hier beerdigt. Die Philosophen Johann Gottlieb Fichte und Georg Wilhelm Friedrich Hegel. Heinrich Mann und Johannes R. Becher. Heiner Müller. In dieser Gesellschaft, davon war Udo überzeugt, würde Erich sich wohlfühlen.

Dort gehörte er hin.

Ein Leben lang war Erich schüchtern gewesen. Seine Zurückhaltung hatte seinem Erfolg im Weg gestanden und hatte verhindert, dass die Sonne mit voller Kraft sein Talent hätte bestrahlen können. Aber damit war es nun vorbei. Udo würde seinen Bruder ordentlich unterbringen. Ob der wollte oder nicht. Aber tief drinnen wusste Udo: »Wahrscheinlich wollte Erich das.«

Er hatte es immer gewollt.

Der Tag der Bestattung war klar wie eine Flasche Evian. Die Luft herbstlich frisch, der Himmel dunkelblau, dazu Udo, der sich nicht hatte groß umziehen müssen für Erichs letzten Akt: Schwarz war ja die Grundfarbe seiner Uniform, der Mantel aus schwarzem Leder, die schwarze Brille, schwarze Hosen.

Der kleine Friedhof war gut gefüllt, Udo hatte einen großen Strauß sehr langstieliger roter Rosen bereitstellen lassen, damit die Freunde, Familie und Weggefährten des Bruders einen letzten Gruß zu dessen Urne legen konnten. Im Anschluss ging es in Kleinbussen in ein Kreuzberger Café zu einer kleinen Stärkung. Udo saß still und melancholisch am Tisch, als sich eine Freundin des Bruders aus München näherte und fragte, ob Udo nicht überlege, einen Song über den verlorenen Bruder zu schreiben. Udo nahm die Brille kurz ab. Die Freundin sah Augen, die aussahen, als hätten sie seit

Tagen keinen Schlaf mehr gefunden, wund vor Traurigkeit, aber keine Tränen.

»Der Tod ist ein Irrtum, ich krieg das gar nicht klar. Die rufen gleich an und sagen, es ist doch nicht wahr«, sagte Udo auf die Frage von Erichs Freundin. Es waren, wie sich zwei Jahre später herausstellen sollte, die ersten vier Zeilen zu »Stark wie Zwei«.

Erich war anfangs der gewesen, der vorausgegangen war. Der den Weg gebahnt hatte in Gronau. Und, als Udo später diesen Weg verlängert, ausgebaut und verbreitert hatte zu seiner eigenen Autobahn, dem Udoway, da stellte Erich den seelischen Boxenstopp, die geistige Tankstelle dar, und, wenn es sein musste, auch noch das Rettungsfahrzeug in Form eines Ein-Mann-Unternehmens namens Älterer Bruder.

Verdammt noch mal, Erich. Bisschen früh, hier einfach zu verduften.

Kein Wunder, dass Udo ihn vermisste.

Der Udoway war jetzt nur noch ein Highway ohne Leitplanken. Eine grell ausgeleuchtete Betonpiste, auf der man sich den Hals brechen konnte, wenn man allein und schnell unterwegs war.

Kein Speedlimit, kein Stoppzeichen.

Dummerweise nur war ausgerechnet diese Disziplin Udos Spezialität.

Die Überholspur sowieso.

»Der Junge liest, er taugt nicht«, hatten die Bürger von Gronau über diesen groß gewachsenen Jungen namens Erich gesagt.

Einer, der rote Haare hatte und über die Felder spazierte mit einem Buch von Sartre oder Goethe in der Hand. Einer, der in der Schule nur Bestnoten hatte und sich trotzdem nicht für einen Beruf interessierte, in dem man aus Zahlen Geld machen kann.

Einen, der stattdessen Jazz hörte. Duke Ellington, Miles Davis, zunehmend schwieriges, unzugängliches Zeug, das zu Sartre passte. Erich, der Existenzialist von Gronau.

Eine Art seltsamer Heiliger. Respektiert, ein wenig gefürchtet, anstößig in seiner Brillanz.

»Ihr seid kein Erich«, dieser Satz war Erichs Echo für seine Geschwister, ein Vermächtnis, das Erich in der Lehrerschaft von Gronau hinterlassen hatte.

»Ihr seid kein Erich«, das bekamen die Zwillingsschwestern Erika, genannt Ecki, und Inge sowie Udo gerne zu hören, wenn sie wieder ihre Zweien und Dreien und Vieren und manchmal Fünfen abholten am Lehrerpult.

Kein Erich, denn Erich war der mit den Einsen gewesen.

Gemütlich liegt er da, der Friedhof. Fast kuschelig, dachte Udo, als er mit seinem Porsche zurückfuhr ins Atlantic. Der Verlust hatte ihn Kraft gekostet, die Beerdigung mit Erichs Freunden war zwar kein Trost, aber sie schenkte Udo das Gefühl, etwas getan zu haben für den Bruder. Aufgestanden zu sein gegen einen Schmerz, der ihn hatte taumeln lassen.

Im Atlantic angekommen, verschwand Udo schnell in seiner Suite. Er dachte an seine Mutter Hermine und wie er nach deren Tod die Sauferei sechs langer Jahre beendet hatte. Ihm dämmerte, dass der Schmerz jetzt auch eine Chance war. Ein Weckruf, Dinge zu ändern, die er angefangen hatte, für normal zu halten.

Dauerbedröhnt zu sein, gehörte zu diesen Dingen. In dieser Blase von Alkohol, teuren Roomservice-Rechnungen und einer schulterklopfenden Entourage eingeschlossen durch die Jahre zu gleiten und nicht zu merken, dass die wirklich guten Zeiten lange vorbei waren. So over, dass einige in der Entourage sich nicht einmal mehr an sie erinnern konnten, die geilen Tage.

»Entweder ich sauf mich tot oder ich versuch noch mal ein richtiges Comeback«, hatte Udo ein paar Vertrauten manchmal geflüstert, wenn er durch die Risse der Blase auf jene seltsame Welt blickte, die er damals seinen Alltag nannte.

Als er jetzt in seiner Suite saß, beschloss er, dass Totsaufen als Option ausgedient hatte.

Tot war Erich, er war der Erste von den vier Geschwistern, der sich verabschieden musste.

Der Sensenmann war in der Familiengeneration von Udo angekommen. Das Dasein, falls es da nach der zweiten Flasche Whisky noch irgendwelche Illusionen gegeben haben sollte, war begrenzt. Klar, das Ende konnte an jeder Ecke lauern, man konnte den Weg dorthin aber auch noch beschleunigen.

Mit einer dritten Flasche Whisky.

Oder eben nicht.

»Für den geheiligten Namen Lindenberg noch mal ein großes Ding machen«, sagte sich Udo in seiner Suite.

Ein großes Ding, er hatte es ausgesprochen. Das große Ding stand sozusagen im Raum, in seiner Suite. Es bedrängte ihn.

»Damit eins mal klar ist«, sagte Udo.

»Das große Ding geht nur ohne Suff im Kopp.«

Nüchtern.

DAS MÖBELHAUS

Stell Dir vor, Du sitzt auf der Rückbank einer Limousine, schön und bequem, der Fahrer hat alles im Griff, aber es breitet sich trotzdem eine gewisse Unruhe in Dir aus.

Du würdest gern anhalten, Dir kurz die Beine vertreten, vielleicht sogar die Landschaft, die an Dir vorbeifliegt, genauer ansehen. Aber das geht nicht, denn Dein Business ist die große Fahrt.

Trotzdem merkst Du, dass der Motor ruckelt und der Tank allmählich leerer wird. Und dummerweise hat niemand in Deiner Limousine noch Bares, um teures Benzin zu kaufen. Aber Du bleibst auf Kurs. Der Motor wird schon aufhören zu stottern. Jemand mit Geld für den Sprit wird kommen oder welches überweisen.

Aber so sicher wie früher, dass alles gut wird, bist Du Dir nicht mehr.

Da denkst Du an Rex Gildo, der zehntausend Mal Hossa gesungen hat, am Ende in irgendwelchen Möbelhäusern, nur um den Tank noch vollzukriegen, bis zum nächsten Möbelhaus.

Du beruhigst Dich, weil Du nie Rex Gildo warst, kein Schlagersänger, der nach der Peitsche von Dieter Thomas Heck tanzte. Du bist Udo, der Rock'n' Roller, der das Mikrofon wie ein Lasso schwingt, aber nie die Peitsche.

Nur, auch Deine Geschäfte gehen nicht mehr besonders. Und Deine Entourage hat Hunger und vor allem immer Durst. Du zeichnest die Rechnungen ab, weil Du schließlich der Chef bist. Don Udo Corleone.

Aber da draußen vor Deinem Limousinenfenster ziehen jetzt Baumärkte vorbei – und die Dinger kommen irgendwie näher, obwohl sie noch weit genug weg sind, den Sicherheitsabstand hinter dem Limousinenglas noch halten.

Es ist mehr so ein Gefühl, aber aus dem Gefühl wird ein Gedanke: »Verdammt nah, der Baumarkt, und ist Rex Gildo nicht irgendwann aus dem Fenster gesprungen und war tot, weil er die Möbelhäuser nicht mehr ausgehalten hat?«

Dann denkst Du wieder an den Baumarkt. Es ist eine sehr unangenehme Vorstellung, und sie wird auch nicht angenehmer, wenn Du an den Parkplatz vor dem Baumarkt denkst, wo sie Dich nach dem Auftritt zwischen Farbkübeln und Duschvorhängen und Klobürsten vermöbeln, weil sie finden, »Cello« hätte aus Deinem Mund schon mal besser geklungen.

Ein paar Töne, sagen sie, sind falsch. Sie reklamieren mit der Faust und Stiefeltritten.

Nee, nee, das ist eine ganz unangenehme Vorstellung. Lieber an was Schönes denken. Oder einen trinken und an was Schönes denken. Oder einfach weiterfahren, einen trinken und an gar nichts mehr denken.

Du kannst das, Du bist schließlich Udo Lindenberg.

*

Die Krise, die mit dem Tod Erichs ihren Höhepunkt erreichte, hatte sich schon seit Jahren um Udo herumgeschlichen. Sie hatte ihn manchmal richtig gepackt und geschüttelt, aber Udo, der, wenn es sein muss, auch ein Weltmeister im Verdrängen sein kann, wollte nichts davon wissen, dass die Zeiten schlechter wurden.

Kurz nach der Jahrtausendwende hatte Udo einen Song geschrieben. Er hieß »Der Millionär hat keine Kohle mehr«. Es ging um einen Spekulanten, der an der Börse sein Vermögen verzockt hatte.

Um einen Typen, der geglaubt hatte, einen lebenslangen Anspruch auf das Beste vom Besten zu haben, und der nun, tief gefallen, nicht mehr in der Präsidentensuite residierte, sondern im Hotel Filzlaus an der Reeperbahn.

Der Millionär hat keine Kohle mehr
das Leben ist grausam
und die Taschen sind leer
Haste mal 'n schlaffen Euro oder 'ne müde Mark?
Die letzte Bank, die ihm noch bleibt
ist die Bank im Park

Das klang durchaus nach Spott und Hohn für einen protzenden Armleuchter, aber selbst die, die es gut mit Udo meinten, konnten schwer übersehen, dass da auch Züge von ihm selbst auftauchten, nicht nur zwischen den Zeilen, sondern gewissermaßen als Zweitstimmen im Ohr des besser informierten Zuhörers. Udos Karriere befand sich seit Langem in einem sanften Sinkflug. Zwar gab es noch gutes, sicheres Geld aus alten Verträgen, aber künstlerisch lebte Udo auf Kredit, und er wusste es.

Entweder ich sauf mich tot, oder ich versuch noch einmal ein Comeback.

»Der Millionär hat keine Kohle mehr« war einer der wenigen Songs auf dem Album »Atlantic Affairs« aus dem Jahr 2002, die Udo selbst getextet und komponiert hatte.

Der Song auf einem Album, das ansonsten von der Vertreibung

und dem Exil jüdischer Komponisten und Musiker im Dritten Reich handelte. Udo sang Coverversionen von diesen Liedern, es war als Hommage gedacht, aber eine ungewollte Begleiterscheinung war, dass in diesen Songs, die von Verschwinden handelten, auch klar wurde, dass Udo sich immer weiter von dem entfernte, was er einmal gewesen war.

Klar, es waren Songs, die im Ozean des Vergessens herumtrieben und die es absolut verdient hatten, wieder gehört zu werden. Songs wie »Bin nur ein Johnny« von Paul Abraham oder »My Ship« von Kurt Weill oder »Irgendwo auf der Welt« von Werner Richard Heymann oder »Es sind die finsteren Zeiten« von Hanns Eisler.

Allein schon die Geschichten um diese Komponisten, die auf der Flucht vor Hitler ihre Karrieren, ihre Tische im Caféhaus, ihre Wohnungen, ihre Fans, ihren Ruhm hatten hinter sich lassen müssen, um in einer neuen Welt, einer neuen Sprache, im völlig Unbekannten wieder anzufangen!

Es waren Geschichten, die Udo manchmal spätnachts in der vermeintlichen Behaglichkeit seines sicheren Atlantic Dampfers den Schlaf raubten. Geschichten, in die er sich vertiefte, die er mit erlitt.

»Und immer wieder diese kleinen, schäbigen Hotels«, sagte Udo oft kopfschüttelnd, zog an seiner Zigarre und vergrub sich wieder in die Biografien jener hochbegabten Musiker und Feingeister, die die stumpfen Mächtigen von damals als Stümper geschmäht, bedroht und verjagt hatten.

Männer wie Paul Abraham, der aus Budapest stammend im Berlin der 30er-Jahre das heruntergekommene Genre der Operette komplett erneuert hatte, der mit seinem Jazz und frechen Texten in den besten Häusern gefeiert wurde und der dann plötzlich flüchten musste nach New York.

Dort im Mutterland des Jazz hatte niemand auf Abraham gewartet. Ein König der neuen Operette in Europa, ein Niemand in Amerika.

Schnell gesellten sich Geldsorgen zur fehlenden Anerkennung, ein Strudel der Depression setzte ein, so verheerend, dass Abraham sich Mitte der 40er-Jahre auf der New Yorker Madison Avenue wiederfand, wo er statt eines Orchesters nur den Verkehr zu dirigieren versuchte – ohne dass die Polizei von Manhattan ihn darum gebeten hatte.

Einige Jahre war er darauf in der geschlossenen Psychiatrie in Long Island eingesperrt. Erst Mitte der 50er-Jahre dann Rückkehr nach Hamburg, erneut Psychiatrie, schließlich früher Tod 1960, umnachtet, in der Anstalt, überzeugt, in New York zu leben und bald jenen Erfolg zu haben, der ihm nie vergönnt gewesen war.

Oder Friedrich Hollaender, Kabarettist, Komponist, Klavierbegleiter in Stummfilm-Kinos. Vor allem aber schrieb er Musik zu Josef von Sternbergs Kinomeisterwerk »Der blaue Engel« mit Marlene Dietrich als Lola Lola, die »Ich bin von Kopf bis Fuß auf Liebe eingestellt« singt.

Auch er musste sein Leben retten und 1933 Deutschland verlassen, undenkbar zwei Jahre zuvor, als er sich im Berliner Kabarett mit dem Song »An allem sind die Juden schuld« noch über die Nazis und ihr durchsichtiges Sündenbock-Gesuche lustig gemacht hatte.

In Hollywood gründete er sein Berliner Tingel Tangel Theater neu. Zur Premiere kamen Stars wie Gary Cooper, Bette Davis und Ernest Hemingway.

Charlie Chaplin schrieb ins Gästebuch »Never laughed so much before« – aber als der Geschäftsführer mit der Kasse durchbrannte, war Hollaender erneut am Boden. Er rappelte sich wieder auf und wurde zu einem der beliebtesten Filmkomponisten Hollywoods, schrieb über 150 Songs unter anderem für Billy

Wilder und Ernst Lubitsch, seine Lieder kletterten in die Charts, gesungen von Louis Armstrong, Bing Crosby und Billie Holiday.

Aber trotz dieser Erfolge blieb die Vertreibung eine Wunde. Mitte der 50er-Jahre kehrte Hollaender zurück nach München, wo er 1976 starb.

Abraham, Heymann, Weill, Eisler, Hollaender, alle diese Geflüchteten, die mit dem Leben davongekommen waren, einte neben ihrer Brillanz und einem Übermaß an Talent der Schmerz, in die Fremde ausgestoßen worden zu sein.

Alle wollten nach dem Krieg zurückkehren in ein Land, in dem ihre Familien zum Teil ausgelöscht worden waren.

Wurden sie mit offenen Armen empfangen? Nichts dergleichen, auch das geschrumpfte Deutschland blieb ein kaltes, verklemmtes, oft feindseliges Land. Eisler, der in Ostberlin eine Heimat fand und die Nationalhymne der DDR komponieren durfte, hatte Glück. Heymann dagegen musste im Westen noch 1957 einen »Kulturtest« absolvieren, um wieder einen deutschen Pass zu erhalten.

Udo wollte mit seinem Album nachhelfen, diese Schande und Ungerechtigkeit zu korrigieren, er legte sich schwer ins Zeug – vielleicht zu schwer.

Das Projekt, inszeniert als Revue, mit Gästen wie Yvonne Catterfeld, blähte sich so weit auf, dass Udo kaum noch darin zu erkennen war. Technoklänge und eine arg elektronisch wirkende Produktion im bemühten Stil eines neuen Berlin taten ihr Übriges.

Udo geriet unter Wasser auf seinem Atlantic Dampfer. Die wirklich fabelhafte Idee hinter »Atlantic Affairs«, die großen jüdisch-deutschen Komponisten der Weimarer Republik im wiedervereinigten Berlin der Jahrtausendwende bekannt zu machen, gelang nicht ganz.

»Atlantic Affairs« schaffte es nur bis Platz 76 in den deutschen Charts. Nach einer Woche fiel das Werk aus der Hitliste. Mit knapp

7000 Stück blieb es eines der am schlechtesten verkauften Alben, die Udo je aufgenommen hat. Eine echte Enttäuschung.

Udo ließ sich den Tiefschlag nicht anmerken. Er ging mit einer aufwendigen Revue auf Tournee, rauchte Thymian-Rosmarin-Zigaretten, trank Kräutertee, ließ sich von seinem Leibwächter Eddy Kante Fitnessübungen zeigen und versuchte nach einer Meniskus-OP, sein rechtes Knie nicht zu sehr zu belasten.

Sein neuer ständiger Begleiter war nun ein schwarzer Gehstock. Teuer sah das Ding aus, besonders der Griff: ein Vogel in Silber.

Aber der Sinkflug seiner Karriere zog Udo auch innerlich runter. Vor den Hotels in Erfurt oder Leipzig, die er bestenfalls mal kurz nachmittags verließ, standen nicht mehr drängelnde Fans mit breiten Filzstiften und aufgeklappten Blöcken.

Da waren nur noch zufällig einkaufende Passanten in bunten Goretex-Jacken, die die alternden Männer mit den unkrautartigen Haaren und den Lederkutten anstarrten wie einen Rocker-Club aus der Provinz, dem die Motorräder nachts aus der Hotelgarage gestohlen worden waren. Desperados mit abgeschubberten Kreditkarten. Das Ablaufdatum rückte näher. Verlängerung? Na, mal sehen.

Natürlich war Whisky an solchen Nachmittagen keine Lösung. Aber wann hatte dieser Spruch je geholfen? Vor allem, wenn zu den Goretex-Jacken noch Nieselregen kam.

Manchmal musste Udo auf dem Weg zur Bühne gestützt werden, manchmal hatte er Probleme mit den Texten auf dem Teleprompter. Nichts wirklich Dramatisches, nicht so schlimm wie gelegentlich in den 90er-Jahren.

Aber trist, irgendwie.

Man dachte an Friedrich Hollaender und was er wohl für eine Melodie unter die Szenen solcher Abende gelegt hätte. Etwas in Moll, klar, dazu ein schlichtes Geigerquartett, das langsam über die Saiten strich.

Dazu kam nun, was Udo wirklich seit Jahrzehnten nicht mehr kannte: finanzieller Kummer.

Gut, ein Teil von Udo hatte immer der Abteilung Zocker angehört, so schwere Brillen am Spieltisch und alles auf Rot, bis den Groupiers der Schweiß ausbrach, die Bank in die Luft flog, die Damen ihren langweiligen reichen Ehemännern die Perlenketten auf den grünen Filz knallten, um mit Udo, der schwersten Brille of all auf einer weißen Jacht in den Sonnenuntergang zu segeln, logisch, diese Art Bild von Udo hatte es immer gegeben.

Aber das war Zockertum als Image, als Showbiz, und vor allem war es für die guten Zeiten reserviert. Jene, in denen die Musik Udo ein geiles Blatt in die Hand gab und er die Hits wie Trümpfe von oben runterspielen konnte.

Aber jetzt mit einer Woche auf Platz 76 und Thymian-Rosmarin-Zigaretten sah die Sache anders aus. Safety first war nun die Parole des Don. Noch nicht Schwimmwesten anlegen, aber auch keine idiotischen Manöver, bei denen man sich den Hals brechen konnte, alles klar?

Aber genau solche Manöver hatten die Leute, denen Udo sein in vielen langen Nächten zusammengesungenes Geld anvertraut hatte, getätigt.

Udo konnte es nicht glauben.

Er hatte bei seiner seriösen Hamburger Bank angerufen und sich nach dem Stand seines Vermögens erkundigt. War durchgestellt worden zum Mann seines Vertrauens.

Hüsteln. Röcheln. Schließlich die Botschaft: Der Markt sei schwierig in den letzten Wochen, die Aktien hätten sich negativ entwickelt.

Pause.

Und was heißt das nun unterm Strich, wollte Udo wissen.

Nichts mehr da, war die Antwort.

Wie – nichts mehr da?

Ihr Depot, Herr Lindenberg, ist leer.

Easy, dachte Udo. Er hatte Erfahrung in Krisen finanzieller Art. Zum Beispiel hatte er in den 90er-Jahren einem Typen namens Jürgen Harksen einmal 100 000 Mark gegeben, weil der versprochen hatte, daraus 13 Millionen Mark zu machen.

Harksen hatte angegeben wie ein Lude von der Reeperbahn.

Er hatte gelbe Lamborghinis mit Flügeltüren vors Atlantic gestellt, er hatte Champagner ausschenken lassen, als sei es Wasser, aber was die Leute wirklich high machte bei seinen Partys hoch über der Elbe, war der Gedanke von den sagenhaften 1300 Prozent Gewinn.

Richtig besoffen waren sie vom ganz großen Geld.

Und, weil Udo niemandem den Spaß verderben wollte, hatte er kurz mitgetanzt und Harksen 100 000 Mark überlassen.

Dann, nach ein paar Tagen, war Udo ein bisschen früher aufgestanden, hatte bei Harksens Villa geklingelt und gesagt: »Ich habe es mir anders überlegt. Ich hätte gern meine Kohle zurück.«

Harksen protestierte, aber weil Udo hart blieb und außerdem seine Sonnenbrille abnahm, lenkte Harksen schnell ein und überwies Udo die 100 000 Mark zurück.

Ohne Abzüge. Ohne Wehmut. 100 000 Mark, glatt.

Wie gesagt, das war easy gelaufen.

Also dachte Udo, als er vom Banker hörte, alles sei weg, auch hier erst mal wieder: easy. Dann sorgt eben dafür, dass es wieder da ist.

Geht nicht, leider, sagte der Banker.

»Wie, geht nicht?«, fragte Udo. Dann muss wohl mal einer meiner Anwälte nach dem Rechten sehen.

Eigentlich hatte Udo den Laden stets nur die Osterhasen-Bank oder die Pudding-Bank genannt. Oder sonst etwas, was nach Geschenken und Leckereien klang, nach gutem Stoff, aber nicht nach Ärger.

Aber genau das, Ärger, danach roch es ganz merkwürdig und eindeutig. Und damit war es ein Fall für Dr. Hund.

Dr. Hund, so sein Spitzname, ist bis heute Udos Anwalt für schwierige Fälle, und nach allem, was sich bis jetzt ereignet hatte, war dies einer.

Die Osterhasen-Bank hatte sich nicht an Udos Losung gehalten, vorsichtig zu investieren, sondern war mit seinem ganzen Guthaben von ungefähr 4 Millionen Euro an diesen seltsamen Geld-Vermehrungs-Zirkus marschiert, der sich damals Neuer Markt nannte.

Bis zu 30 Kontoüberweisungen pro Tag hatte Dr. Hund ausgemacht: kaufen, verkaufen. Statt Udos Geld zu verwalten, hatte die Bank damit gezockt, und nun war das meiste weg, verspielt, verjubelt, in Luft aufgelöst.

Udo nahm Platz gegenüber dem Schreibtisch seines Bankers, dabei achtete er darauf, dass seine Stimme ruhig blieb, aber hörbar. Manchmal nuschelt Udo, als spräche er zu sich selbst, aber das war keiner von diesen Fällen. Udo wollte, dass sein Bankier ihn verstand. Jedes Wort verstand.

»Ihr habt euch an meiner Verarmung bereichert«, sagte Udo, »als wäre ich irgendein Arsch, aber ich bin Lindenberg. Euer Verhalten verstößt gegen den Ehrenkodex. Das ist Disrespekt. Das muss geahndet werden.«

Der Bankier saß stumm da. Er hatte durchaus Prominente in seinem Kundenkreis, aber so einen Text zur Pleite des Neuen Marktes hatte ihm noch niemand geboten.

Nur, Udo groovte sich gerade erst ein. Er spielte sozusagen die ersten Akkorde dieses Nachmittags.

»Ich habe viele Freunde«, fuhr Udo fort, »denen kann ich das gar nicht erzählen, was ihr mit mir gemacht habt. Die würden da nicht stillhalten können, egal ob ich mit meinen Freunden auf der Reeperbahn oder mit denen im Kanzleramt spreche. Ihr seid gesunde, vermögende Menschen hier bei eurer Bank, steht in der Blüte eures Lebens. Also seid vernünftig. Ich will, dass es euch gut geht, und damit dies so bleibt, wäre es vernünftig, wenn ihr mir 3 Millionen Euro zurück auf mein Konto zaubert.

Ihr habt das Geld verzockt, darüber müssen wir nicht diskutieren. Aber ich will von meiner Seite nicht kleinlich sein oder nachtragend. Deshalb gebe ich mich, sagen wir mal, mit 70 bis 80 Prozent der ursprünglichen Summe zufrieden.«

Aber die müssten es schon sein.

3 Millionen Euro.

Der Bankier wand sich. Er könne Herrn Lindenberg verstehen, sagte er. Er selbst sei ja auch eher vom altmodischen Schlag, und er hätte seine jungen Kollegen gewarnt, keine unnötigen Risiken einzugehen. Aber man habe ihn gemaßregelt, jeden Tag. Er müsse mehr riskieren. Du musst umdenken. Geschäft geht jetzt anders.

Udo nickte, Dr. Hund nickte. So wie sie beide die Köpfe senkten und wieder hoben, richtig synchron, sah es harmonisch aus. Nett.

Pflegeleicht, hätte man denken können.

Aber man hätte sich getäuscht.

Udo erhob sich. »Alles klar, mein Lieber, ich verstehe deine Probleme mit der neuen Zeit. Aber ich brauche die drei Millionen, auch weil ich mit einer Million nicht besonders weit komme.«

Er lebe im Hotel, bezahle die Rechnungen seiner Entourage unten an der Hotelbar und, wenn er mit seinen Freunden eine Reise unternehme nach New York oder nach Venedig oder nach Miami, dann blieben die Kosten des Trips todsicher immer nur bei einem hängen.

Genau.

Der Vorname habe drei Buchstaben.

Udo verabschiedete sich, und ein paar Wochen später geschah

das, wovon Millionen in der folgenden Finanzkrise Geprellte bis heute träumen: Der geforderte Betrag fand sich wieder.

Auf Udos Konto.

Es kehrte erst einmal Ruhe ein. Der Konkurs war abgewendet. Vor allem aber floss ja auch noch Bares aus einem Geldautomaten namens Plattenfirma.

Aber auch da knirschte es. 7000 Alben von »Atlantic Affairs« war nun wirklich nicht besonders. Zumal in einer Zeit, in der die Musikindustrie, wie man sie im 20. Jahrhundert gekannt hatte, ums Überleben kämpfte.

Udo war in den Augen der neuen Manager nicht mehr ein großer Star aus großen Zeiten oder ein Klassiker, Udo war dabei, ein Dinosaurier zu werden.

Es ging jetzt um die Fusion von BMG und Sony, es ging darum, sich von, wie es hieß, »Ladenhütern zu trennen«, es ging um »Marketingoberflächen«, die durch Typen wie ihn blockiert wurden.

Deshalb bestellte man Udo nachmittags in die BMG-Zentrale.

Udo hatte leicht einen sitzen, denn er rechnete damit, dass es keine angenehmen Nachrichten sein würden, die es dort zu besprechen gab. Also schöner Dämmpegel, um den Schlag abzudämpfen. Udo saß im Sessel und lauschte.

Es ging um die Herren Brecht und Eisler und darum, dass die Leute da draußen »so was nicht hören wollen«.

»Joooa«, sagte Udo in einer Art Superzeitlupen-Speak, »kann ich verstehen, dass euch das Album nervt. Ist joooa auch kein Hit drauf.«

»Hier, nimm deine Kohle, wir zahlen dich aus, und du verlässt die Firma – das wäre unser Vorschlag.«

»Joooa«, sagte Udo.

Er spürte, dass Widerstand zwecklos war. Und, wenn er ganz ehrlich mit sich selbst sprach, sozusagen von engstem Geheimrat zu allerengstem Geheimrat, dann musste er auch zugeben, dass er in diesem Laden nichts mehr verloren hatte.

War dies nicht die Firma, die auch die Platten von Dieter Bohlen rausbrachte?

Hmmm. Joaaa. Joooa.

»Irgendwie kann ich das auch verstehen«, sagte Udo. »Ist ja auch schwierig für euch. Und ist wirklich kein Hit drauf. Nur ein paar Songs von Nazi-Verfolgten. Nee, ist mir klar, verstehe, ist nicht euer Ding.«

Udo verabschiedete sich, fuhr mit dem Fahrstuhl nach unten, wo er über den Potsdamer Platz wankte.

Zum ersten Mal seit 1971 war er ohne Plattenvertrag.

Er war entlassen.

Das tat weh. Auch wenn Udo gesagt hatte, er könne den Schritt aus Sicht der Plattenfirma verstehen. Es schmerzte, auf einmal als jemand identifiziert zu werden, der nur noch Geld kostete und viel zu wenig einspielte.

Ein Verlustbringer.

Einer, mit dem man Geld verlor.

Einer, der nicht mit Zahlen konnte.

Lange Zeit waren die Zahlen auf Udos Seite gewesen. Sie waren wie Freunde. Er konnte sich auf sie verlassen, und sie warfen ein ruhiges, mildes Licht auf ihn.

Jetzt aber hatte BMG dieses Licht ausgeknipst. Und Udo suchte Schutz im Halbdunkel der Bar des Berliner Interconti. Hier stand eins seiner wichtigen Faxgeräte. Hier konnte man ihn erreichen.

Hier stand auch genügend Alkohol, um die Zeit des Wartens zu überbrücken. Die Plattenfirma hatte ihn verlassen. Aber die Bar war da.

Udo war angezählt. So wie die Dinge lagen, gab es keine Zukunft mehr für ihn. Nur noch eine Vergangenheit, die ihn herunterzog. Erinnerungen, die die laufenden Kosten nicht deckten.

Udo fehlte Kraft, Wille und Überzeugung zu einem wirklichen Neuanfang, und deshalb nahm er, was die Bar bot und was die Faxmaschine an Auftritten ausspuckte.

Eine Rolle in einem Musical von Peter Maffay.

Ein Gastaufritt bei Nena.

Es waren noch nicht die Möbelhäuser, in denen jemand wie Rex Gildo die langen Jahre seiner Restkarriere bis zu seinem Selbstmord zubrachte, oder die Baumärkte, über die Udo und der bessere Teil seiner Entourage düster scherzten. Aber diese trostlosen Zweckbauten in den Gewerbegebieten der Städte rückten näher.

Was wollte man machen?

Einen doppelten Whisky an der Bar des Interconti halt.

Und, wenn es so viele doppelte Whiskys waren, dass die Flasche leer war – keine Panik. Es war schließlich die Bar des Interconti.

Die hatten auch noch eine zweite Flasche. Und wenn die leer war, eine dritte. Oder eben etwas anderes.

Es knallte nicht mehr, es dämpfte.

Udo war in Sicherheit an der Bar des Interconti. Und, wenn er wirklich herausfiel aus dieser Blase aus Alkohol, Dämmerlicht und gesalzenen Preisen, dann waren da immer noch seine Ärzte.

»Trinken unter ärztlicher Aufsicht«, hatte er das einmal genannt vor vielen Jahren. Er war jung gewesen damals. Stand am Anfang. Nur, jetzt war er Mitte 50, und wenn das Faxgerät in der Bar ratterte, brauchte er eine Lesebrille.

Trinken unter ärztlicher Aufsicht war kein Spaß mehr. Der leichtfertige Moment fehlte, überhaupt, die Leichtigkeit, die ihn einmal ausgezeichnet hatte, war einer seltsamen Schwere gewichen.

Auch hier gab es Momente der Nonchalance.

Aber nicht einmal mehr im inneren Zirkel war er noch der struppige, aber strahlende Vogel von früher.

»Die singende Bockwurst« nannten sie ihn jetzt. Und selbst die Tatsache, dass dieser Mann einen Hut trug, half nicht dabei, das Bild mit der Bockwurst zu erschüttern. Der Hut, das war für seine Begleiter einfach nur der Zipfel an der Wurst.

Eines Abends ratterte das Faxgerät wieder. Auf dem Briefkopf stand Hapag-Lloyd, und der Reiseveranstalter fragte, ob Udo Lust hätte, im Rahmen des Unterhaltungsprogramms auf der MS Europa während einer Kreuzfahrt nach Edinburgh aufzutreten.

Das war nun nicht direkt das Möbelhaus, aber bei einer solchen Veranstaltung den Spaßaugust zu machen, war auch nicht gerade Rock'n' Roll oder cool oder easy.

Aber es war Ablenkung, es war ein Schritt, es brachte ein paar Euro, und es ging nach Schottland, der Heimat von Udos Lieblingsgetränken.

Also sagte er zu.

Bin nur ein Jonny
zieh' um die Welt
tanze für money
singe für Geld

Paul Abraham ließ grüßen. Paul mit seinen Zeilen voll pragmatischer, tapferer Melancholie hatte verstanden.

Was allerdings nicht einmal Paul hatte vorhersehen können, war das Alter der Passagiere auf der MS Europa. Rentenalter aufwärts. Einem Sänger wie Udo in den Fahrstühlen des Luxusdampfers zu begegnen, war für viele anfangs so, als würde der Schwarze Block auf einmal ihre Kabine mit Seeblick stürmen.

Er war nur ein Johnny, aber wie Sascha Hehn oder ein anderes Besatzungsmitglied des Traumschiffs sah er nun beim besten Willen immer noch nicht aus.

»Ekelhaft« hätte man sie gefunden, sagte Udo später über die Reise. Manchmal hätten sich die alten Damen schlicht geweigert, in den Fahrstuhl zu steigen, als sie sahen, dass er darin stand.

Aber Udo war ein Johnny, der sein Handwerk verstand. Im Abendprogramm sang er Lieder wie »Horizont« oder »Bel Ami«. Der Beton wurde weich. Und ein paar Tage später hatte er die vermeintlich besseren Herrschaften des Dampfers in eine Fangemeinde verwandelt.

»Ach Herr Lindenberg, das war so toll gestern Abend«, sagten die lilagetönten Damen jetzt. »Wissen Sie, so schön haben wir den ›Bel Ami‹ lange nicht mehr genießen dürfen.«

Es gibt wenig Dinge, die Udo so gerne hört wie ein Kompliment. Sie erfreuen ihn tatsächlich immer wieder aufs Neue. Nie hatte er zu den Rockstars gezählt, die genervt die Augen wendeten, wenn ihnen jemand zum tausendsten Mal sagt, dass ihre Musik das Leben des jeweiligen Fans verändert, verschönert, getröstet habe, und nun auf dem Dampfer war nicht der Zeitpunkt, mit solch schlechten Gewohnheiten anzufangen.

Also sagte Udo: »Das freut mich zu hören, Mädels. Die Show muss weitergehen. ›Bel Ami‹ ist jetzt auch eure Show.«

Mit 55 war Udo fast eine Generation jünger als seine neuen Fans. Die salzige Luft, das Schiff, unterwegs sein auf den Wellen, klar, das machte auch schon mal ein wenig Freude, aber selbst für einen Johnny war er ein bisschen früh dran, um sich auf diese Art seinen Lebensunterhalt auf Dauer zu verdienen.

Eine solche Fahrt war ja mal ganz lustig, zehn solche Fahrten waren schon wie ein Trip Richtung Möbelhaus.

Also blieb eigentlich nur das Comeback. Das Problem war nur, dass Udo keine Ahnung hatte, wie er das anstellen könnte.

Er war ungefähr in dieser Stimmung, als, zurück an der Bar des Atlantic, dort wieder das Faxgerät ratterte.

Ein völlig unbekannter Verein irgendwo im Schwarzwald

wollte, dass Udo in einer kleinen Stadt auftritt, von der Udo noch nie gehört hatte.

So weit, so gut, so etwas kam öfters vor.

Udo hatte Fans überall im Land, einige der besonders treuen hielten die Stellung in Quickborn oder Landshut oder Nördlingen. Der Clou an diesem Fax aber war die Anmerkung des Veranstalters, dass man Udo nichts zahlen könnte für sein Konzert, weil die Unkosten in solch einer kleinen Stadt, sie hieß übrigens Calw, sehr hoch seien und dem Veranstalter sonst die Pleite drohe.

Ohne Gage, das war neu.

Wahrscheinlich war es nicht böse gemeint, aber es fühlte sich an wie eine Demütigung.

Sogar im Möbelhaus oder im Baumarkt gab es eine Gage, auch, wenn die nur bezahlt wurde, damit die Leute kamen und am Ende ein Schuhregal oder eine Bohrmaschine kauften.

Aber gar nichts, null, niente, das war ein Tiefpunkt, dachte man jetzt an der Bar des Atlantic, und jemand von Udos Leuten schlug vor, das Ansinnen aus dem Schwarzwald mit seiner sofortigen Absage zu bestrafen.

Hmm. »Warte mal«, sagte Udo, »lass noch mal gucken.«

Mit »lass noch mal gucken« meinte Udo den Abschnitt in der Anfrage, in dem stand, dass aus Calw, dieser kleinen Stadt im Schwarzwald, Hermann Hesse kam.

Hesse gehörte zu den Schriftstellern, deren Werk Udo fast komplett gelesen hatte. »Siddharta«, »Der Steppenwolf«, »Demian« und »Narziß und Goldmund« hatten ihn begleitet seit seiner Jugend in Gronau. Die Suche nach einem Sinn im Leben abseits der breit getrampelten Wege, diesen Hunger nach Sinnlichkeit und Genuss, schließlich die Sehnsucht nach einer unkonventionellen Moral, das alles hatten die Romanfiguren von Hesse gemeinsam, und Udo konnte sich mit diesen Ansinnen identifizieren. »Woher weiß dieser Mann so genau, wie ich fühle«, sagte Udo oft, wenn von Hesse die Rede war.

Also ließ Udo ein Fax aufsetzen, in dem stand, dass er sich grundsätzlich vorstellen könnte, in Hesses Geburtsstadt aufzutreten, aber ein wenig Gage müsse schon sein. Wie es denn mit der Summe von 20 000 Euro stehe? Ob man sich darauf einigen könne?

Man konnte. Udo spielte sein Konzert, und am 5. Juli 2005 traf er sich zu einem späten Frühstück am frühen Nachmittag mit einem Herrn namens Jürgen Teufel auf der Terrasse des Schwarzwald-Hotels Wart.

Teufel, von Beruf Direktor der Sparkasse Calw, erschrak ein wenig. Das Idol seiner Jugend trug ein schwarzes Hemd mit Krawatte, aber die Augen wirkten leer. Teufel hatte den Eindruck, Udo habe keine Energie mehr, er sei finished, vor allem aber hätte Udo den Glauben verloren.

Udo wirkte an diesem Nachmittag wie sein eigener Nachlassverwalter, sagte: »Ich möchte mein Lebenswerk unterbringen, sodass es der Nachwelt erhalten bleibt.«

»Am besten wäre es, du gründest dazu eine Stiftung«, sagte Teufel. Es gibt sehr wenig Menschen, die Udo siezen, und selbst Sparkassendirektoren aus Calw gehörten anscheinend nicht dazu.

Udo hatte wenig Ahnung, was eine Stiftung ist, und er hatte erst recht keine wirkliche Vorstellung davon, wo das Geld für eine solche Sache herkommen sollte.

Es war ja schon nicht ganz einfach gewesen, überhaupt eine Gage für einen Auftritt an diesem Ort, Calw, zu bekommen.

»Eine Udo-Lindenberg-Stiftung könnte soziale Projekte hier und in der Dritten Welt fördern«, sagte Teufel. »Man könnte den musikalischen Nachwuchs unterstützen, nach und nach.«

Als Udo fragte, wie viel Kapital man für solch ein Projekt brauche, antwortete Teufel: »Ungefähr eine halbe Million Euro.«

Das war viel Geld.

Aber Teufel versprach, dass er versuchen würde, die Summe bei der Sparkasse Calw aufzutreiben, wenn Udo im Gegenzug einwilligte, die Hälfte seiner GEMA-Rechte an die Sparkasse abzutreten für die Restlaufzeit von 95 Jahren.

Ein riskanter Deal, damals im Sommer 2005, als keine Plattenfirma mehr etwas von Udo wissen wollte.

Im Verständnis der Musikindustrie war Lindenberg ein Dead Man Walking, und eine solche Stiftung wäre eine Art vorzeitiger Grabstätte. Nun, wer sollte für einen solchen Unfug bezahlen?

Die Zeiten, in denen die Industrie es sich leisten konnte, sehenden Auges und ohne alkoholische Hilfsmittel Geld zum Fenster hinauszuwerfen, waren lange vorbei.

Aber Teufel wollte genau das tun.

Mit dem einen Unterschied, dass er glaubte, sein Geld irgendwann zurückzubekommen. Und möglicherweise noch Geld dazu.

Dem Lindenberg geht's ganz schlecht. Der ist pleite, hörte Teufel, als er in der Branche herumhorchte.

Aber sein Instinkt sagte ihm etwas anderes.

»Jetzt lasset ihn doch amal laufe, der kommt scho wieder, wenn ihr den wieder laufe lasset.«

Das war Teufels Überzeugung. Und er blieb dabei, auch, wenn alle anderen Entscheidungsträger in seiner Sparkasse anderer Meinung waren.

Für Udo war dieser Teufel und seine Haltung wie ein Aufenthalt in einem Luftkurort.

Es tat ihm unglaublich gut, dass da wieder jemand bereit war, an ihn zu glauben.

In ihm eine Zukunft sah und nicht nur eine Vergangenheit.

Und, dass dieser Jemand bereit war, eine halbe Million auf sein Lebenswerk zu setzen.

Als der Deal dann ein Jahr später kurz vor dem Abschluss stand, schrieb Udo Teufel eine SMS:

»Ein herzliches Ahoi aus Hamburg. Thanks, habe alles erhalten, spreche mit meinen Jungs am Wochenende über alles. Bin natürlich auch von der Abteilung Volle Fahrt Voraus. Anyway – Seefahrer fahren nur nach vorn. Das weißte doch, und viele unserer Hamburger Schiffe sind aus Schwarzwälder Holz geschnitzt.

Schönes Weekend Dir und Ella,

Dein Amigo Udo.«

Das klang, ganz klar, nach echter Dankbarkeit.

Nur, da klang auch noch etwas anderes durch.

Neuer Mut.

Irgendetwas in dieser Richtung.

DER FLASHKOPP

Stell Dir vor, Du singst einen Song, und Du hörst Dir wieder zu.

Irgendwie hast Du Dir ja immer zugehört in all den Jahren, mal mehr, mal weniger, aber wenn Du ehrlich bist, so richtig erreicht hast Du Dich mit Deinem Gesang nur noch ganz selten.

Natürlich, Du weißt ja, wie das geht, singen, Songs schreiben, schließlich hast Du es ja in diesem Land, für Deine Generation, für dieses einst brandneue Ding namens Rock'n' Roll erfunden, gewissermaßen.

Nur, gerade weil das so ist, bist Du der Erste, der zugeben muss, na ja, so richtig ging Dich das alles nicht mehr was an, was Du da von Dir gegeben hast in den letzten Jahren.

Dir wurde nicht mehr leicht schwindlig, wenn Du gesungen hast, so wie früher, als Du das Gefühl hattest, wow, genauso hast Du das immer gespürt, aber Du konntest es nicht ausdrücken, weil Dir die Worte dafür fehlten.

Du hattest das alles ein wenig in den Hintergrund geräumt, jene großen Gefühle, aber jetzt sind sie irgendwie wieder zu hören, wenn Du singst.

Auf dieser Autobahn
lass uns nicht weiterfahr'n

die letzte Ausfahrt hier
Ey, komm, die nehmen wir
Da ist die letzte Bar
ist der letzte Drink,
vor der Grenze da

Draußen ist es längst dunkel, Du stehst allein hinter einem Mikrofon in einem Studio in Hamburg-Altona. Du trägst eine Mütze, weil die Kopfhörer, mit denen Du die Band hörst, nicht über Deinen Hut passen.

Du bist allein hier hinten, nur Du und Deine Ohren, die so eine Blitz-Rohr-Post herstellen in Deine Invitation-Only-Zone. Du bebst ein bisschen, aber Du lässt Dir nichts anmerken, schließlich sind da vorne am Mischpult ein paar Gestalten, die über den Reglern wachen.

Profis.

Es sind Deine Produzenten und, wenn Du jetzt so einen jähen Gefühlsausbruch hinlegst, so etwas Amateurhaftes, könnte es sein, dass sie denken, Du hättest nicht mehr alle Tassen im Schrank oder so was in der Richtung.

Also, cool check, easy, Mann.

Du ziehst an Deiner Cigar.

Singst weiter.

Was hat die Zeit mit uns gemacht
Was ist denn bloß aus uns geworden
Was hat die Zeit mit uns gemacht
Ein eisiger Wind treibt uns nach Norden
In so ein Land, wo weit und breit
nichts ist als Schweigen oder Streit
Da will ich nicht hin
das macht mich kaputt

Du siehst in der Ferne das Mischpult leuchten. Haben sich da nicht eben zwei der Gestalten am Pult zugenickt?

Du bist Dir nicht ganz sicher. Wäre jedenfalls nicht schlecht. Aber wie gesagt, Du kannst Dich täuschen. Hat nicht der Typ rechts am Pult vorhin gesagt, Du sollst bloß keinen Druck in den Gesang legen, sondern Deine Stimme rollen lassen.

Dem tiefen, weichen Samt vertrauen oder wie immer man diesen Stoff nennen würde, den Jahrzehnte von Nikotin und Alkohol in Deine Stimmbänder gegerbt haben.

Man kann auch sterben an solch einem unfreiwilligen Experiment, aber Du bist noch da.

Warum, weißt Du auch nicht so genau. Vielleicht meint es einer dort oben gut mit Dir. Vielleicht hast Du auch nur Glück gehabt. Egal, Du würdest es jedenfalls nicht bei den Nachwuchswettbewerben, die Du jetzt gelegentlich veranstaltest, zur Nachahmung empfehlen.

Hat jetzt der Linke dem Rechten zugenickt?

Du singst weiter.

Was hat die Zeit mit uns gemacht
Das kann doch echt nicht unser Ding sein
Was hat die Zeit mit uns gemacht
Den ganzen Blues zieh' ich mir nicht rein
Wir sind doch nicht so wie die ander'n
die sich mal lieben und dann weiterwandern

Du machst eine letzte Pause.

Zieh noch mal an der Zigarre.

Es bebt schon wieder.

Dann singst Du:

Ey, das weißt du doch
Ich lieb' dich immer noch

Das war's. Du hörst, wie die Melodie in Deinem Kopfhörer endet. Du nimmst den Kopfhörer ab, packst Deine Zigarre und gehst Richtung Mischpult.

Zwei Schritte. Du siehst die Augen der Männer am Mischpult. Fassungslosigkeit liegt darin. So ein Ich-habs-Euch-doch-immer-gesagt.

Du gehst noch einen Schritt weiter, weil Du Dir gern sicher sein würdest. Auch, weil Du solche Augen schon so lange nicht mehr gesehen hast. Kann es sein, dass die Freude in diesen Blicken Wirklichkeit ist? Diese tiefe, echte Freude?

Du setzt die Sonnenbrille auf.

Du musst Dich an solches Zeug erst wieder gewöhnen.

*

Dass er ein »Flashkopp« sei, und zwar der »supergeilste Flashkopp« von allen, solch ein Kompliment hatte Udo lange nicht gehört.

Ehrentitel wie »Panikpräsident« oder anderes Zeug mit dem staubigen Geruch von Karnevalsvereinen, ganz oben im Veteranenclub, das kam jetzt öfter, aber »Flashkopp« klang anders, es klang jung, hip, sexy und im besten Sinne völlig unberechenbar.

»Flashkopp.«

Genauso hatte dieser Typ mit den fordernden blauen Augen und den struppig zurückgeklatschten blonden Haaren Udo immer wieder genannt auf ihrer spontanen Spritztour in die Nacht, elbaufwärts und dann immer weiter, im Phaeton, die Anlage voll aufgedreht, als Wegzehrung drei Flaschen Eierlikör und ein Privatsekretär, der nachschenken und die CDs wechseln musste.

Es waren eine Menge CDs, denn Udo probierte, fummelte und bastelte seit ein paar Jahren an neuer Musik.

Songs, die ihm noch einmal einen Neustart ermöglichen sollten, und der Phaeton war sozusagen ein mobiles Cape Canaveral – das logistische Zentrum, von wo die Rakete zum Comeback gezündet werden sollte.

Ohne Plattenvertrag war Udo jetzt eine Art Desperado der Branche.

Wo er früher gesagt hätte, schicken Sie die Rechnung bitte an Sony oder BMG oder die Teldec oder einen anderen Laden mit einem scheinbar endlosen Geldspeicher, da musste Udo nun selbst ran.

Zahlen.

In bar.

Für all den Quatsch, der nur noch ungeliebte Durchlaufstation gewesen war: auf dem Weg nach New York, Miami, Moskau, Kairo, Paris oder den Amazonas flussaufwärts nach Manaus, der legendären Dschungelstadt, wo der verrückte Filmheld Fitzcarraldo Ende des 19. Jahrhunderts ein Opernhaus hatte hinstellen lassen.

Lieber wollte Udo dort ohne einen einzigen Zuhörer singen, als in so einem sterilen High-Tech-Musikbunker irgendwo in einer deutschen Großstadt.

Aber wollte er wieder rein in die Comeback-Rakete, blieb ihm nichts anderes übrig, als wieder hineinzusteigen in diese Bunker, und er musste den ganzen Zinnober auch noch bezahlen.

Unfertiges Zeug, das er zum Beispiel an den alten Mitstreiter Steffi Stephan nach Münster geschickt hatte, mit der Anmerkung: »Mach da mal ein bisschen Panik drauf.«

Unfertiges Zeug, dass er seiner alten Freundin Annette Humpe in ihrer Küche am Berliner Lietzensee vorgespielt hatte, dazu Stapel von Papier auf dem Tisch. Hunderte von Zetteln, die Textteile enthielten.

Songideen, Zeilen, Themen, von denen Udo gelesen hatte in der Zeit, im Stern, im Spiegel. Sachen über die verschmutzte Umwelt, die Dritte Welt, die Ungerechtigkeiten des modernen Lebens.

Alles schön und gut.

Verdienstvoll.

Aber eben auch prima gecovert um 21.45 bei Maybrit Illner. Oder in einer anderen Talkshow.

33 Alben hatte Udo aufgenommen bis jetzt. Sein letztes hatten noch 7000 Menschen gekauft.

Es bestand die Möglichkeit, diese Zahl auch noch zu unterbieten.

Mit seinem 34. Album, zum Beispiel.

»Du musst den Menschen zeigen, wie es in dir aussieht«, hatte Annette Humpe gesagt. »Lass die Hosen runter. Das ist interessant.«

Udo hatte seine Stapel Papier wieder eingesammelt und war wieder nach Hamburg gefahren.

Mal gucken.

Aber Annette Humpe hatte Udo auch den Namen dieses nicht mehr ganz jungen Mannes gegeben, der Udo jetzt im Phaeton einen »Flashkopp« nannte.

Andreas Herbig, Produzent.

Herbig war ähnlich wie Udo ein sehr seltenes Exemplar in der populären Kultur dieses Landes. Ein Feingeist, der extrem poltern konnte, wenn er nicht seinen Willen bekam. Einer, der große Hits produzieren konnte, aber nie so billig und durchsichtig, dass die Formel bereits ohne Fernglas von zwei Kilometern Entfernung erkennbar war. Ein radikaler Individualist und natürlich ein bisweilen launischer und schwieriger Typ.

Vor allem aber hatte Herbig das, was man nicht klauen kann und was man braucht, wenn man vorhat, mehr von einem Menschen zu erobern als das Kreditkartenfach seines Portemonnaies.

Herbig hatte Soul.

Das wichtigste Kapital überhaupt.

Für Geld nicht zu kaufen, leicht zu zerstören von denen, die ihn nicht haben, den Soul. Und davon gibt es in der Musikbranche, Made in Germany, nicht gerade wenig. Gefühlt halten sie 98 Prozent des Marktes in ihren fein manikürten und trotzdem groben Händen.

Es war also nicht wirklich verwunderlich, dass Herbig Udo für einen »Flashkopp« hielt, »echt groß«, aber eben nicht den ganzen Udo, sondern vor allem den Udo, der sich in den 70er- und frühen 80er-Jahren mit Frack und Gamaschen an den Roulettetisch des deutschen Musikgeschäfts gesetzt und das Spiel für immer verändert hatte.

Nicht nur war es Udo damals gelungen, die Bank zu sprengen, sondern er war immer mehr zu jener Kunstfigur geworden, die er anfangs nur im Suff und wilden Träumen skizziert hatte: Udo Lindenberg, jener sensible, manchmal schüchtern erscheinende Outlaw, der Wände zertrümmern konnte, wenn sie den Weg dorthin verbauten, wo ihn seine Reise als Nächstes hinführen sollte. Egal, ob es eine schöne Frau war in einem fernen Land oder ein Treffen mit seinen Kumpels an einer Autobahnraststätte auf eine Bockwurst.

Udo: das Versprechen, dass es ein Leben gibt, anders, spannend, intensiv, trotzdem lässig. Alles klar und trotzdem immer auf heißer Spur.

Herbig liebte diesen »Flashkopp« aus den 70ern und verabscheute den Sound, mit dem dieser »Flashkopp« danach über die Jahrzehnte zugeschüttet worden war.

Eingegraben zu Lebzeiten.

Für diese Schändung durch Sound, diesen Frevel am Pop-Heiligen hatte Herbig Ausdrücke, die er ausspuckte wie lästige Insekten.

»Schweinerock« nannte er diesen Klang. Oder »Bizeps-Rock« oder »Gummihosen-Metal«, oder »Stadtfest-Faust-Hoch-Dreck«.

Songs, die klangen wie »Eye of the Tiger« von der US-Stumpf-Band Survivor. Stoff, der für eine Zechbruderschaft namens Scorpions aus Hannover reserviert war, aber nichts verloren haben sollte bei Udo.

Genauso wenig wie der natürliche Partner des Schweine-Rock-Drecks, die Mariacron-Weinbrand-Balladen, der miese Kitsch, mit dem sich auf Weihnachtsmärkten zugeprostet wird.

Herbig war eine Generation jünger als Udo, er hatte Anfang der 90er-Jahre als junger Mann Eierpappen-Kartons zur Schallisolierung an eine Studiowand geklebt, als Udo damals sein Album »Benjamin« aufnahm. Und jetzt packte Herbig, beflügelt von der Erinnerung und dem Eierlikör, im Phaeton allen Mut zusammen und erklärte Udo, dass er, Herbig, mit dem Flammenwerfer vorzugehen gedenke gegen all den Verschnittmist, der Udo verunstaltet hatte.

»Und wie soll das dann klingen, was du vorhast?«, fragte Udo im Phaeton.

Herbig sprach von Johnny Cash, dessen Legende der Produzent Rick Rubin Mitte der 90er-Jahre wieder zum Strahlen gebracht hatte mit extrem reduzierten Aufnahmen, die den Raum aufgerissen hatten für das gewaltige, shakespearehafte Drama, das der Stimme des hoch gestiegen und tief gestürzten und nun dahintrudelnden Country-Sängers damals innewohnte.

»Ein Album, angelegt an Johnny Cash und deine ersten Platten, sozusagen Udo pur. Ungeschminkt, keine Modernitäten, beseelt und einfach«, sagte Herbig.

Udo überlegte, mehr Eierlikör, mehr reden.

Dazwischen CDs wechseln durch den Privatsekretär.

Udo sang nun Spontantexte zu Breitwand-Gitarren-Demos.

Mehr Eierlikör, schließlich, fast im Morgengrauen, Kurs zurück nach Hamburg.

Zum Abschied legte Herbig noch einmal nach.

»Johnny Cash. Reduziert. Beseelt.«

»Nee, so alt bin ich noch nicht. Andreas, ich bin der Mann für die große Show, aber echt geilomat der Abend mit dir, lass mal telenieren, I call you«, antwortete Udo.

Eine Absage eigentlich, aber ein paar Wochen später rief Udo tatsächlich an.

»Ey, Andreas, kann losgehen. Das Raumschiff startet durch, und du bist der Boss von meinem Kompetenzteam. Lass in See stechen und den Thron wieder zurückholen. Die Urlaubsvertretung kann jetzt Schluss machen.«

Udo würde die Aufnahmesessions selbst bezahlen, und zwar alles, was dazugehörte. Das Studio, die Produzenten, die Musiker, die Biere, den Wein, der an warmen Juliabenden im Hof vor dem Studio getrunken wurde beim Grillen. Etwa 80 000 Euro, hatte Herbig kalkuliert, würde die Sache kosten. Zunächst einmal.

Udo war nicht begeistert, aber er hatte abgenickt, ihm war klar, dass ein Projekt, das er inzwischen »Superstar sucht Deutschland« getauft hatte, nicht ganz billig werden würde.

Das Boogie Park Studio in Hamburg-Altona war ein Ort nach Herbigs Geschmack. In jeder Beziehung »Old School«, eng und gemütlich.

Die Wände dunkelrot gestrichen, war es in zwei Räume geteilt. Das Mischpult der Produzenten stand in einem, die Musiker und Udo bevölkerten den anderen Raum. Als Trennung diente lediglich eine Doppelglastür, sodass immer für alle jederzeit klar war, was abging.

Die Aufnahmen waren vom 8. bis 21. Juli terminiert. Das waren zwei Wochen. Keine Zeit für Ausfälle, vor allem keine Zeit für Udos Alkohol-Schleuder-Dramen.

Außer Eierlikör sollte alles für ihn tabu sein. Herbig hatte Udo klipp und klar gesagt: »Wenn du anfängst, während der Aufnahme zu saufen, brechen wir das Unternehmen sofort ab, und es gibt keine neue Platte.«

Udo hatte zugestimmt. Seit Erichs Tod war er entschlossen, sich an das zu halten, was er die »Eiserne Wand« nannte.

Eine Art Alarmanlage, die er nun in seinem Charakter fest installiert hatte und die hochknallen würde, sobald Gefahr drohte.

Er wolle sich nicht mehr vom Alkohol die Tage und Nächte versauen lassen, sagte Udo. Denn, in der Tat, war der Suff über die Jahre eine lebensbedrohliche Last geworden, die ihn aus der Bahn warf und einschränkte.

Eine Art Knast, der ihn seiner Freiheit beraubte.

»Trinken ist ein Fulltime-Job, da kommste nebenbei zu nix. Ich kann neben mir aber keinen Chef gebrauchen, der mich rumscheucht«, sagte Udo jetzt.

Das klang vernünftig.

Das klang nicht nach Therapeutenweisheiten, sondern nach Udo, also so, als ob er sich sein Vorhaben wirklich zu eigen gemacht hatte.

Es ernst meinte.

Alles klar. Aber würde er es auch durchhalten? Oder würde die »Eiserne Wand« Löcher kriegen und schließlich weggespült werden?

»Die großen Dinge gehen nur nüchtern«, sagte Udo.

Und zu den großen Dingen gehörte für Herbig, das war seine absolute Überzeugung, dem Gummihosen-Rock den Krieg zu erklären.

Er wollte ein Album, das, so sagte er es, nach »Straße, lässig, schluffig« klang.

Er wollte Udo noch mal »richtig feiern«.

Udo war einverstanden, und er ahnte, was auf ihn zukam. »Mit der Taschenlampe ganz tief rein in die Seele«, so nannte er das.

Beim Kampf gegen den Stumpf-Rock konnte Herbig auf den in den Nullerjahren schnell und souverän aufgestiegenen Hamburger Hip-Hop – und Soul Brother Jan Delay zählen, der ähnliche nächtliche Autotouren mit Udo erlebt hatte wie Herbig, ebenfalls beschallt mit Demo-CDs.

Musik, die Jan Delay das Fürchten gelehrt hatte.

»Ich war total entsetzt«, sagte Jan Delay über den Sound im Auto. »Beim Hören musste ich an einen langhaarigen Gitarristen mit nacktem Oberkörper auf einer Klippe denken. Die Haare wehen im Wind, er spielt ein Schrammelsolo. Da meinte ich zu Udo: ›Sorry, das ist 80er-Jahre Hitradio.‹«

Jan Delay durfte sich solch offene Worte erlauben, denn er sah wie Herbig in Udo einen All-Time-Flashkopp. Jenen Mann, mit dem für ihn alles angefangen hatte mit 6 Jahren, als er zum ersten Mal einen Udo-Song gehört hatte, Anfang der 80er, auf einem Auto-Reisezug Richtung Sylt, und »total geflasht« war.

»Ich hatte zum ersten Mal das Gefühl, dass ich da jemanden in meiner Sprache zu mir singen hörte. Da redete einer genauso wie die Leute, wenn sie morgens aufstehen und fluchen, das echte Leben halt.«

Ähnlich sahen es Max Herre und Helge Schneider, die ebenfalls bereitstanden für einen Auftritt auf dem neuen Album.

Den Kern des Albums bildeten vier Songs. Der erste hieß mit Arbeitstitel »Danke« und war eine Komposition des im Boogie Park Gitarre spielenden Tobias Kuhn. Dazu kam »Was hat die Zeit mit uns gemacht« des Komponisten Simon Triebel. Und »Wenn Du durchhängst«, eine Schöpfung des schwedischen Jazz-Pianisten Martin Tingvall.

Diese drei Songs waren so etwas wie das Herz des Albums, episch anmutende Balladen, die zurückhaltend und sparsam inszeniert werden sollten, als exaktes Gegenteil des Mariacron-Schmonzes. Und es gab noch »Mein Ding«, geschrieben von

Jörg Sander, dem inzwischen auch schon langjährigen Leadgitarristen des Panik Orchesters.

Herbig konzentrierte sich voll auf die ersten drei Songs und wollte von »Mein Ding« zunächst nichts wissen.

Bloß nichts durch die Doppeltür aus Glas lassen! Wenn gar nichts mehr geht und der böse Geist des Gummihosen-Rock von Don Udo wieder Besitz ergreifen sollte, das Zeug austreiben mit aller Kraft. Herbig war sich seiner Sache sicher.

So sicher, dass er keine Angst vor Ärger hatte.

Doch der kam schneller, als er dachte.

Zunächst einmal gab es Stress mit einem Wollmützen-Träger namens Jim Voxx, einem alten Heavy-Rock-Mitstreiter von Udo, Gitarrist der Berliner Band Skew Siskin. Ein Mann, der vor der Neuen Deutschen Welle einmal bis nach Amerika geflüchtet war und dem es seit seiner Rückkehr gar nicht düster und schredderig genug klingen konnte.

Voxx hatte Versionen der Songs »Der Greis ist heiß« und »Von Hildesheim nach Alzheim« bearbeitet, und Herbig hatte sich beim Anhören vor Entsetzen gewunden. Schließlich entlud sich die Spannung während einer Telefonkonferenz, bei der Voxx von Berlin aus drohte, Herbig beim nächsten Treffen in Hamburg sämtliche Finger zu brechen.

Ein Manöver, das Voxx' Chance auf mehr Mitwirkungskraft im Boogie-Park nicht unbedingt erhöhte. Herbig hätte gar nicht zufriedener sein können. Voxx hatte voll das Klischee des halbdebilen Gruft-Rockers bedient und sich selbst ins Jenseits dieser Produktion befördert.

Voxx' Aussetzer war ein Sieg für Herbig, aber er vergrößerte auch die Zweifel, die Udo während der Frühphase von »Stark wie Zwei« nie ganz verlassen hatten. Ihm drohte das Album zu »geschmackvoll« zu werden. Er hatte Angst, dass es nicht genug knallen und rocken würde.

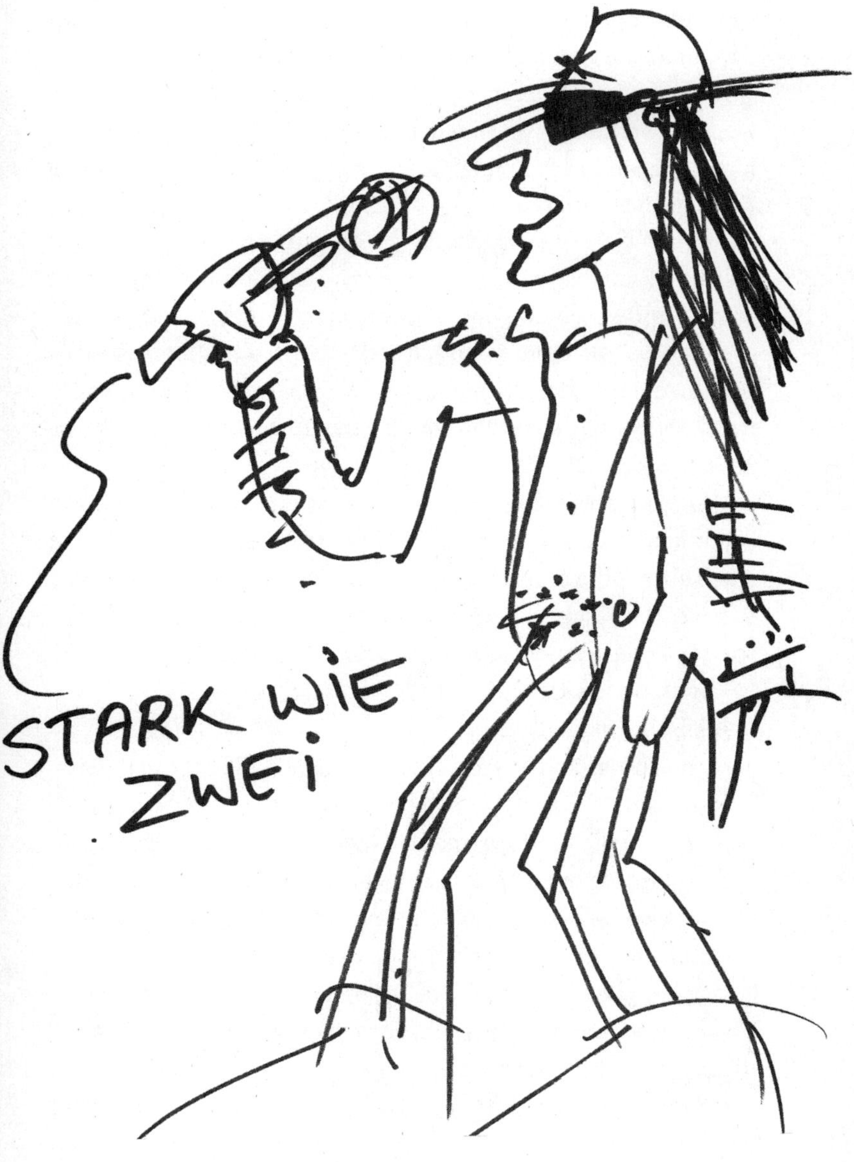
STARK WIE
ZWEI

Vor allem »Danke« ging ihm auf die Nerven. Er wollte die Ballade von der Platte schmeißen: »Ey, ich bin doch nicht son Typ, der nur am Fenster steht und traurig zurückblickt.«

Aber schließlich nahm er sich den Song vor, schrieb Zeilen wie »ich war der Hexer in jeder Bar« oder »Mille Grazie« hinein, nannte es »Ich zieh' meinen Hut« und zog es hinüber in seinen Kosmos, die Udo-Welt.

Ähnlich lief es mit »Mein Ding«. Es wurde federnder, fluffiger und versöhnlicher produziert, mehr im Stil von Bob Seger oder Bruce Springsteen und deren vollendeten Sound aus den frühen 70er-Jahren. Als dann noch Jan Delays unerbittlich groovendes »Ganz Anders« dazukam, lichtete sich allmählich der Studionebel. Da konnte, so wuchs die Überzeugung, etwas wirklich Großes entstehen.

Umso härter traf es alle, als Udo zu einer Kreuzfahrt nach Schottland aufbrach. Kurz sollte sie werden, die Kreuzfahrt. Vor allem aber sollte er nüchtern bleiben. Und nicht wieder ein Gläschen. Zwei Gläschen. Ciao Eiserne Wand. Die ganze Flasche. Versperrte Hotelzimmertür. Mehr Flaschen. Krankenhaus.

Darauf hatte niemand Bock.

Auch Udo nicht.

Aber wie das so ist. Wenn es auf einem Schiff erst mal heißt: Leinen los.

Außer Musik und Hermann Hesse gehört Whisky zu den Sachen, mit denen sich Udo sehr gut auskennt. Nicht nur den Unterschied zwischen dem Tankstellenfusel Jim Beam und einer 20 Jahre alten Flasche Lagavulin kann er beschreiben. Er weiß alles über die Beschaffenheit des Torfs, des Wassers, der Fässer. Er könnte mit seinem Whisky-Wahnsinn bei »Wetten, dass ...?« auftreten, wenn es das noch gäbe.

Irgendwie logisch also, dass Udo, einmal auf schottischem Wasser und ebenso schottischen Inseln, den Whisky förmlich begann zu riechen und zu schmecken und bald diese dunkel-goldene Flüssigkeit im Glas hielt, die all diese Eindrücke verschmolz.

»Nur zum Verkosten«, sagte er. Verkosten heißt, auf die Zunge legen, wirken lassen, wieder ausspucken.

Abends in der Schiffsbar wurde die Verkostung fortgesetzt.

Und schon war er wieder drauf.

Herbig sah bereits, als Udo in der Studiotür stand, dass etwas nicht stimmte.

Als Udo dann auch noch eine Flasche Whisky hochhielt und sie mit den Worten »Hallöchen Leute, hab euch ein Fläschchen Panikbrause mitgebracht« anpries, wusste Herbig, dass es richtig ernst war.

Kein Problemchen, sondern ein fettes Ding. Die Panikbrause musste verschwinden. Sofort. Und am besten geschah das, indem sie jemand austrank.

Herbig und seine Mitproduzenten Jem Peter Seifert und Henrik Menzel zögerten nicht lange. Sie leerten die Flasche zügig.

Das aber war Udo nun wieder zu ungemütlich, weshalb er seinen Leibwächter Eddy Kante zur Tankstelle schickte, Nachschub holen.

Bald standen zwei neue Flaschen auf dem Mischpult. Nur, dass es nicht mehr die edle Panikbrause von den schottischen Inseln war, sondern der Kopfschmerzhammer von Jim Beam.

Gab es eine Wahl?

Die Produzenten schluckten auch diese zwei Flaschen. Udo verabschiedete sich. Die Produzenten ausgeknockt, hier war nichts mehr zu holen.

Er fuhr zur weiteren Verkostung auf den Kiez, dann an die Bar des Atlantic.

Er schloss die Tür zu seinem Zimmer, und am nächsten Abend warteten sie vergeblich im Studio.

Anrufe von dort, die Udo später so zusammenfasste: »Wir machen hier so 'n geiles Ding. Du bist so mörder gut drauf, aber der Alkohol ist so sehr unser Feind, bei dem, was wir hier machen, dass wir die Zusammenarbeit mit dir beenden.«

Udo war schwer genervt. Es wollte diese Platte machen, wirklich, absolut. Sie war nicht nur eine große Chance, vielleicht war sie auch seine letzte.

Er versuchte seine Nerven zu beruhigen. Mit mehr Whisky. Das Karussell aus Stoff und Scham lief wieder. Es drehte sich schneller, und es fuhr Richtung Abgrund.

In ihrer Not riefen die Produzenten Steffi Stephan an. Steffi ist so etwas wie Udos ältester Freund und ältester Mitstreiter in einem.

Steffi wählte Udos Nummer.

Nichts.

Dann wählte Steffi die Nummer von Udos Freundin, Tine Acke.

»Udo ist breit«, sagte sie.

Steffi bat Tine, den Hörer an Udo weiterzureichen.

»Ich will nicht mit dir reden«, sagte Udo.

»Weißt du was, du bist der größte Wichser auf der ganzen Welt«, brüllte Steffi.

Nichts. Dann ein langer Tut-Ton.

Udo hatte aufgelegt.

»Du triffst selbst die Entscheidungen. Nur Du selbst bist für Dich verantwortlich«, schrieb Steffi als SMS.

Die Antwort kam erst drei Tage später.

»Alles klar, vielen Dank. Bin wieder an Bord.«

Udo fuhr zurück ins Studio. Nüchtern. Er hätte, sagte er, die Scheidung von Lady Whisky eingereicht.

Mit »Stark wie Zwei«, »Der Astronaut muss weiter«, »Nasses Gold«, »Verbotene Stadt« und »Chubby Checker« entstanden neue Songs, und in der Branche wuchs das Gerücht, dass Udo nun wirklich Ernst mache mit seinem lange angekündigten Comeback. Rita Flügge-Timm von Warner Music, die Udo kannte, seit sie 13 Jahre alt war, bekam eine Probe zu hören und konnte fortan nur noch schlecht schlafen.

»Dieses Album muss ich bei Warner haben«, sagte sie.

Ein Wettlaufen und Wettbieten begann. Universal. Sony BMG.

Alle Großen waren dabei, priesen sich an, als ideale Partner. Die Einzigen, die wüssten, wie man solch ein gigantisches Comeback wirklich inszeniere.

Die Angebote kletterten.

Und kletterten.

Schließlich bot jemand das Zwanzigfache des Anfangspreises. In früheren Zeiten wäre das ein Grund gewesen für Udo, wieder eine Flasche aufzumachen.

Er ließ es bleiben und unterschrieb bei Flügge-Timm, die unter dem Höchstgebot geblieben war. Die sich aber wirklich mit ganzem Herzen für das Album begeisterte und dazu Udo kannte seit den Zeiten des Onkel Pö.

Udo, der in seiner über 40-jährigen Karriere jede Form des Irrsinns gesehen hatte, den dieses Geschäft bieten kann, ahnte, dass er in keiner Chefetage dieses Landes jemanden finden würde, der ihn so verehrte wie jene Frau, die er »Lovely Rita« nannte.

Rund 7000 Stück hatte Udo von seiner letzten Platte verkauft. Herbig und die Produzenten glaubten, wenn es richtig mega liefe, könnte man die Menge verzehnfachen: 70 000 Alben also. Vier Wochen nach der Veröffentlichung erreichte »Stark wie Zwei« Platz 1 der Charts.

Mit Udos 34. Album war das eine Premiere. Noch nie hatte Udo diesen Triumph geschafft. Er würde in diesem Jahr am Ende über 600 000 Alben verkaufen. Diese Zahl war noch weit weg, als Udo Rita, die Produzenten und die Musiker in seine Suite im Atlantic bestellte.

Er stieg auf seinen langen Arbeitstisch, wo er einen Freudentanz hinlegte, mit Schlingerknien, Lassoschwingen, das ganze Programm. Schließlich erklärte er das Büfett für eröffnet.

Es gab nichts Besonderes.

Nur Dosenbier und Kaviar.

Und ein paar Gläschen Eierlikör für den Chef.

GRONAU, WEST-GERMANY

GARTENSTRASSE NR. 3

Stell Dir vor, Du bist schnell unterwegs in Deiner kleinen Stadt. Vielleicht zu schnell für die meisten Menschen hier, Du bist Dir nicht sicher, aber Du hast einen Verdacht, und dem gehst Du nach.

Schließlich bist Du Detektiv.

Nicht irgendeiner, sondern Du bist ein Meisterdetektiv. So was wie der Kalle Blomquist Deiner kleinen Stadt, die zufällig Gronau heißt, im katholischen Westfalen liegt, fast an der holländischen Grenze.

Du siehst Dir alles ganz genau an, Du willst wissen, wie Deine kleine Stadt zusammenhängt, wer die Guten sind und wer die Bösen und wer vielleicht grade jemandem etwas gestohlen hat oder, noch schlimmer, jemanden vor langer Zeit umgebracht hat.

Natürlich ist es ein Spiel, aber es ist auch ernst, sonst hättest Du nicht mit 10 Jahren schon einen Kurs für Meisterdetektive in Zürich gebucht, bei einer Detektei namens »Sonnenschein«.

Seitdem sitzt Du oft mit Deinen zwei besten Freunden Clemi und Kalle im Hühnerstall hinterm Haus Deiner Eltern. Ihr habt dort euer höchstgeheimes Büro eingerichtet. Alle paar Wochen kommt Post von der »Detektei Sonnenschein«, Ihr erfahrt, wie Ihr aus alten Dosen Funkgeräte bauen könnt, wie Ihr mit Zaubertinte Observationsberichte schreibt und Beobachtungsprofile erstellt.

Die Erwachsenen halten das für Blödsinn, Ihr nicht.

Du hast das Gefühl, dass etwas faul ist in Deiner Stadt. Ihr Meisterdetektive seid eifrig bei der Sache, Ihr schreibt und schreibt, aber die große Verhaftung ist Euch noch nicht gelungen.

Seltsam, aber Ihr bleibt dran.

Irgendetwas stimmt hier nicht in Deiner kleinen Stadt, da bist Du Dir jedenfalls ziemlich sicher. Aber der entscheidende Durchbruch gelingt Euch nicht.

Bald hast Du noch einen weiteren Job zu erledigen. Du fährst Blumen und solche Sachen aus für den größten Blumenladen Deiner kleinen Stadt. Mit einem Fahrrad, den Gepäckträger vorne.

Während Du übers Pflaster ratterst, schaust Du auf Deine Fracht, und schon weißt Du, wo Du hinmusst: Waldwiesensträuße bedeuten Entbindungsstation, Rosengebinde führen Dich ins Standesamt, Kränze auf den Friedhof.

Vor allem vor der Leichenschauhalle, wo Du die Kränze reintragen sollst, hast Du einen echten Horror. Du kannst Beerdigungen nicht leiden und den Tod noch weniger.

Aber allmählich graust es Dir auch vor dem Leben, also vor den Waldwiesensträußen und den Rosengebinden und dem ganzen Kram.

Denn irgendwie tragen auch diese Symbole des Glücks und der Freude das Scheitern und das Ende schon in sich. Sie sind sozusagen nur die Ergänzung zu den Trauerkränzen, die Du auf Deinem Gepäckträger durch Deine kleine Stadt chauffierst.

Es ist ein vorgestanztes Programm, das abläuft. Du beginnst, hinter die Fassaden zu blicken, wie Du es als Meisterdetektiv gelernt hast, und Du stellst fest, dass Deine ganze Stadt an dem teilnimmt, was Du später einmal ein »verdammtes, abgekartetes, langweiliges Spiel« nennen wirst.

»Der Teufel«, wirst Du sagen, »hat in diesem Spiel immer das beste Blatt«. Er ist der einzige Sieger.

Du willst nicht rein in dieses Spiel. Das ist die eine heiße Spur, die Du jetzt hast. Die andere führt zu den anderen Helden, die Dich begleitet haben in den letzten Jahren.

Kalle Blomquist, klar. Aber auch Tom Sawyer und Huckleberry Finn, die mit ihrem Floß den Mississippi runtergeschippert sind.

Oder Benny Goodman, der jüdische Junge aus Chicago, dem keiner eine Chance gab. Dem Burschen, der es mit seiner Klarinette schaffte, die schönste Musik zu spielen. Am Ende sogar in der glanzvollen New Yorker Carnegie Hall.

Du kennst noch mehr solche Typen. Aus Büchern, von Schallplatten und dem Kino.

Typen, die Außenseiter waren in ihrer kleinen Stadt.

Typen, die nicht reinpassten und die sich deshalb auf den Weg machten, auf die Suche nach dem wahren Leben.

Du hast keine Ahnung, wo Du es finden wirst, das wahre Leben. Aber Du bist Dir ziemlich sicher, dass es hier nicht sein wird in Deiner kleinen Stadt.

Hier, wo der Teufel sein Grünzeug verschickt.

*

Das Leben schenkt dir nichts, schon gar keine Freispiele, so lautete das Glaubensbekenntnis der Menschen in Gronau. Es musste nicht ausgesprochen werden. Die meisten Bewohner des Ortes hielten sich auch so daran.

Das wichtigste und mächtigste Gebäude des Ortes tauften sie die »Weiße Dame«.

Ein Name, majestätisch, vornehm und Ehrfurcht gebietend. »Die weiße Dame« war die Baumwollfabrik der Familie van Delden, dem größten Arbeitgeber in Gronau. Gut 80 Prozent der Bewohner fand dort Beschäftigung, zeitweise war es die größte

Baumwollspinnerei Europas. Baumwolle wurde angeliefert, bunt leuchtende Stoffe verließen die »Weiße Dame«.

Die Textilindustrie hatte im 16. Jahrhundert eine neue Lebensgrundlage nach Gronau gebracht. Vorher hatten sich die Bewohner schwergetan mit den sandigen Böden, die so wenig abwarfen, dass viele Männer über die Grenze nach Holland gehen mussten, um dort ihr Geld zu verdienen, als Tagelöhner oft, Pendler in der damaligen Zeit.

Die »Weiße Dame« stand für Modernisierung und Industrialisierung, aber, wenn man genau hinsah, war es wie im Feudalismus des Mittelalters: Einer Familie mit der großen Burg in der Mitte gehört fast alles. Die Arbeitskräfte der Fabrik wohnten in den Häusern der Burgbesitzer und verdienten gerade so viel, dass sie in der Burg, die ihr Leben bestimmte, einigermaßen ihre Arbeit verrichten konnten.

Urlaub spielte keine große Rolle in Gronau. Ein wenig Erleichterung verschafften sich die Männer in den Kneipen, wovon es viele gab. So viele, dass die Frauen jeden Freitag vor der Fabriktür warteten. Sie kamen, um den Männern die Lohntüten abzunehmen. Zu verhindern, dass die Männer das Geld sofort versoffen.

Eine hartleibige, von mühsamer Arbeit geprägte Mentalität durchzog die Stadt.

Kunst oder Kultur kam kaum vor, und wenn, dann wurde sie argwöhnisch beäugt. Als ein sinnloses Unterfangen oder ein Luxusgegenstand, etwas, dem sich nur besonders Reiche oder besonders Schwache nähern durften. Eine Gefahr, die den Charakter verdirbt, wenn man sich mit ihr einlässt.

Es war nicht gut für den eigenen Ruf, wenn man sich zum Beispiel wie Udos älterer Bruder Erich öfter einmal mit einem Buch in der kleinen Stadt blicken ließ oder, noch schlimmer, wenn man es wagte, in diesem Buch auch noch vor den Augen anderer zu lesen.

»Gustav, pass auf deinen Jungen auf, der liest« – diese Warnung hörte Udos Vater, Gustav Lindenberg, oft.

»Lesen ist vertane Zeit«, diesen Satz musste Erich oft ertragen.

Lesen war schlecht, es lenkte von den wichtigen Dingen des Lebens ab, und die hießen: Pünktlichkeit, Ehrlichkeit und Trinkfestigkeit.

»Ich wollte kein Leben von der Stange, kein fertig geschnürtes Lebenspaket vom Supermarkt. Ich wollte nicht in dieses Sortiment rein«, würde Udo über die enge Welt von Gronau sagen, nachdem er ihr entkommen war.

Dabei hatte Udo auch Glück gehabt, als Zweitgeborener.

Er kam ein Jahr nach der deutschen Kapitulation zur Welt und musste nicht wie sein Bruder Erich voller Angst im Keller sitzen. Während die britischen Bomber ihre Angriffe flogen, um Deutschland so lange zu zerstören, bis es endlich den Krieg, den es begonnen und verbrecherisch geführt hatte, aufgab. Ein Krieg, der 60 Millionen Menschen das Leben kostete.

Udo wuchs auf mit der Last der deutschen Schuld, der bedrückenden Stille und der Verdrängung, aber der Terror des Krieges war ihm erspart geblieben.

Zweitgeborener hieß auch, dass Udo sich zu Hause oft nicht so richtig beachtet fühlte. Erich war das Vorzeigekind, gekleidet an Festtagen ganz in Weiß, top in der Schule, wo Udo eben von den Lehrern zu hören bekam: »Du bist kein Erich.« Eher ein Fall, der wenig Anlass zu Hoffnungen gab, die ein »befriedigend bis ausreichend« überschritten.

»Erich war ein sehr feiner, schlauer Junge, nach ihm sollte ein Mädchen kommen«, sagt Udo heute. »Dann kam aber ein Knabe, nämlich ich. Meine Eltern waren doch ein bisschen enttäuscht. Nach mir kamen so Zwillinge, die eine Sensation waren, zwei so süße Mädchen. Und der Junge dazwischen, der lief halt so mit.«

Vater Gustav war kein direktes Rädchen in der wohlgeschmierten Maschine der Baumwollspinnereidynastie der mächtigen van Deldens.

Mit seinem Installateursbetrieb, gelegen in der Gartenstraße 3, war er eher ein indirekter Nutznießer der großen Patriarchen. Wenn die Dachrinnen tropften, die Spülen verstopft waren oder sich jemand eine neue Toilette leisten wollte, war der Betrieb der Lindenbergs eine gefragte Adresse. Es wurde geklingelt, bei Tag und bei Nacht.

Spätestens ab 5 Uhr nachmittags war Gustav Lindenberg allerdings nicht mehr anzutreffen an dieser von ihm ungeliebten Adresse.

Er saß dann in der Quelle und erzählte. Vor allem aber trank er. Zehn bis zwanzig Bier am Abend waren sein Soll, dazu Schnäpse, am liebsten Doppelkorn.

Wenn Gustav gut in Form war, und das war er eigentlich immer, sobald er die Tür der Quelle passierte und sein Glas mit dem eingravierten Namen im Regal sah, dann unterhielt er den ganzen Laden.

Eine seiner Spezialitäten waren deutsche Dialekte, ansonsten glänzte er mit Witzen aller Art, am liebsten zotige. Frauen waren in der Quelle so häufig anzutreffen wie ein Barren Gold. Die Männer fühlten sich in Sicherheit, nämlich unter sich.

Gesoffen wurde in der Quelle immer. Vor Hitler. Während Hitler. Und nach Hitler. Die Fabrik, die Religion und der Alkohol bildeten den Treibstoff, der die kleine Stadt am Laufen hielt. Nur jetzt, nachdem die Gronauer wie die meisten Deutschen von Hitler verführt, mit ihm in den Krieg gezogen und diesen Krieg kläglich verloren hatten, brauchte es den Suff noch ein bisschen dringender. Er dichtete ab. Gegen die Schuld, das schlechte Gewissen. Und wenn einer genug gelitert hatte, dann passierte es mit schöner Regelmäßigkeit, dass das Licht über der jüngsten, miesen Vergangenheit wechselte.

Es schien dann nicht mehr so düster. Eher verklärt rosig: die Autobahnen. Keine Arbeitslosen. Keine geklauten Fahrräder. Und man hatte noch was gegolten als Deutscher.

Damit war es nun außerhalb der Quelle und den 150 anderen Abfüllstationen Gronaus gründlich vorbei.

Deutscher zu sein, war das Allerletzte.

Wenn einer vergaß, wie es sich anfühlte, zum größten Schandfleck in der Geschichte der Zivilisation zu zählen, dann konnte er ja die drei Kilometer Richtung Holland zurücklegen, die Grenze überqueren und dort Ausschau halten. Wenn nur das Auto zerkratzt war, musste der Ausflug als Erfolg verbucht werden.

»Wer nicht trinkt, ist ein Schlappschwanz«, auch dieser Spruch gehörte zum Standardrepertoire der Quelle.

Mit Bieren in zweistelliger Anzahl und ein paar Schnäpsen wirkte auch der Krieg nicht mehr wie die Katastrophe, die er gewesen war.

Gustav erinnerte sich dann gern an die Zeiten auf Kreta, wo man ihn angeblich »Costalucci« gerufen und die tollsten Feste gefeiert hatte. Die Frauen. Der Wein. Die warmen Nächte. Und Costalucci mittendrin. Kein Wort von massenhaften Partisanen-Erschießungen und Vergewaltigungen. Wenn man Gustav in der Quelle zuhörte, war der Zweite Weltkrieg in Griechenland eher eine Art Club-Robinson-Urlaub in Uniform gewesen.

Zu Hause in der Familie waren diese seltsamen Fünf-Jahres-Ferien kein Thema. Manchmal stellte Erich, der Älteste, den Vater zur Rede.

»Was hast du eigentlich angestellt in Griechenland?«, brüllte Erich dann mit rotem Kopf.

»Lass mich in Ruhe«, antwortete der Vater. »Darüber rede ich nicht mit dir.«

»So geht das nicht. Du musst darüber sprechen. Du schuldest es uns, deiner Familie«, brüllte Erich weiter.

»Gar nichts schulde ich euch. Ich gehe jetzt schlafen. Wagt es ja nicht, mich zu stören. Ich habe Bauchschmerzen.«

Bauchschmerzen am Abend, ein Kater am Morgen und in der Installationshandlung, Gartenstraße, schlechte Laune – das war Gustavs Leben außerhalb der Quelle.

Gustav hatte es nie verwunden, dass ihm, dem Zweitgeborenen, dieser verdammte Klempnerladen vom Vater aufgedrückt worden war, weil der Erste in der Erbfolge, der ältere Bruder Erich, sich in der Enscheder Straße mit dem Motorrad zu Tode gefahren hatte.

»Wenn es nach mir gegangen wäre«, pflegte Gustav zu sagen, »wäre ich Zuckerbäcker im Hotel Sacher in Wien oder Dirigent an der Mailänder Scala geworden.« In der Schule immer nur Einsen, auf der Technischen Hochschule ebenso, dann knallte es auf der Landstraße, und nun war er so etwas wie einer der obersten Abwasserbeauftragten jener kleinen Stadt, der er eigentlich hatte entkommen wollen.

Kein Wien, kein Mailand, kein Costalucci. Nur Dreck in Eisenrohren und Verstopfung.

Wenig war geblieben von den großen Träumen. Der Heringssalat, den er Silvester schlecht gelaunt zusammenschnippelte, na gut. Der Kartoffelsalat an Weihnachten ebenso, und schön, das alles lief ab in solider Kleinstadt-Tristesse. Der Blues eines verhinderten deutschen Himmelsstürmers.

Aber geradezu surreal und richtiggehend beängstigend waren die Momente, in denen Gustav gut drauf war. Jene Augenblicke, in denen er sich zurückbeamte in jene vermeintlich fantastischen Zeiten, die er nie wirklich erlebt hatte.

Meistens kamen diese Eingebungen, wenn er gut bedröhnt aus der Quelle kam.

»Hermine, weck die Kinder, es gibt ein Konzert«, hieß es dann.

Die Mutter rüttelte den Nachwuchs wach, Erich, Udo, die beiden Zwillinge Inge und Ecki kamen in Schlafanzügen die Treppe runtergetapst.

Dann Applaus. Im Wohnzimmer stand auf einem Stuhl mit geschlossenen Augen, zurückgekämmten Haaren in einem Frack der Vater und dirigierte.

Toscanini oder von Webern erklangen via Schellack vom Grammofon.

Gustav stocherte dazu in der Wohnzimmerluft mit einem Kochlöffel und sah aus wie ein nasser Bär, der in einem Windkanal namens Sehnsucht zappelt.

Manchmal war nach einer halben Stunde Schluss. Manchmal dauerte solch ein Auftritt bis Mitternacht.

Irgendwann verstummte die Musik, der Dirigent verbeugte sich – was für die Mutter das Zeichen war, dass sie das Publikum wieder zurück in die Betten führen konnte.

Die Vorstellung war beendet, und trotzdem ging das Theater in den Köpfen der Kinder weiter.

Wahnsinn und Genie gehen Hand in Hand
dieser Taktstockmeister war auch dafür bekannt
Dann stand er da, mit wirrem Haar
dem Herzinfarkt verdächtig nah
und wieder war er außer Rand und Band

So sollte Udo gut 20 Jahre später auf seinem Album »Votan Wahnwitz« den Geist solcher Abende beschreiben.

Gustav war eine gekränkte Seele. Eine Künstlernatur, die sich als Entertainer in der Quelle und mit volltrunkenen, bizarren Auftritten zu Hause hervortat.

Aber wenn der Treibstoff Alkohol sich verflüchtigte und die Eintönigkeit des Alltags nach ihm griff, verfiel Gustav meist in die Rolle des Haustyrannen und des pedantischen Spießers.

»Zack Zack« hieß dann einer seiner Lieblingsausdrücke.

»Zack Zack« mussten die Socken militärisch ordentlich nebeneinander im Schrank liegen.

»Zack Zack« musste die Biersuppe mittags serviert werden.

»Zack Zack« sollte seine Frau Hermine picobello gekleidet mit den Kindern warten, alle sauber gescheitelt, vor dem Ford Taunus, weiß mit schwarzem Dach, damit man pünktlich zu den Verwandten abfahren konnte. Besuche, die Gustav auf eine Stunde Aufenthalt begrenzte, ehe es »Zack Zack« wieder zurück nach Hause ging.

Alles musste mit großer Regelmäßigkeit ablaufen, aber wehe, die Regeln wurden verletzt.

Zum Beispiel im Fall der Sockenanordnung. Dann kein Ausflug, keine Verwandten, kein weißer Ford Taunus. Nur Schweigen, das in Kampfschweigen überging. Tagelang, wochenlang. Der Rekord lag bei 6 Monaten. Ein halbes Jahr nicht mit Hermine geredet.

Zum Kontrollwahn gesellte sich eine Art hysterische Eifersucht. Gustav rastete aus, weil seine Frau beim Schützenfest von einem anderen Mann auf der Tanzfläche kurz angehoben wurde. Er drehte durch, weil sie über den Witz eines holländischen Onkels gekichert hatte. Eine der wenigen Auslandsreisen des Ehepaars endete nach einem halben Tag. Angeblich hatte der Schaffner am Busbahnhof in Paris Hermine unsittlich am Unterarm berührt. So jedenfalls sah es Gustav.

Seine Reaktion? »Was ist denn das für eine Schweinerei?«, rief er. »Wir fahren zurück nach Gronau. Auf der Stelle.«

Einmal, bei einem größeren Wutanfall wegen häuslicher Unordnung, riss er die Kleider aus den Schränken, bis sich eine Art dunkler Berg von Klamotten in der Küche gebildet hatte. Dann zog Gustav mit großer Geste seinen Ehering vom Finger und warf ihn klirrend auf den Boden.

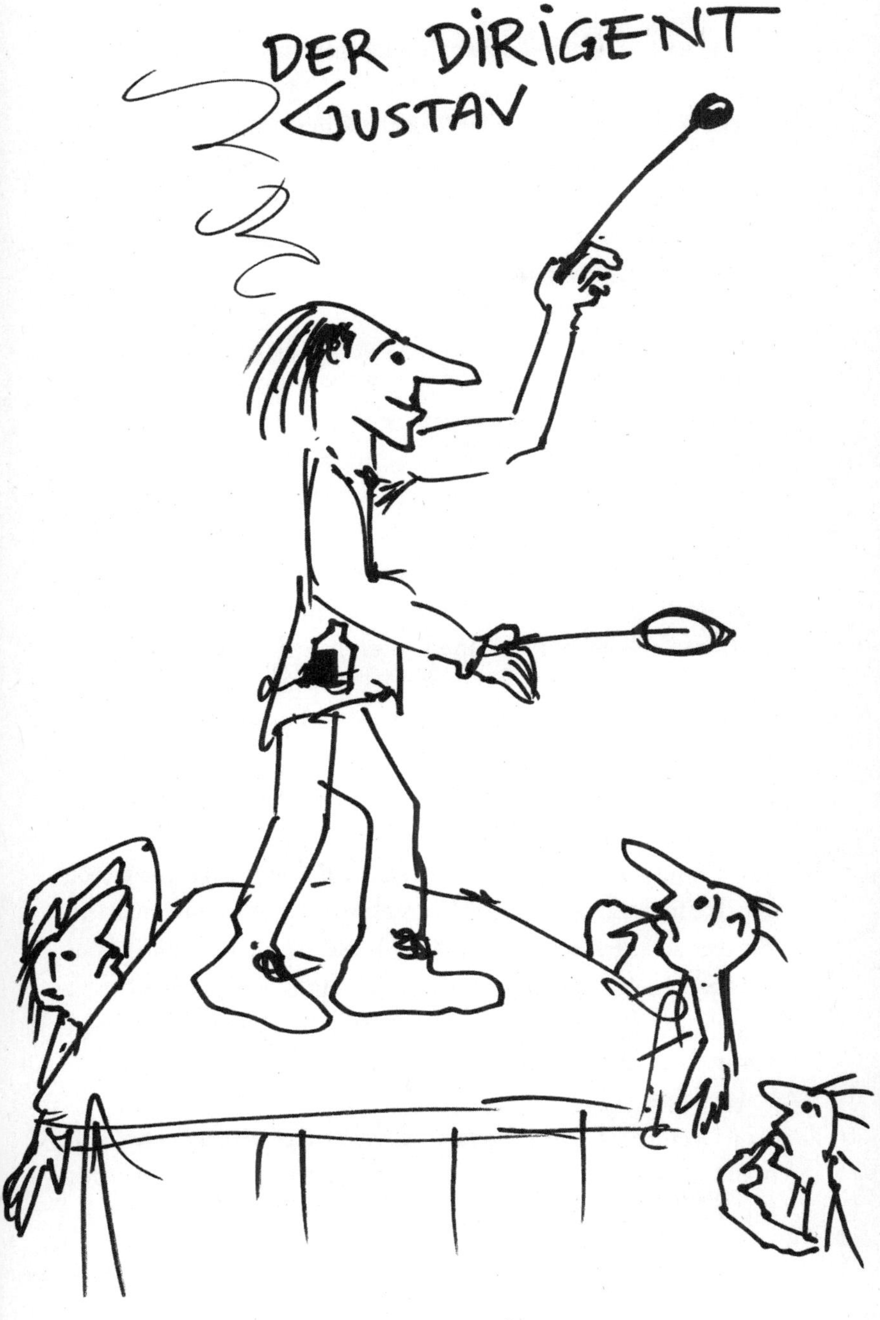
DER DIRIGENT
GUSTAV

»Du kannst gehen«, sagte er und wies seiner Frau gebieterisch die Tür.

Hermine zog mit den vier Kindern für eine Woche zu einer befreundeten Familie namens Fleischmann. Man rückte zusammen. Man wollte helfen. Bis es eben zu eng wurde mit den fünf Lindenbergs und die Mutter mit gesenktem Kopf wieder um Einlass bat in der Gartenstraße Nummer 3.

Überhaupt Hermine.

Sie fing den Wahnsinn des Vaters auf. Nicht, dass sie besondere Lust darauf gehabt hätte. Es blieb ihr nur wenig anderes übrig. Ohne Hermines Sanftheit, Geschick, Wärme und Toughness wäre der Laden in die Luft geflogen. Hermine hielt die Familie und den Installationsbetrieb Lindenberg zusammen.

Der gesamten Nachbarschaft außerhalb der Quelle war das klar.

Nur äußern durfte diese offensichtliche Tatsache niemand. Und schon gar nicht laut. Wäre eine solche Feststellung Gustav zu Ohren gekommen, er hätte den nächsten Tobsuchtsanfall bekommen.

Er war der Chef im Haus. Er, Gustav Lindenberg.

Schon möglich.

Nur, dass alles, was unangenehm und mühsam war, an Hermine hängen blieb.

Sie musste sich um die demente Oma Frederike im ersten Stock kümmern und die alte Tante Etta im Zimmer daneben. Um die vier Kinder sowieso, aber auch die Schwarzarbeiter im Installationsbetrieb blieben an ihr hängen, und wenn jemand nach 17 Uhr noch Hilfe brauchte aus der Werkstatt oder eine neue Dachrinne, dann klingelte er bei – na wem wohl?

Hermine.

»Hermine hat alles gemanagt, auch das eisige Schweigen. Wenn es einen Liebheitspreis gegeben hätte, dann hätte sie den hundertprozentig gewonnen«, sagt Udo.

Aber gegen das aufbrausende Wesen ihres Ehemanns und seinen ruppigen Befehlston kam sie nicht an. Gustav machte die Ansagen. Hermine erledigte die Arbeit, und wenn die Kinder während eines Wutanfalls von Gustav verängstigt an ihren Rockzipfeln hingen, dann hielt sie das eben auch noch aus. Ein Ein-Personenschutzwall gegen den Irrsinn.

Hermine, eine bildschöne Frau mit dunkel schimmernden Augen, kam aus einer Arbeiterfamilie am anderen Ende der Stadt. Gustavs Eltern hatten die Verlobung abgelehnt mit den Worten: »Die ist nicht standesgemäß.«

Zwar setzte sich Gustav mit seiner Heirat durch. Aber einmal im Haus, ließ er Hermine büßen. Sie war eben nicht seinesgleichen und noch dazu bloß eine Frau.

»Die würde ich immer wieder heiraten«, behauptete Gustav manchmal stolz, wenn er vor den Kindern von deren Mutter sprach. Aber wenn es ihm zu bunt wurde, brüllte er los oder übernachtete in der Quelle, irgendwo nahe dem Säufertisch. Manchmal drei Tage lang.

Schließlich war er Stammgast.

»Die Leute waren nur gut drauf, wenn sie was gesoffen hatten. Gute Laune sonst, das kannte man gar nicht. Mit Saufen, so viel stand fest, war das Leben wieder besser«, sagt Udo heute über diese Zeit.

Udos Fluchtpunkt war die Straße. Ganz früh schon, im Alter von drei Jahren, versprach die Straße Freiheit. Von Sorgen, von Tränen, von dem ganzen Mist, mit dem sich die Erwachsenen das Leben zur Hölle machten.

Es war kein schwerer Schritt. Einfach zur Haustür raus, und schon war alles anders.

Ein paar Weiß- und Rotdornbäume standen da, und gleich gegenüber wohnte Clemi. Beide brauchten nicht lange, um gute Freunde zu werden, auch, weil es sonst nur Mädchen in ihrer

Straße gab. Vor allem aber fanden Udo und Clemi Gefallen aneinander, weil sie viel teilten und sich, wenn es eng wurde, aufeinander verlassen konnten.

Beide trugen im Sommer kurze Hosen. Im Winter war es nicht anders, nur dass sie dann lange Strümpfe anhatten. Die Knie, schmutzig oder blutig oder beides, waren kein Problem, ebenso wenig wie eine ungeputzte Nase. An diesen langen Nachmittagen konnten ihnen die Erwachsenen nichts anhaben. Clemi und Udo, der »Matz« gerufen wurde, lebten in ihrer eigenen Welt.

Es war ein aufregender Ort. Da gab es diese endlosen Güterzüge, die Öl von Holland ins Ruhrgebiet brachten, manchmal 60 Waggons lang. Clemi und Matz legten Steine auf die Schienen, dann duckten sie sich in den angrenzenden Graben. Hoffend, dass der Koloss aus den Gleisen springt, wissend, dass so etwas nicht passieren kann. Aber was wusste man schon sicher.

Da gab es die Dinkel, oberhalb der »Weißen Dame«, ein leidlich sauberer Fluss. Vor allem gut schiffbar für Nachwuchsmatrosen.

»Ahoi, Clemi«, rief Matz, der den Kapitän gab. Clemi war die Mannschaft. Beide saßen im Schlauch eines Lastwagenreifens. Meist endete die große Fahrt nach 20 oder 30 Metern. Schließlich war die Dinkel der reißende Mississippi, die Frösche Krokodile, die Bäume listige Piraten, und Clemi und Matz waren Tom Sawyer und Huckleberry Finn.

Da gab es die weite Prärie hinter dem Hühnerstall der Lindenbergs, wo die Cowboys Clemi und Matz die Munition ihrer Pistolen, Zündblättchen, in schmale Streifen schnitten, kleine Bomben, wie sie meinten.

»Wie viel Zündblättchen hast du drin«, fragte Matz.

»So 10 bis 15«, antwortete Clemi.

»Lass noch bisschen was reintun«, sagte Matz, »damit es lauter kracht.«

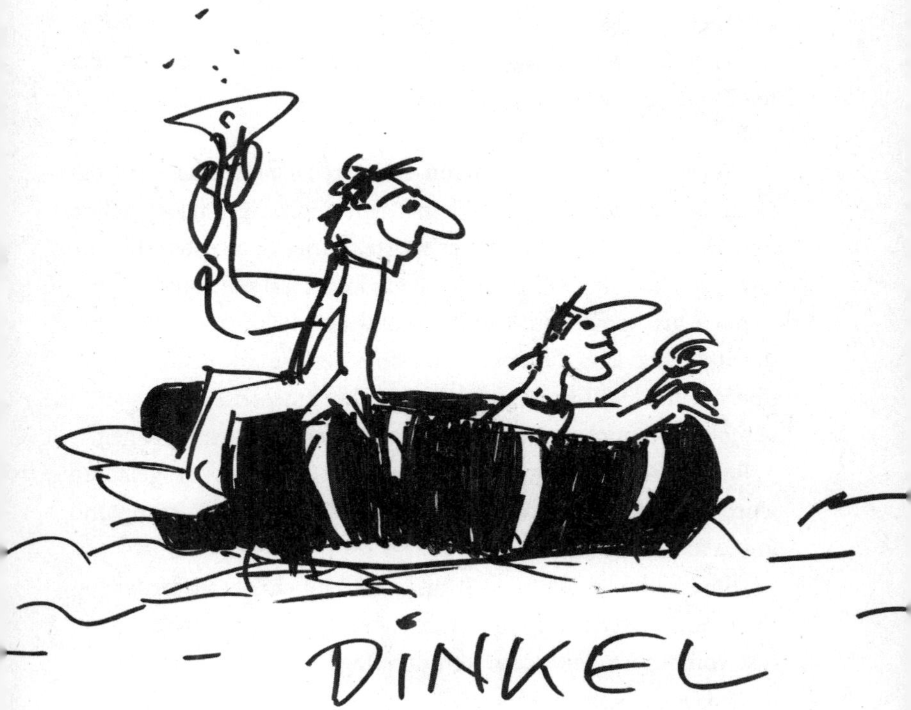
DINKEL

Da gab es die Gärten der Nachbarn mit ihren Äpfeln und Erdbeeren. Die Outlaws Matz und Clemi fragten nicht lange um Erlaubnis, sie bedienten sich, und wenn die Erwachsenen ihnen dann wütend »blöde Balgen« hinterherriefen, versüßte deren Schimpfen den Triumph der beiden.

»Verdammt gefährlich hier – wir müssen aufpassen, dass sie uns nicht kriegen.«

Als dann die Zwillinge Inge und Ecki kamen, vergrößerte sich der Zuständigkeitsbereich von Matz.

Er hatte nun Verantwortung.

Gut, er ließ zwar Inge, wenn er in seiner Seifenkiste auf der Gartenstraße posierte, das kleine Auto übers Pflaster schieben. Aber wenn ein Eindringling es wagte, seiner Schwester zu nahe zu treten, konnte der Typ sich auf etwas gefasst machen.

Matz gab dann den Richter, Clemi den Polizisten. Meist verurteilte Matz den Übeltäter zu 100 Kniebeugen, die durchgezählt und vor den Zwillingen abgebüßt werden mussten.

»Ich tue es nicht wieder«, musste der Verurteilte dazu sagen.

Bevor der jeweilige Schuldige schließlich laufen gelassen wurde, gab ihm Clemi noch eins auf die Kappe. Als Warnung und guten Rat für die Zukunft.

Diese frühe Freiheit der Straße, die Zauber, Herausforderung, Abenteuer und Aufregung verhieß, bedeutete vor allem auch ein fast völliges Losgelöstsein von den Regeln und Psychozwängen der Erwachsenenwelt.

Es gab nicht einmal gute Ratschläge von Gustav und Hermine. Wenn der Nachwuchs die Tür nach draußen öffnete, machte sich lediglich eine Art ermutigende Erleichterung breit – auf beiden Seiten.

»Raus, und ihr seid wieder da, wenn es dunkel wird«, sagte Hermine oft.

Matz war die kleine graue Eminenz seiner Straße, aber auch in der Quelle war er gern gesehen, wenn Gustav ihn mitnahm. Für Inge und die anderen Geschwister stand bald fest, dass Udo das Lieblingskind des Vaters war.

Die Rolle des Kneipen-Sidekicks füllte Matz mit pfiffiger Hingabe aus. Fein angezogen, wurde er von Gustav auf den Tisch gehoben und musste ein Gedicht aufsagen.

Poesie war nicht unbedingt eine Lieblingsdisziplin der Trinker, weshalb sich kein besonderer Unmut erhob, als sich nach einer gewissen Zeit herausstellte, dass es immer die gleichen Zeilen waren, die der Kleine dort im ostpreußischen Tonfall deklamierte.

Herbstlich farben sich die Blätter
Immer schlächter wird das Wetter
Frieh steckt man das Lecht schon an
Weil man nuscht mehr kieken kann
Nur der Spatz, der Lorbas, lakert
Wo der Wallach hingeklakert.

Dieser Tisch in der Quelle war Udos erste Bühne. Er trug eine kleine Tasche um den Hals, und wenn der Applaus sich gelegt hatte, zog er den Reißverschluss seines Beutels auf und sagte auffordernd, aber nett:

»Da kann man auch was reintun.«

Geld war in der Gartenstraße 3 immer knapp. Das Haus vom Großvater geerbt, der Installationsgroßhandel ungeliebt. In Gronau, das Udo eher als Kastenwelt denn als Klassengesellschaft sah, »hingen die Lindenbergs«, so empfand er es, »ein bisschen dazwischen«.

›Dazwischen‹ hieß Bier- und Weinsuppe aus den Resten vom Vortag.

›Dazwischen‹ hieß kurze Hose, und zwar nur eine. Die dafür jeden Tag.

›Dazwischen‹ hieß Ferien als eine Art Kinderlandverschickung zum Onkel nach Wilster bei Brokdorf, damit zu Hause ein bisschen gespart werden konnte. Ein paar Wochen kein Essen bezahlen für die vier Kinder.

›Dazwischen‹ hieß auch totale Anspannung der Geschwister inklusive Mutter Hermine während des Schützenfests. Jedes Mal glimmte Gustav vor Eifer, nun doch endlich der König von Gronau zu werden. Schützenkönig. Jedes Mal zitterte die gesamte Restfamilie, dass dies bitte nicht geschehe. Denn Schützenkönig hieß Freibier für die ganze Stadt.

Eine ruinöse Angelegenheit.

Die Lindenbergs waren keine religiöse Familie, aber während der Schützenfestzeit sprachen die Kinder oft ein kleines Nachtgebet.

»Lieber Gott, bitte sorge dafür, dass Papa den Vogel nicht abschießt.«

Udo ahnte, dass er so nicht würde leben wollen. Kohle musste sein, das Leben schien einfach entspannter mit ein bisschen Geld im Umhängetäschchen.

Und Vogel-Abschießen war eigentlich auch nichts Schlechtes. Musste ja nicht der auf dem Schützenfest sein. Aber das Ding mit dem Vogel, das gefiel ihm ziemlich gut.

Man musste dafür ja nicht gleich abdrehen wie Gustav.

Den Vogel abschießen, aber anders.

EINE NEUE SPRACHE

Stell Dir vor, Du sprichst – aber Du sprichst ganz anders.

Nicht mit den Worten, die Du aus der Schule kennst oder von Deinen Eltern. Nicht mit Taten, wie sie auf dem Fußballplatz geschehen, mit Steilpässen, Dribblings oder einem Schuss in den Torwinkel ganz oben links.

Du sprichst mit Schlägen, die Du auf Deine Trommel setzt. Sanft oder hart, laut oder leise, schnell oder langsam, darüber hinaus gibt es Hunderte von weiteren Möglichkeiten, den Rhythmus zu verändern. Es ist ein komplexes Alphabet, aus dem eine verrückte, manchmal halsbrecherische Sprache entstehen kann, und seltsamerweise fliegt Dir diese Sprache zu.

Es ist keine mühsame Angelegenheit wie in der Schule, wo Du weit hinten sitzt im Klassenzimmer. Wo Du Dich duckst und hoffst, ein bisschen unsichtbar zu sein.

Zumindest in jenen Momenten, in denen der Lehrer den Raum röntgt mit seinen Augen und ein Opfer sucht. Einen, der keine Ahnung hat und den er dann vorführt, um dem Rest der Klasse zu zeigen, was passiert, wenn einer träumt oder sonst irgendwie abwesend ist. Es waren keine angenehmen Momente, und Du hast Dich immer ziemlich mies gefühlt. Wehrlos. Ein Opfer.

Kein gutes Gefühl. So ungefähr das Gegenteil jenes Gefühls, als

Du auf Deiner Straße standest mit Deinem besten Freund Clemi und Ihr die Dinge, die euch wichtig waren, geregelt habt.

Und jetzt mit Deiner neuen Sprache hast Du dieses Gefühl wieder.

Du bist erfinderisch.

Geld hast Du sowieso keins, also musst Du Dir etwas einfallen lassen. Da vor der Lagerhalle von Edeka, schräg gegenüber vom Haus Deiner Eltern, hast Du alte Fässer gefunden. Benzin wurde einmal darin gelagert oder Waschmittel. Die Dinger sind aus Metall oder Pappe, und Du trommelst auf ihnen herum mit Stöcken, die Du Dir aus den Strünken von Grünkohlpflanzen geschnitten hast.

Die Nachbarn und Deine Eltern sind nicht begeistert. Oft geht ein Fenster auf, und einer brüllt »Ruhe«. Aber das kann Dich nicht stoppen.

Hören diese Schlafmützen denn nicht, was Du hörst?

Du hörst »On the Sunny Side of the Street« von Benny Goodman oder »Bach Goes to Town«. Du hörst »Billie's Bounce« von Charlie Parker oder »Scrapple from the Apple«. Du hörst all die Sachen, die Dein großer Bruder Erich auf den Plattenspieler legt und zu Hause spielt, tagaus, tagein.

Manchmal wunderst Du Dich selbst, warum Dir das alles so nah ist. Benny Goodman kommt aus Chicago, Charlie Parker aus New York, aber ihre Musik spricht zu Dir, als würdet Ihr Euch schon ewig kennen.

Als wärt Ihr Familie oder so was. Als wäre Gronau nicht 6000 Kilometer weit weg von New York City. Deine Schläge sitzen auf die Hundertstelsekunde. Wenn jetzt einer mit einer Stoppuhr käme, würde er sagen: »Erstaunlich, der Junge hat ja nicht einmal einen Lehrer.« Du trommelst weiter. Weil Du die neue Sprache im Kopf und im Herzen hast und ein Wort das nächste Wort hervorbringt.

Du bist im Gespräch mit Charlie Parker und Benny Goodman,

da kannst Du Dich jetzt unmöglich stören lassen, nur weil es allmählich dunkel wird oder die Biersuppe zu Hause fertig ist.

Du willst keine Biersuppe, Du willst Dich weiter mit Charlie oder Benny unterhalten.

Du siehst Gronau vielleicht noch, aber Du hörst es nicht mehr.

Du bist jetzt einer von den anderen Jungs. Du bist jetzt einer von den coolen Jungs.

*

Dieses Jucken in den Fingern, sofort mittrommeln zu wollen, hatte Udo früh gespürt. Er war noch ein Knirps damals, aber eben einer, der seine Eltern sonntags manchmal mit deren Schallplatten aufwecken durfte.

Das Kribbeln wurde stärker.

Er richtete sich mit Erich einen Jazzkeller ein, hinten auf dem Firmengelände neben dem Hühnerstall.

Sie schrieben »Hot Jazz« und »Jazz Club Gronau« an die Wand, stellten einen Plattenspieler ins Dunkel und schnitten kleine Fotos aus der Hörzu aus, um dem Laden ein gewisses Aussehen zu geben.

Nicht weit davon entfernt lag das Lager von Edeka, wo Udo die Fässer fand, die sein erstes Schlagzeug sein sollten. »Was haben Sie da für einen schrecklichen Sohn«, beschwerten sich die Nachbarn über den Dschungellärm bei den Eltern.

Aber Udo hatte sein Ding gefunden. Wenn ihn jetzt jemand fragte, was er eigentlich einmal machen wollte, wenn er groß wäre, antwortete Udo: »Seemann oder Trommelstar. Am liebsten Trommelstar.«

Es gab keine Trommelstars in Gronau. Die Stadt gehorchte einem anderen Rhythmus. Einem Rhythmus, der vom Drehen der Spindeln in der großen Fabrik bestimmt wurde.

Also trommelte Udo seine Welt herbei.

Er trommelte morgens auf die Platte des Frühstückstisches. Er trommelte auf seiner Bank in der Schule. Nachmittags dann Edeka, und abends nahm er eine kleine Trommel, die ihm seine Eltern inzwischen gekauft hatten, wie ein Kuscheltier mit ins Bett.

Nicht einmal seine Verkleidung als Indianer während des Karnevals konnte Udo davon abhalten zu trommeln. Die runde Krachmaschine, fand er, passte immer.

Mit 11 Jahren trug Udo immer noch kurze Hosen, man nannte ihn immer noch Matz, als sein Bruder Erich zu ihm sagte: »Komm mal mit, ich will dir was zeigen. Könnte dich interessieren.«

Der Knirps in den kurzen Hosen folgte ihm in die Gaststätte Schützenhof. Dort probte die Old Time Jazz Band, und Udo durfte hinters Schlagzeug steigen und den »Tiger Rag« mit den Senioren spielen. Die Musik lief zusammen wie ein Reißverschluss, der Kleine hielt die Spannung und trieb die Band an, zuverlässig und inspirierend. So als hätte er dort schon seit vielen Jahren gesessen.

»Ein Trommel-Mozart«, sagte der Bandleader. Was einem eben so einfällt in einer kleinen Stadt, wenn ein Schüler aus dem vermeintlichen Nichts auf einmal den Takt angibt, als sei es das Selbstverständlichste der Welt.

»Ein Trommel-Mozart.«

Er wolle ohnehin schon lange auf Banjo umsteigen, bemerkte der eigentliche Schlagzeuger eilfertig.

Udo hatte den Job. Gerade noch auf das Sammeln von Pfandflaschen angewiesen, um sich das Taschengeld zu finanzieren, war er jetzt Berufsmusiker. Er swingte sich durch das Land des Dixie, als wäre er dort geboren und hätte nie etwas anderes gekannt. »A Natural«, nennt man eine solche Erscheinung dort, im Süden der USA, was auf Deutsch mit »Naturtalent« übersetzt werden kann, aber eben nicht einmal halb so schön klingt.

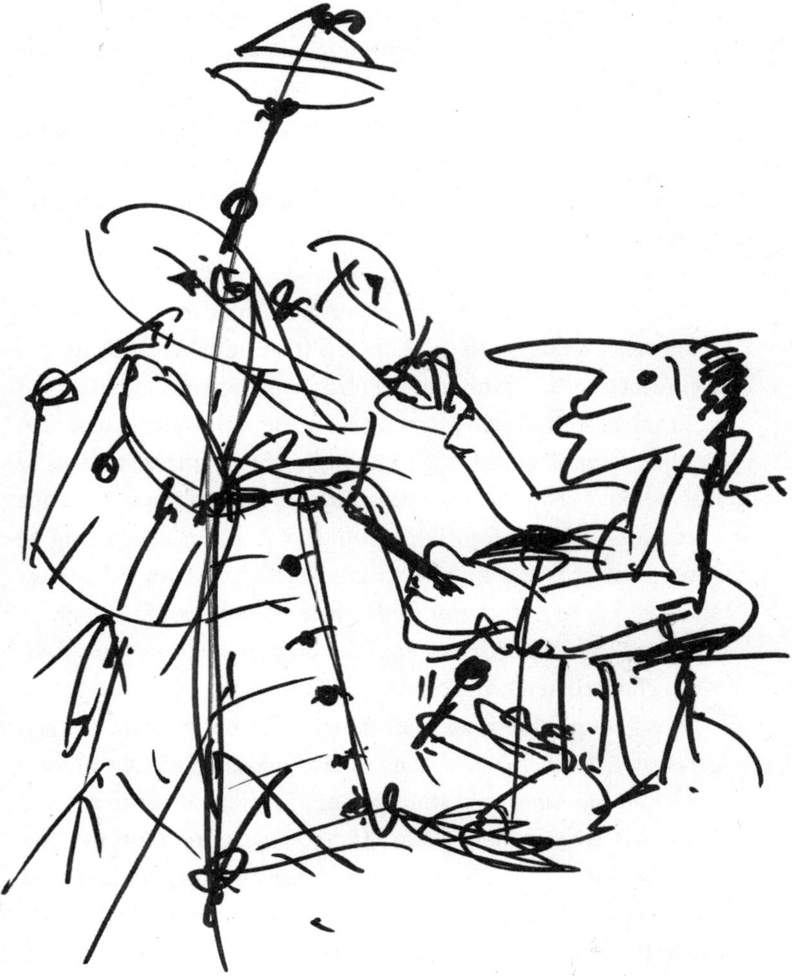

Naturtalent swingt nicht.

Udo tat das Gegenteil.

Er swingte ohne Ende.

Selbst Vater Gustav war beeindruckt, kratzte in den geringen Ersparnissen herum und kaufte seinem Jüngsten ein stattliches Schlagzeug.

Vor dem ersten Auftritt in der Stadt Ochtrup merkte Udo allerdings, dass sich da eine Unruhe in ihm ausbreitete, die auch durch den Anblick der prächtigen Trommelanlage nicht kleiner wurde.

Eher größer.

Zur Beruhigung trank er in großen Schlucken Bier aus den Gläsern der Kollegen. Es schmeckte bitter und scheußlich, aber es stellte sich so ein Gefühl des friedlichen Schwebens ein.

Er fühlte sich wie ein Zeppelin bei blauem Himmel, und als das Publikum vor Begeisterung tobte, wäre einem aufmerksamen Betrachter klar gewesen, dass Udo mitten in seinem ersten Triumph auch Kurs nahm auf ein Problem, dass ihn sein Leben lang begleiten sollte: jene Getränke, mit denen sich erst einmal alles geschmeidiger und besser anfühlt, easier. Mit denen man sich, so hätten es die Erwachsenen eine Generation vor ihm gesagt, die Welt schöntrinken kann.

Wie gesagt, einem aufmerksamen Beobachter wäre das aufgefallen. Aber es gab diese Art von Erwachsenen nicht, wenn die Old Time Jazz Band auftrat. Es gab nur Musiker, die dem Alkohol selbst wie einer großen Muse huldigten. Jazz und Suff bildeten eine Einheit. So wie die Quelle und der Suff zusammengehört hatten. König Alkohol bestieg seinen Thron in der nächsten Generation der Lindenbergs.

Bald trank Udo nach der Schule, wie er sagte, »zwei bis drei Bier zum gut schwindelig werden« und rundete den vermeintlichen Genuss mit Filterzigaretten ab. Mit 13 Jahren gewann er den ersten

Preis bei einem Nachwuchs-Jazz-Wettbewerb in Osnabrück. Er durfte sich jetzt den besten Nachwuchsschlagzeuger von Nordrhein-Westfalen nennen.

Zur Feier gab es, na klar, ein paar Drinks. Er war auf Kurs. In jeder Beziehung. Auch wenn Udo noch pro forma nach den Konzerten von den jeweiligen Wirten Schokolade statt Bier bekam. Bier schmeckte ihm schnell einfach besser.

Etwa zur gleichen Zeit wurde Udo auf einen Schlagzeuger aufmerksam, dem all das gelungen war, wovon Udo geträumt hatte, wenn er von seiner Zukunft als »Trommelstar« sprach.

Der Bursche hieß Gene Krupa, lebte in New York und hatte pechschwarzes Haar, das ihm lang in die Stirn fiel. Außerdem hatte er sein eigenes Orchester und einen eigenen Hollywoodfilm, der »The Gene Krupa Story« hieß. Diese beiden Tatsachen und der Umstand, dass Krupa so besessen trommelte, dass er das Schlagzeugsolo als Höhepunkt seiner Gigs sozusagen als eigenes Genre etablierte, genügten Udo als Beweis.

Gene Krupa war der Mann, nach dem er lange gesucht hatte. Ein funkelnder Chef, und nicht einmal die Trommeln, hinter denen er fast verschwand, konnten es schaffen, seine Magie zu dämpfen. Im Gegenteil. Das Schlagzeug war seine Hexenküche, und er wirbelte und rührte mit seinen Stöcken und Besen, bis der Saal kochte.

Diese Fähigkeit zum Irrsinn hatte sich bis an die Westküste herumgesprochen, weshalb die Filmindustrie nach der »Glenn Miller Story« und der »Benny Goodman Story« schnell die Geschichte vom schönen Gene inszeniert hatte.

»He hammered out the savage tempo of the Jazz Era« stand auf dem himmelblauen Plakat, auf dem Gene mit offener Fliege trommelte. Der deutsche Verleih übersetzte das Ganze mit »Jazz-Ekstase«, aber nicht einmal dieser spröde und lieblose Titel konnte den Eindruck schmälern, den der Streifen auf Udo machte.

Gene war als eines von neun Kindern polnischer Einwanderer

geboren worden und sollte eigentlich Priester werden. Der Vater hatte sein Schlagzeug zerstört, Gene musste ins katholische Seminar, war quasi verdammt dazu, ein Leben lang die Soutane zu tragen, und war ausgebrochen.

Er spielte mit Benny Goodman in der Carnegie Hall, er trommelte für Tommy Dorsey, ehe er schließlich seine eigene Big Band gründete, die tatsächlich größer war als das meiste, was sogar der amerikanische Jazz bis dahin gesehen hatte: 40 Mann stark war sein Laden, und er bezahlte sie alle, obwohl ihn der Staat 1943 für drei Monate wegen Marihuana einbuchtete.

Was eigentlich Genes Ende hätte sein müssen.

Nur hatte Gene eben diese gewisse Energie und den Willen, den einer aufbringt, der sich schon aus dem Priesterseminar befreit hatte. Also kam er zurück und trommelte weiter, bis er im Hollywoodolymp landete.

Das war nicht übel, eine andere Welt zwar und ziemlich weit weg von Gronau, aber die Welt änderte sich gerade ohnehin ziemlich, nicht wahr?

Sie änderte sich sogar in Gronau.

War da nicht auf einmal dieser verletzliche, sehr gut aussehende Typ im Kino aufgetaucht, der James Dean hieß? Einer, der die Welt der Erwachsenen kalt und bedeutungslos fand und gegen sie aufbegehrte – wenn es sein musste, mit dem Einsatz seines Lebens?

Gab es nicht auf Radio Hilversum seit Neuestem diese Musik von Typen namens Elvis Presley und Little Richard? Ein Sound, der fiebrig klang und unglaublich rhythmisch und der den jungen Menschen in die Beine ging, dass sie hüpften und kreischten? Und schließlich eine ganz neue Art erfanden, sich zu bewegen. »Rock'n' Roll tanzen« nannten die jungen Leute dieses seltsame Phänomen.

Die Erwachsenen nannten es einfach »krank«.

Aber dann kam einer der Abgesandten dieses Teufelszeugs. Der Mann nannte sich Bill Haley, er war auf Deutschlandtournee, und es wurde klar, dass Rock'n' Roll nicht nur eine Sache für den Arzt war, sondern ein Fall für die Polizei.

In Hamburg und Essen hatte die Staatsmacht Wasserwerfer eingesetzt gegen diese wilden jungen Menschen, die manchen Berichterstattern vorkamen wie »Raubtiere«.

Im Berliner Sportpalast schließlich half auch das nicht mehr. Zerlegte Tribünen und ein zerhackter Flügel leuchteten warnend heraus aus dieser Spur der Zerstörung, die diese Bedrohung namens Rock'n' Roll hinterließ.

»Rock'n' Roll«, diagnostizierte die Zeit, »ist eine Epidemie, die man als Tanzwut bezeichnen kann. Der große Arzt Paracelsus empfahl gegen die seinerzeit, also vor mehr als 400 Jahren, auftretenden Fälle von Tanzhysterie folgende Gegenmaßnahmen: Isolierung der Tanzwütigen, wodurch die Sache ihre Suggestivkraft verliert. Weiter empfahl er die Anwendung von Prügel und kaltem Wasser.« Die Vorschläge von Paracelsus empfahl der Berichterstatter der Zeit wie einen Erste-Hilfe-Kasten.

Aber auch als Rosskuren getarnte Hilfeschreie dieser Art konnten nicht darüber hinwegtäuschen, dass im Alltag der westlichen Welt etwas geschah, das man durchaus als eine tektonische Verschiebung schwerer gesellschaftlicher Platten beschreiben konnte.

Bislang hatte der Satz gegolten, dass die Jugend nur ein lang andauerndes, pickliges, rotznasiges, vollkommen nervtötendes und sinnloses Zeitstadium war, bis aus einem Haufen heranwachsenden Elends ein junger Erwachsener wurde. Einer, der bald heiratete, einen Kühlschrank kaufte und ein Auto, Steuern zahlte, in der Quelle soff, die Kinder der zu Hause eingesperrten Frau überließ, noch mehr in der Quelle soff, einen Bauch bekam, die Haare verlor und dabei das Privileg genoss, auf das nachrückende Elend herabzublicken, das selbstverständlich rotznasig, picklig und so weiter war.

Aber nun, mit James Dean und Elvis und den knallbunten Klamotten, sah die Sache anders aus.

Wer gehofft hatte, dass dies nur eine Laune der Zeit wäre, wurde enttäuscht, denn immer mehr junge Menschen drängten in die Öffentlichkeit, ja sonnten sich geradezu in ihr oder benutzten sie, noch schlimmer, als Spiegel.

Der Nachschub kam und war ungeduldig.

Vor allem aber war er erwünscht. Denn der Kapitalismus hatte einen neuen Markt entdeckt, mit dem man Geld verdienen konnte. Viel Geld. All die Filme und Schallplatten, die Bluejeans und Petticoats, die Motorroller und Mopeds, die Sonnenbrillen und Zigaretten, die Kaugummis und Lippenstifte, es war, als hätte der Handel einen neuen Kontinent entdeckt: den jungen Menschen.

Die Aufwertung der Jungen begann in dem Maß, in dem sie Geld ausgaben. Auch Udo spürte das, obwohl er als Jazzer zum eher vornehmen Teil der sich verändernden Jugend zählte. Während die Rocker mit Mopeds und Lederjacken und Fuchsschwänzen über die Straßen donnerten, legten Udo und seine Freunde Wert darauf, schnieke auszusehen.

Smart mit Blazer und gebügelten Hemden, eher wie Mods oder kleine Existenzialisten. Wenn diese auf die Rocker trafen, drohten jene: »Du kriegst gleich was auf die Fresse.« Daran hatte Udo, der zum Prügeln früher immer gern Clemi vorgeschickt hatte, definitiv kein Interesse. Aber der Aufruhr und das vermeintliche wilde Leben dahinter interessierten ihn durchaus.

Die Zeit, so fühlte es sich an, war auf seiner Seite. Die Tanzveranstaltungen, die bisher »Vertreterball mit Baumwoll-Mäuschen« (eine Art Spitzname für weibliche Lehrlinge der Fabrik, die an den Mann gebracht werden sollten) oder »Mischehenverhütungs-Ball« der katholischen Landjugend geheißen hatten, verloren deutlich an Anziehungskraft. Sie bekamen Konkurrenz durch Charaktere wie Udo.

Udos Verdacht, auf der richtigen Spur zu sein, erhärtete sich Ende der 50er-Jahre, als Louis Armstrong in Enschede gastierte. Die Massen. Die Begeisterung. Das Stadion. Und Satchmo, wie er mit einer Limousine zur Bühne gefahren wurde und auf dem kurzen Weg dorthin ein weißes Taschentuch in der klaren Sommerluft flattern ließ.

»Es war alles dabei«, schwärmte Udo. »Viel Geld, schöne Frauen, big Showtime. Die Botschaft war: Ich bringe euch Frieden und Glamour in eure kaputte Welt. Es ging um Freiräume und Träume und darum, was die Kunst dafür tun konnte, uns diese näherzubringen.«

Eines der ersten Mädchen, in das sich Udo verknallte, trug nur einen Lendenschurz und lebte im Dschungel bei einem Stamm Eingeborener, bis sie von einer Expedition eingefangen und nach Hamburg gebracht wurde.

Sie hieß »Liane«, und das blonde lange Haar bedeckte nur mühsam ihre Brüste. Udo wurde wegen seines Alters der Zugang verwehrt, aber er stand oft vor dem Glaskasten des Gronauer Kinos, starrte der blonden Schönheit auf die Brüste und versuchte in ihren Augen zu entschlüsseln, was ihr wohl durch den Kopf ging.

Udo jedenfalls dachte vor allem an das eine: »Wenn die mal nach Gronau kommt, dann mach ich das sofort klar.«

Aber »Liane, das Mädchen aus dem Urwald« kam natürlich nie nach Gronau. Stattdessen marschierte Vater Gustav zum Kino, mit dem Krückstock der Oma bewaffnet und dem Mut, den er sich vorher angetrunken hatte. Dort machte Gustav kurzen Prozess. Mit seiner Waffe schlug er auf den Glaskasten ein, riss das schändliche Plakat heraus und zerfetzte es.

Zufrieden kehrte er an seinen Stammtisch in der Quelle zurück, wo er als Held gefeiert wurde. Hier hatte einer für Ordnung gesorgt. Als Gustav am nächsten Morgen die Straßen der kleinen Stadt entlangging, waren ihm Blicke der Anerkennung sicher. Der verhinderte Entertainer und Künstler und Star mancher Schützenfeste hatte einmal wieder das richtige Gespür für die Stimmung gehabt, die Angst und Bedenken beiseitegelegt und sich zur klaren, warnenden Tat durchgerungen.

Gronau war noch Gronau, nicht ein Vorposten des Dschungels.

Die Verheißungen der Schallplatten von Charlie Parker, Benny Goodman und Gene Krupa, die Versprechen der Filme von James Dean, Marilyn Monroe und Marion Michael, dem Mädchen aus dem Urwald, gaben Udo Stoff und Kraft. Aber wie der zertrümmerte Glaskasten zeigt, blieb es ein Ringen gegen den Muff der Kleinstadt, und nirgends zeigte sich deren Rückständigkeit stärker als in der Sexualmoral der Frauen.

Jungfräulich in die Ehe zu schreiten, war immer noch eine Norm, die von den Eltern hart verteidigt und im Zweifelsfall auch von den Töchtern verbissen aufrechterhalten wurde. Es ging um ziemlich viel, keine wollte enden wie die zahlreichen Prostituierten, die sich in den Puffs von Gronau anboten. Ein lohnendes Geschäft für die Zuhälter schon deswegen, weil durch die Nähe zur Grenze nach Holland reger Verkehr herrschte.

Sex war ein großes, dunkles Geheimnis – Aufklärung gab es nicht, nur finsteres Geraune und Gerüchte.

Keiner der Jungs um Udo wusste genau, wie das alles funktioniert. Sicher war vor allem, dass man davon krank wurde, und zwar sehr. Von glühenden Nadeln, mit denen der Arzt in die Harnröhre sticht, war die Rede, vom Schwund des Rückenmarks und von Blindheit.

»Bügeln«, wie Sex in Gronau hieß, war also mindestens lebensgefährlich. Dazu kam, dass der Kondomautomat in der Gaststätte vom Schankraum aus gut einsehbar war. Ständig ging die Tür auf und zu, watsch, war das Geld weg. Zwei Kondome eine Mark, und dann kam nichts.

Mit leeren Händen zurück in den Schankraum.

Da stellten sich natürlich Fragen. Nur gab es dummerweise keinen, der sie beantworten konnte. Oder auch nur wollte. Stattdessen Angst, Sorge, Aberglaube und ab und zu Fummeln mit schlechtem Gewissen.

Udo wollte nie aufs Gymnasium. Aber die erste Frau, in die er sich nach Liane, dem Mädchen aus dem Dschungel, verliebte, ging genau dort hin.

Einer wie Udo hatte auf dem Gymnasium nichts verloren, was schon am Beruf des Vaters lag. Die höhere Schule war damals noch reserviert für die sogenannten besseren Stände. Für Rechtsanwälte, Ärzte und die Kinder der Fabrikbesitzer. Der trommelnde Sohn des Installateurs passte nicht an einen solch respektablen Ort.

Trotzdem gefiel Udo ein Mädchen mit breiten Wangenknochen, dunklen Haaren und einem athletischen Schwimmerkörper, das genau dort Abitur machen wollte.

Sie stand oft mit ihrer Gymnasiastenclique an der Hauptstraße. Die meisten lehnten an teuren Fahrrädern. Udo fuhr oft an ihnen vorbei. Mit seinem billigen Rad.

Er stellte Nachforschungen an, brachte heraus, dass die vermeintlich slawische Schönheit »Jule« hieß und Turmspringerin war. Er radelte weiter vorbei, nur, dass er jetzt meist einen roten Kopf hatte. Schließlich sprach er sie an.

»Hallo, wie geht's.«

Pause.

Roter Kopf.

»Gut«, antwortete Jule.

Dabei blieb es. Udo fiel nichts mehr ein, außer weiterzufahren.

Später schaffte er es einmal, ihr Fahrrad durch Gronau zu

schieben. Sie unterhielten sich über die Zukunft, was man einmal werden wolle von Beruf.

Stolz packte Udo seinen großen Plan aus. »Trommelstar.«

Jule wirkte erschrocken, und als Udo dann erklärte, dass dies eine Art Musiker sei, winkte Jule nur ab.

»Zu windig«, erklärte sie. Ein Mann müsse etwas Ordentliches machen. Außerdem hätte sie schon einen Freund. Der studiere Ingenieurswissenschaften.

Mit den Dixie Devils hatte Udo bald seine eigene Jazzband mit Auftritten immer am Sonntagnachmittag im Parkhaus Gronau. Es waren Erfolge, aber er begann auch zu ahnen, dass es nichts werden würde mit ihm und dieser kleinen Stadt.

Zu viel war schon geschehen in den ersten 14 Jahren seines Lebens hier, und gleichzeitig passierte wenig bis überhaupt nichts.

Was sollte er hier?

Und, noch schlimmer, was sollte er hier, in Gronau, in 10 oder 15 Jahren?

Ein anderer Junge würde die Blumen bringen mit dem Fahrrad. Dann würde Udo die Tür öffnen, und der Junge mit den Blumen würde sagen: »Herzlichen Glückwunsch, Herr Lindenberg, zur Hochzeit. Der Nachwuchs wird ja nun sicher auch bald kommen.«

Und ihm, Udo, bliebe nichts anderes übrig, als die Blumen nach drinnen zu tragen in das kleine Haus, wo das Schlagzeug im Keller langsam grau wurde vom Staub.

Das alles konnte ja ganz nett sein, aber es war auf gar keinen Fall das, was Udo sich unter dem großen Wort Leben vorstellte.

Leben, jenes Ding, von dem es hieß, dass es nur eines davon gab auf dieser Erde und möglicherweise noch ein weiteres im Himmel. Aber darauf wollte sich Udo lieber nicht verlassen.

Dazu hatte er zu viel Benny Goodman und Gene Krupa gehört, zu viel im Kino gesessen oder davor gestanden am Glaskasten bei Liane, dem Dschungelmädchen.

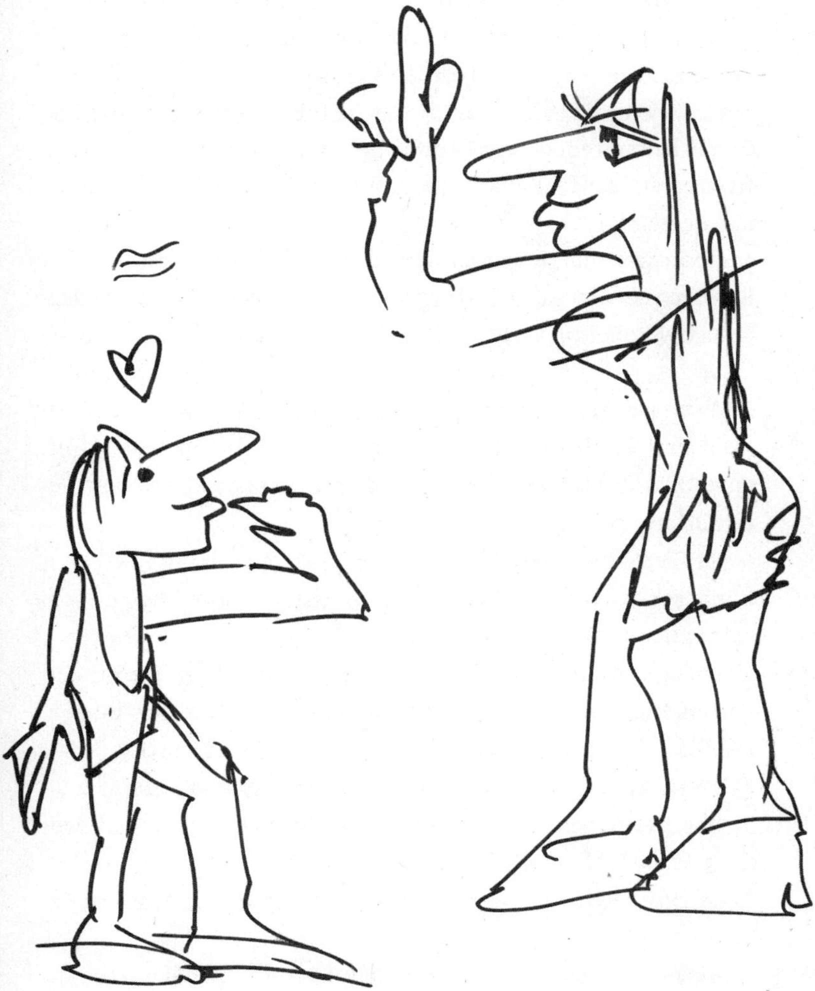

Gab es diese Welt, von der diese Menschen mit ihren Platten und ihren Filmen berichteten, wirklich?

War das Leben ein Abenteuer und ein langer Tanz in den Sonnenuntergang, wenn man es nur richtig anstellte und etwas riskierte?

Herm Eiling sagte, ja, diese Welt gibt es.

Herm musste es wissen. Er war dem Blumenjungen und der Quelle entkommen und glitt jetzt als Schiffsstewart in einer frisch gestärkten milchweißen Uniform auf edlen Dampfern über die Meere.

Herm war nur sieben Jahre älter als Udo. Aber er kannte die Strände von Mexiko ebenso wie die Kneipen von Kuba oder den Rainbow Room im 65. Stock des Rockefeller Centers in New York City.

Wenn Herm besonders gute Laune hatte – und die gehörte damals zu ihm wie seine tadellose Erscheinung und seine geschliffene Ausdrucksweise –, dann schickte er Udo Postkarten von diesen Orten.

Udo vergötterte Herm.

Aber erst einmal musste Udo die Realschule beenden. Es sah nicht gut aus.

Mit seinem treuen Kumpel Clemi saß Udo auf der Treppe der Gartenstraße. Sie warteten auf den Postboten mit den blauen Briefen.

Udo tänzelte die Stufen herab, zog einen Schmollmund und blickte, die Augendeckel halb geschlossen, an Clemi vorbei Richtung Edeka.

»Wie findest du das, wenn ich die Showtreppe so runterkomme. Das ist wie im Kino, oder?«

»Udo, du bist ein Star«, sagte Clemi. »Aber in Gronau gibt es eigentlich keine Stars.«

»Ich muss aber einer sein können«, sagte Udo. Das gehe gar nicht anders.

Der Postbote mit den blauen Briefen verschonte sie in diesem Winter. Udo setzte sich bei einer Mathearbeit neben den Klassenbesten, bekam eine Eins und am Ende des Schuljahres ein Abschlusszeugnis.

Bestanden, irgendwie.

Es war geschafft, und dann kam tatsächlich Herm Eiling wieder einmal zu Besuch. Na gut, es war viel mehr als ein Besuch. Es war der Auftritt eines Wesens von einem anderen Stern.

Herm fuhr mit dem Taxi direkt von Amsterdam in die Kneipe nach Gronau. Er hatte Dollarnoten in Bündeln dabei, und es war, als winke Louis Armstrong mit seinem weißen Taschentuch.

Der Weg hinaus aus Gronau, das wusste Udo in diesem Augenblick, führte über Herm.

Udo wollte die Welt sehen, und Herm sagte, dass er ihm dabei helfen und Udo deshalb zuerst einmal eine Lehrstelle im vornehmsten Hotel von Nordrhein-Westfalen, dem Breidenbacher Hof in Düsseldorf, besorgen wolle.

»Wirklich, Herm?«

»Darauf kannst du wetten, Matz.«

KLEINE UND GROSSE FLUCHTEN

Stell Dir vor, es kriecht nachts, während Du schläfst, etwas in Dein Bett, und Du hast keine Ahnung, was es ist.

Sehen kannst Du es nicht. Es ist ja keine Blindschleiche, auch kein Käfer oder sonst etwas, was Du aus Deinem Revier zwischen Badewannen-Lager, Edeka und Bahndamm kennst. Etwas, das Du anfassen und aus dem Weg räumen kannst. Es ist unsichtbar, und das ist, wenn Du ehrlich bist, ein bisschen nervig.

Du bist ja schließlich von zu Hause aufgebrochen, um die ganzen Blindschleichen und Käfer hinter Dir zu lassen und nicht, um mit etwas, das um einiges schlimmer ist, nachts Dein Bett zu teilen.

Natürlich, darauf bist Du auch schon gekommen, es könnte daran liegen, dass im anderen Zimmer nicht Deine Mutter Hermine schläft, sondern eine dieser älteren Frauen mit so 'ner Art Trauer im Gesicht. Eine dieser Frauen, die wenig Geld haben und deshalb ein Zimmer vermieten müssen an einen Typen wie Dich, der herumkrebst und nicht besonders flüssig ist. Eine dieser Frauen, deren Männer in den Krieg gezogen sind und nie zurückkamen. Irgendwie schmeckt diese kleine Behausung, in der Du untergekommen bist, nach Tod. Dein Zimmer fühlt sich an wie eine Gruft.

Da auf dem kleinen wackligen Tisch neben der Waschschüssel

liegen Deine Trommelstöcke. Wolltest Du mit denen nicht die weite Welt erobern?

Klar, Du machst abends manchmal Musik in irgendwelchen Bands, die Dich kaum kennen. Aber den großen Song hörst Du nicht mehr.

Die Melodie ist weg.

Du bist verdammt aus dem Takt.

Du bist nicht mehr der Matz in den kurzen Hosen, den jeder kennt in Deiner kleinen Stadt.

Du bist einer von vielen. Ohne Geld. In einem miesen Zimmer. Du bist ein Niemand.

Du könntest morgen, wenn es wieder hell ist, mal Clemi anrufen, Deinen alten Freund. Oder Deine Mutter. Aber Du weißt schon jetzt, dass Du das nicht tun wirst. Was sollst Du denen sagen? Dass nachts seltsames Zeug in Dein Bett kriecht? Dass Du Panik hast?

Das sind nicht unbedingt die Ansagen, die Du gemacht hast, als Du Gronau per Autostopp mit einem kleinen Koffer hinter Dir gelassen hast.

Natürlich, Du könntest ja auch einfach die Richtung Deines bisherigen Lebens komplett umdrehen, wieder zurückkehren nach Gronau und dann warten, dass der Blumenjunge irgendwann vorbeikommt.

Das bitte nicht, ausgeschlossen.

Die Höchststrafe.

Du wirst noch unruhiger in Deinem Bett. Was möglicherweise auch daran liegt, dass Du jetzt abends immer ein paar Beruhigungsbiere trinkst und dazu ein paar Beruhigungsschnäpse.

Eine Maßnahme, die Dich locker macht und umgänglich und die ganz normal ist, schließlich sind die anderen in Deinen Musikkneipen auch gut dabei.

Du hörst den großen Song dann wieder.

Du bist wieder im Takt.

Aber schon auf dem Weg zurück in Deine Wohngruft wirst Du nervös. Du nimmst noch ein Beruhigungsbier. Für alle Fälle.

Leider musst Du beobachten, dass die Wirkung des ganzen Beruhigungsgedecks abnimmt.

Du schluckst immer mehr und wirst immer unruhiger.

Du bist erst 16 Jahre alt. Du warst immer schnell unterwegs. Vielleicht zu schnell? Du hast keine Ahnung, was genau das Problem ist. Du willst Frieden. Du machst Dir noch ein Bier auf.

Es ist drei Uhr früh.

Gleich um vier wird Dein Wecker klingeln.

Aufstehen, Du musst zur Arbeit.

*

Dunkles Holz, poliertes Messing, das Volk auf Abstand, Teppiche, weich wie frischer Schnee: das Hotel Breidenbacher Hof in Düsseldorf war einer der Paläste der Wirtschaftswunder-BRD. Wenn jemand dem Normal-Düsseldorfer erzählte, er wohne im Breidenbacher Hof, bekam der Normal-Düsseldorfer weiche Knie und wusste nicht mehr, was er sagen sollte.

Im Breidenbacher Hof legte man Wert auf eine gewisse Gediegenheit, was unter anderem bedeutete, dass manche Fragen nicht gestellt wurden.

Fragen nach dem Dritten Reich zum Beispiel, das gerade 17 Jahre zuvor untergegangen war. Fragen nach der SS und Zwangsarbeitern kehrte man hier unter die tiefen Teppiche.

Stattdessen hieß es: »Jawohl, Herr Generaldirektor«. So wie es zwei Jahrzehnte früher »Jawohl, Herr Obersturmbannführer« geheißen hatte. Manchmal war der Obersturmbannführer jetzt sogar Generaldirektor.

Die Zeiten änderten sich, und da war es doch für ein paar Auserwählte eine beruhigende Genugtuung, dass im Breidenbacher

Hof eine gewisse Ordnung in die neue Zeit gerettet worden war. Nicht mit dem Hakenkreuz-Anstecker auf dem Revers, das nun nicht mehr, aber Herrschaftlichkeit galt hier noch etwas, und auch die professionellen Damen passten sich diesem Rahmen an. Sie hingen nicht auf den Sofas in der Lobby herum, sie huschten wie Gespenster über die dunklen Gänge direkt in die Zimmer ihrer Kunden.

»Ihre Verabredung, Herr Generaldirektor.«

Udo war 16 Jahre alt, als er im »Hof« seine Lehre als Hotelboy begann. Er lernte Türen aufzuhalten, Aschenbecher auszuleeren, im Lift auf den Knopf zu drücken, vor allem aber lernte er, sich tief zu verbeugen und die rechte Hand so zu halten, dass er deren Innenseite schnell nach oben drehen konnte, um das Trinkgeld entgegenzunehmen.

Das war ohne Zweifel eine der angenehmeren Begleiterscheinungen der neuen Zeit. Gehorsam wurde nicht mehr mit einem »Heil Hitler« belohnt, sondern mit 50 Pfennig.

Es ging bergauf, wirklich.

Udo trug eine dunkelblaue Uniform mit goldenem Zierrat. Seine Schicht begann um 5 Uhr früh, er musste die Senftöpfe vom Vorabend entsenfen, Marmelade abfüllen für den Frühstücksservice, die Tür zum Restaurant öffnen, wenn Gäste kamen, die Tür hinter ihnen schließen. »Einen ziemlich beknackten Job« nannte er das, aber das half nicht wirklich.

Er stand ja am nächsten Morgen wieder an dieser Tür.

Warum noch einmal hatte er diesen Job angenommen?

Hatte der große Herm Eiling, der Gronauer Herr der sieben Meere, ihm nicht prophezeit, dass der Breidenbacher Hof eine Art Tor zur Welt wäre, und zwar zur großen, weiten?

Und jetzt stand er stundenlang wie ein Idiot an dieser Tür und musste feststellen, dass er an diesem Ort der Verheißung bestenfalls ein Fußabstreifer in Uniform war.

Gronau hatte er stets als Kastenwelt empfunden, nur, wie würde er die Art nennen, wie die Gesellschaft in diesem Hotel organisiert war?

Udo überlegte. Vielleicht Fegefeuer, Himmel und Hölle? Brannte er noch im Fegefeuer oder schmorte er bereits in der Hölle?

Egal, er musste hier raus.

Der Breidenbacher Hof war nicht die große, weite Welt. Er war Gronau mit Geld.

Abends versuchte er sein Glück in der Düsseldorfer Altstadt. Er trommelte an Orten wie dem Jazz Cap oder der Oase. Nicht mehr als Wunderkind, aber als lernwilliger Teenager. Und als sich eine der Bands, bei der er gelegentlich aushalf, mit ihrem Drummer zerstritt, schien Udos große Stunde gekommen. Der Bandleader fragte ihn, ob er fest einsteigen könne.

»Bin sofort dabei«, sagte Udo.

Das war seine Chance, dem Luxus-Elend zu entkommen. Nie mehr Liftboy, nie mehr Frühstücksservice. Nur weil eine Kündigung seinerseits ihn viel Geld kosten würde, musste er den Laden dazu zwingen, *ihn* rauszuwerfen.

Schwer sollte das nicht werden. Sie hatten oft an ihm herumgenörgelt, ihn wegen seiner gelegentlichen Ungeschicklichkeit und übernächtigten Zittrigkeit schließlich »Nervenberg« getauft.

»Nervenberg, Tisch 17, Aschenbecher leeren.«

»Nervenberg, schneller, dies ist ein Hotel, kein Schlafwagen.«

Also packte Nervenberg jetzt ein Tablett mit teuren geschliffenen Gläsern und gutem Porzellan und blieb, patsch, an einem Pfosten hängen. Das ganze wertvolle Zeug auf den Teppich, das Essen zwischen den Scherben. Als Udo dann noch näselte »Kann ja jedem mal passieren«, war die Show zu Ende. Kündigung, fristlos, Uniform ausziehen, und lass dich hier nie wieder blicken, hörst du.

Als Udo wenig später in seinem neuen Leben im Jazzcab ankam, saß der alte Schlagzeuger aber bereits wieder hinter seinen Trommeln und trank mit den anderen Aquavit.

»Alles wieder unter Kontrolle«, sagte der alte Trommler und grinste.

»Und was ist mit mir«, fragte Udo. »Wegen euch habe ich gerade meinen Job geschmissen.«

Na ja, sagten die Aquavit-Männer, das wird so schlimm nicht sein. Man versöhnt sich schnell wieder. So wie wir mit unserem Drummer.

Sie gaben Udo noch einen Schnaps aus, und das wars.

Geschockt verzog er sich in sein Untermietszimmer. Abends holte er einen Liebesbrief hervor, den er am Tag zuvor einem Schwarm in Gronau geschrieben hatte. »Weltruhm« kam darin vor, dass nun Träume wahr werden würden und die beiden durchstarten würden. Von Düsseldorf nach Amerika, samt Hochzeit, Geigen, Champagner.

Udo holte ein Streichholz hervor, zündete den Brief an. So hatte er es in Gronau immer gehandhabt, wenn er fand, dass sein Liebesschmerz ihn in die Irre geführt oder ihm die falschen Worte eingeflüstert hatte. Abfackeln und dann ab ins Waschbecken. Aber jetzt in der elenden Kammer gab es kein Waschbecken.

Also ab in den Papierkorb.

Der fing Feuer. Die Flammen sprangen auf die Gardine über, es war die zweite Riesensauerei an diesem Tag.

Udo musste, was von seinen Sachen noch übrig blieb, in einen Persil-Karton packen.

Next Stop Bahnhofsmission und eine Frage, die nun durch seinen Kopf hämmerte mit der Lautstärke einer Douglas DC-8: »Sag mal, Matz, was machste eigentlich mit deinem Leben?«

Den Zustand, in dem er sich befand, Panik zu nennen, wäre vielleicht ein wenig drastisch, aber etwas in dieser Richtung war es wohl: kein Job, keine Bleibe, kaum noch Geld.

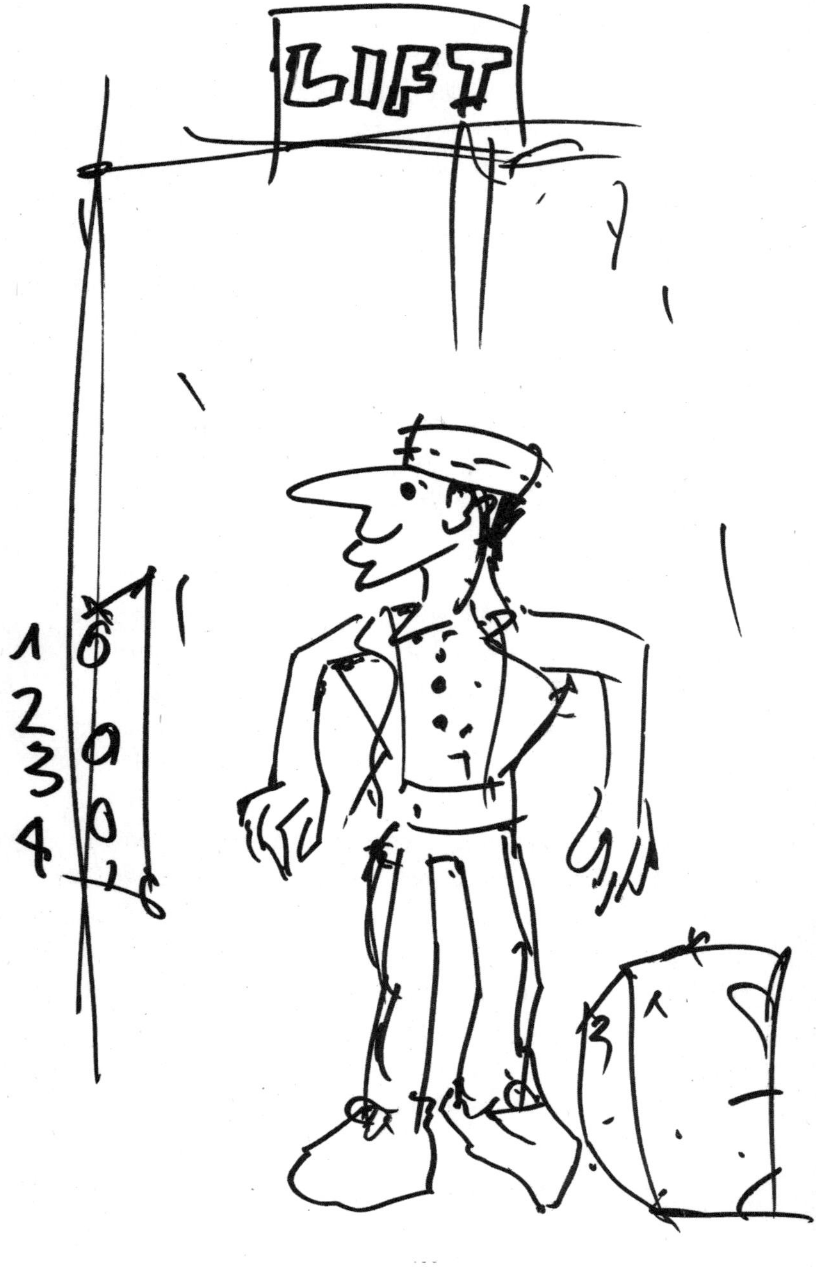
LIFT
1
2
3
4

Wie sollte man das nennen?

Alles easy?

Stattdessen Unruhe und die Sache mit dem Aquavit, den anderen Schnäpsen, den Bieren, dem ganzen Zeug, das die klirrenden Nerven in eine flauschige Decke wickelte. Es warm werden ließ im Körper und friedlich und einem das Gefühl gab, mittendrin zu sein in der Welt, sie besser zu hören, zu spüren, zu fühlen und gleichzeitig über den Dingen zu schweben. Alles im Griff zu haben. Souverän zu sein wie später Franz Beckenbauer, wenn er den Ball über den Rasen trieb. Oder Muhammad Ali, wenn er so schnell durch den Ring tanzte, dass die Gegner ihn nicht erwischen konnten, er sie mit seinen wohlgezielten Treffern aber wohl.

Float like a butterfly, sting like a bee.

Der King sein.

Aber er war nicht der King, er war zum ersten Mal in seinem Leben am Ende. Und er war erst 16.

Denn das war ja der verdammte Trick von Aquavit und seinen zahlreichen Kumpeln. Dass sie Udo erst euphorisierten und beruhigten und ihn dann, wenn er alleine war in den trostlosen Zimmern, die er als Untermieter besiedelte, schonungslos zurückließen.

Aquavit und seine Freunde machten sich auf zur nächsten Party mit den nächsten Trinkern, und Udo blieb zurück in seiner Untermietergruft.

Stattdessen kroch ein ganz anderer Kumpel unter der Türe durch. Er hieß Angst. Manchmal hatte Udo das Gefühl, von ihm an die abblätternden Wände seiner Behausung gepresst zu werden. Manchmal hatte er das Gefühl, eine große Hand greife durch die Wand nach ihm.

Es war zum Davonlaufen.

Genau das tat Udo in dieser Zeit oft.

Er wanderte durch das dunkle Düsseldorf, weil er es nicht aushielt in seinem Zimmer. Weil er Angst hatte vor der Angst. Manchmal lief er bis um 6 Uhr morgens herum, ohne Ziel.

Nur nicht nach Hause.

Nur nicht zurück.

Das Dumme war, dass er allmählich die Orientierung verlor.

Ihm schwand der Sinn dafür, was vorne ist.

Früher waren es seine Idole des Jazz gewesen. Aber, wenn man genau hinsah, hatten die meisten von denen ja auch Probleme, und zwar jede Menge.

Jazz und Drogen, das dämmerte Udo, das hatte immer zusammengehört, irgendwie. Billie Holliday, Gerry Mulligan, Chet Baker, Charlie Parker, sie hatten auch künstliche Stimulationen benutzt. Whiskey, Gras, Kokain, oft auch Heroin waren Teil ihres Lebensstils, ein Dahingleiten am Abgrund der Melancholie.

Diese Stoffe leisteten vielerlei. Sie linderten den Stress von miesen Hotelzimmern, endlosen Busfahrten, oft schäbiger Bezahlung, und sie gaben den Musikern trotz dieser berufsbedingten Wurzellosigkeit das Gefühl, dazuzugehören. Teil zu sein einer Gruppe. Einer Szene. Einer Gemeinde.

Und diese Stoffe dämpften nicht nur, sie brachten auch Leistung. Sie schenkten ihren Verbrauchern den Eindruck, empfänglicher zu sein für Klänge, für Rhythmen. Die ganze Musik besser und tiefer zu spüren und das eigene Instrument, die Stimme, das Saxofon, die Trompete besser zu beherrschen.

Cool sein.

»Die Füße fest betoniert im Boden und den Kopf frei über den Wolken«, so hat Udo dieses Gefühl später einmal für sich beschrieben.

Nur damals in Düsseldorf war er weit weg von solch einer Einsicht oder einer inneren Balance. Wenn er genau hinsah, war es einfach so: »Das Ballern« wie die anderen Jazzer das Saufen nannten, gehört dazu wie das Schlagzeug, der Bass, das Saxofon, die Klarinette.

Alkohol war ein weiteres Instrument in der Besetzung. Er forderte keine Gage, nur bezahlt werden musste er trotzdem.

In dieser ersten echten Lebenskrise rief Udo einen Veranstalter in Coesfeld an, der ihm früher einmal geholfen hatte.

»Ey, ich stehe hier gerade voll auf dem Schlauch, was soll ich machen«, sagte Udo.

Der Veranstalter wusste Rat. Mr. Adams Jazzopators, eine Semiprofi-Band aus Holland, brauchte einen Drummer. Gigs in Norddeutschland und den Beneluxländern, drei, vier Auftritte die Woche. Udo nahm an.

Er war jetzt on the Road – was so viel hieß wie spielen, wenig schlafen, irgendwo, und ballern. Ballern gehörte dazu. Alle ballerten. Der ganze Zirkus war unvorstellbar ohne Suff.

Udos Nervenstränge knirschten. Um ein wenig mehr Ruhe in sein Leben zu bringen, begann er, nebenbei Musik in Duisburg zu studieren. Nachdem er ein paarmal hingegangen war, stellte er fest, dass es sich um klassische Musik handelte. Bald saß er im Sinfonie-Orchester des Duisburger Konservatoriums hinter der Pauke. Es gab Probleme, weil er meist auf Tour war mit den Jazzopators. Er flog aus dem Orchester, als er während des Orchesterkonzerts Platzangst bekam und die Flucht wählte.

»Herr Lindenberg, so hat das wenig Sinn. Entweder richtig oder gar nicht«, sagte der Direktor in Duisburg.

Udo entschied sich für »gar nicht« und wechselte nach Münster. Zur nächsten Musikschule.

Bevor auch hier der akademische Offenbarungseid drohte, rettete Udo ein Telegramm aus Paris: »Bitte kommen. Wir brauchen einen Trommler.« Der Absender hieß Gerold Flasse. Ein Posaunist. Ein Bekannter aus den Tagen der Jazz-Jamborees. Diesmal aus Osnabrück.

Der Gig war ein Engagement in einem amerikanischen Militärcamp der US-Airforce in Tripolis, Libyen. Hermine mahnte zur Besonnenheit: Münster, die neue Schule. »Mach doch endlich einmal eine Ausbildung zu Ende, Matz. Wozu die Eile, du bist doch erst 17.«

Aber Jazz, Libyen, Tripolis, US-Airforce, das klang zu verlockend. Der perfekte Sturm aus Gene Krupa und Herm Eiling. Der perfekte Ruf der Wildnis.

Schließlich entschied Gustav mit dem Großmut des Gescheiterten: »Ich wollte früher Konditor werden oder Dirigent und ich durfte es nicht, und du willst Trommler werden, und zwar in Afrika. Du darfst es.«

Die Airbase in Tripolis hätte schnell für Ernüchterung gesorgt, wenn Udo nicht so viel geballert hätte. Ein Whisky kostete 20 Cent, er verdiente 200 Dollar pro Monat. Es dauerte also ein bisschen, bis Udo klar wurde, in was für einer Einöde er da gelandet war.

Ein paar Düsenjets, ein paar Wellblechbaracken und ein fetter Stacheldraht, der die Airbase vom Rest der Wüste trennte.

Man hätte auch sagen können, ein Militärflugplatz mit einem Tresen.

Aber so weit war Udo noch nicht.

Er schrieb an die Daheimgebliebenen Postkarten, die von blauem Wasser und exotischen Strandschönheiten handelten. Herm-Eiling-Postkarten.

Die Wahrheit waren Blechhütten ohne Aircondition. Dafür eine Hitze, die Udo den Atem raubte und den Schlaf dazu.

Dagegen half?

Ganz klar: ballern.

Um 3 Uhr früh vollgeballert ins Bett, um 6 Uhr hellwach vom Gedröhne der Jetmotoren und der Hitze. Dazu ein böser Kater.

Dagegen half? Weiterballern.

»Noch ein paar Gläser Whisky«, sagte sich Udo oft im Morgengrauen. »Vielleicht kann man dann in diesem tierischen Krach noch ein bisschen schlafen.«

Whisky gab es immer, Schlaf so gut wie nie. Es war nicht unbedingt das, was man einen guten Deal nennt.

Nicht einmal in diesem Hitzeknast irgendwo vor Tripolis.

6 Tage die Woche ging das so. Ballern. Trommeln. Ballern. Wach liegen und auf die Hitze warten. Am 7. Tag gab es endlich Abwechslung.

Da ging es in den Puff.

»Hey Udo, let's do some hootchie with the ladies«, riefen die Kameraden.

»Nee, ich bleib hier, kein Bock«, sagte Udo.

Das Wüstenecho ließ nie lange auf sich warten. »Sag mal, Udo, bist du schwul, oder was?«

Nach ein paar Monaten war es Udo leid, und er stieg in den Bus zu den Ladies.

Der Puff lag am Rand von Tripolis und war ein Hinterhof, der nach Urin roch. Vor der Tür der einzigen diensthabenden Lady standen fünf Männer, die, wie sich herausstellte, eine Warteschlange bildeten.

»Hey Udo, get in line, du bist der sechste.«

Als Udo dann dran war und die Lady sah, erschrak er erst. Dann tat sie ihm leid.

Eigentlich fand er, sie sei ein bisschen zu alt für diesen Beruf.

»I give you the money«, stotterte Udo mit seinem wüstendurchglühten Air-Base-Englisch. »And we don't have to do anything.«

Nur ein wenig sitzen und reden. Lange genug, damit die da draußen nicht mehr die Udo-bist-du-schwul-Frage abfeuern würden.

Die Lady starrte Udo kurz an. Dann sagte sie auf Italienisch, dass sie »niente« Englisch spreche und es mit Reden ebenfalls »niente« sei.

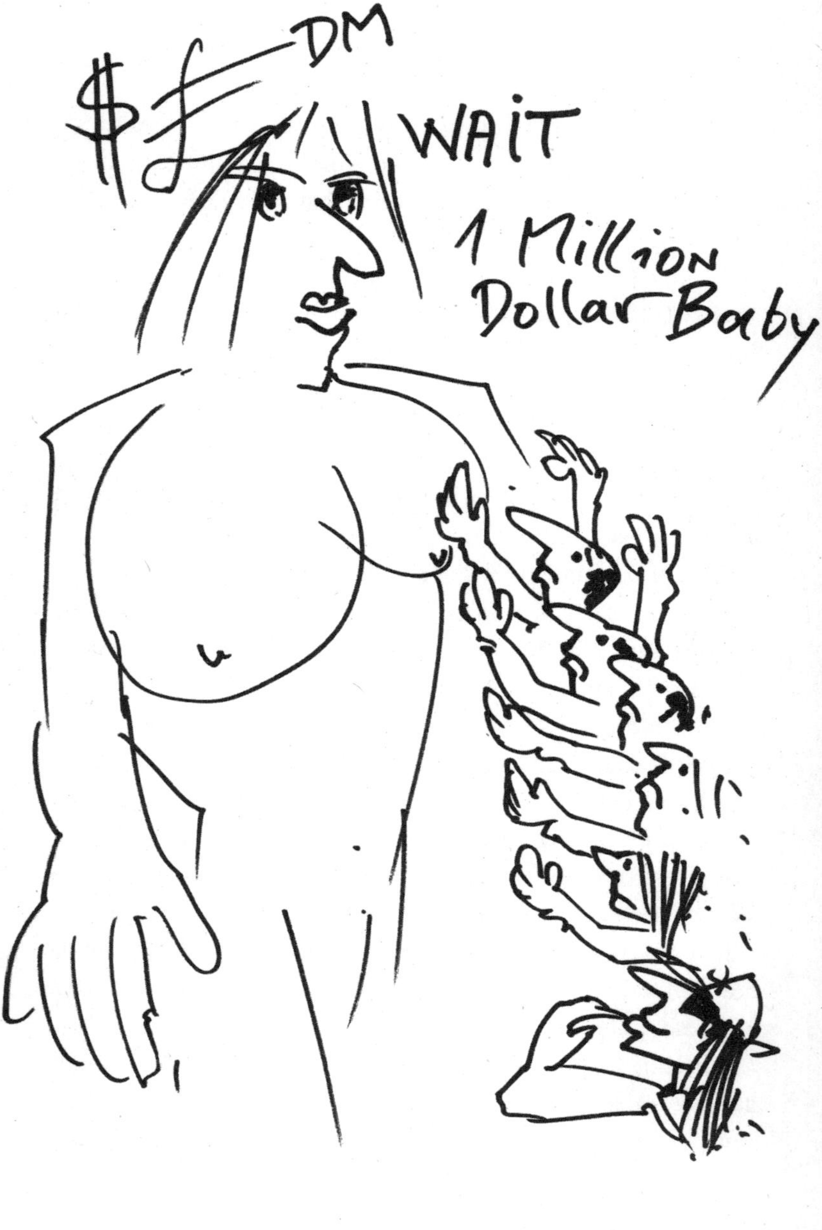
$ £ DM
WAIT
1 Million
Dollar Baby

Sex oder raus.

Sie zeigte Udo ein Kondom. Er ließ es geschehen. Es ging ziemlich schnell, es blieb keine Erinnerung. Außer dem Missgeschick, dass er das Kondom hinterher nicht abbekam.

Draußen standen die Kameraden und jubelten.

»Hey man, you did it!«

Udo setzte sich wieder in den Bus, das Kondom machte er dann in der Air Base ab.

»Das wars dann«, sagte er.

Das erste Mal.

Er war sich nicht ganz sicher, ob Herm Eiling stolz auf ihn gewesen wäre.

Das alles zehrte an ihm, und es war nur noch für die härtesten Ballerbrüder erstaunlich, dass Udo nach ein paar weiteren Monaten von Schlafentzug, Hitze, Alkohol und elender Langeweile schwindelig war und übel und er den Militärarzt aufsuchte. Er dachte, er hätte sich im Puff eine tödliche Krankheit geholt.

»No syphilis«, sagte der Doc. »It's the soul.«

Die Seele, wundgesoffen und ausgedörrt, durfte hier nicht mehr bleiben. Sie musste back home. Nach Hause.

»Ich hatte mich zu einem jungen Berufsalkoholiker entwickelt«, würde Udo später, im frühen Erwachsenenalter feststellen. Aber damals wollte er von solch einer Diagnose noch nichts wissen.

Schon die Rückreise über Paris mit dem Zug gestaltete sich mühsam. Er war allein. Statt seiner Ballerkumpels leisteten ihm Panikattacken Gesellschaft. Sie kamen immer wieder, weil er Stoff brauchte und das Gefühl hatte, nicht genug Alkohol im Gepäck zu haben. »Kein richtiger Schnaps, nur Kinder-, Amateur- und Schwachbier«, schimpfte er. Am Pariser Gare du Nord unterbrach Udo die Fahrt, um nachzuladen.

Als er in Gronau auftauchte, erschrak Mutter Hermine. Ihr

Sohn, gerade 17, sah aus wie ein Russlandheimkehrer. Augenringe. Blass. Angst im Blick.

Udo entwickelte einen Gang, bei dem er sich mit dem Rücken an den Häusern von Gronau entlangschob. Steif vor Sorge, er könnte gleich zusammenbrechen. Ein Nervenarzt verschrieb ihm Vitamin B. Nach ein paar Monaten versuchte Udo noch einmal ein Engagement in Frankreich, das sich, was die Trinkerei anging, bald wieder anfühlte wie Tripolis.

So konnte es nicht weitergehen. Der Lebensstil dieser Berufsmusiker, bestehend aus langen Nächten und noch längeren Drinks, war für ihn zu hart.

Udo versuchte mitzuhalten, und das warf ihn endgültig aus der Bahn.

Man braucht eine ordentliche Portion Stumpfheit, um dieses geballte Vergiftungsprogramm, systematisch, Nacht für Nacht, zu verfolgen. Udo aber fehlte dieses Bulldozer-Gen des voll belastbaren Nachwuchssäufers. Er musste aussteigen, zurück nach Gronau. Wieder Nervenarzt und dann der Beschluss, dem Studium am Musikkonservatorium von Münster eine echte Chance zu geben.

Genau in dieser Phase rief jemand aus Münster an. »Hey, hier ist Steffi, wir haben gehört, du bist wieder da. Hättest du Weltmeister-Trommler Lust, bei uns einzusteigen?«

Die Stimme klang jung, vergnügt und so, als ob sie keine ablehnende Erwiderung dulden würde. Sie gehörte einem Jungen, der tatsächlich noch ein Jahr weniger auf dem Tacho hatte als Udo. Steffi Stephan, 16 Jahre alt, Lehrling für Teppich, Fliesen und Linoleum bei Teppich Krukenkamp in Münster.

Steffi war blond, aber nicht nur die Farbe seiner Haare erinnerte an Robert Redford. Er spielte Gitarre und war der Chef einer Band, die er »Die Mustangs« getauft hatte.

Steffi und Udo trafen sich auf halber Strecke zwischen Gronau und Münster, in einem Kaff namens Borghorst.

Sie spielten ein Konzert, plünderten hinterher ohne Genehmigung den Weinkeller des Auftrittortes und tranken auf die Freundschaft, auch wenn sie keine Ahnung hatten, dass diese über ein halbes Jahrhundert lang halten würde.

Die beiden kamen auf Anhieb so gut klar, dass Udo beschloss, die Angelegenheit zu vertiefen. Er redete mit Steffis Mutter Karola, die nach dem frühen Tod des Ehemanns ihre Familie mit der Vermietung von Zimmern in der eigenen Wohnung über die Runden brachte.

»Ein hochbegabter Junge wie Ihr Sohn darf sein Leben nicht zwischen Teppichfliesen und dem Gestank von Linoleum verbringen«, predigte Udo. »Steffi ist zum Musiker berufen, und deshalb muss er die Welt des Wohlklangs studieren wie ich, und zwar an der Musikhochschule Münster.«

Dann regelte Udo noch die Wohnungsfrage für sich in der westfälischen Metropole: Er schlug sein Lager direkt bei seinem neuen besten Kumpel auf. Steffis Zimmer, fand Udo, war groß genug für zwei, und Steffi fügte sich.

Die Mustangs spielten Hitparadenmusik. Die Beatles, die Stones, Elvis, die Radioprogramme der besseren holländischen Sender rauf und runter.

Das war für Udo nun ein Ausflug in die Kommerzwelt der damaligen Jugendkultur. Der Bedarf war da, und die Nachfrage blieb hoch in den Kolpinghäusern und anderen Orten, die Udo »Provinz-Manegen« taufte.

Fünf bis acht Gigs die Woche, Gage pro Abend 50 Mark.

Ganz angenehm. Vor allem, wenn man wie Udo Wert drauf legte, an Orten zu spielen, die möglichst nicht mehr als 30 Kilometer weit weg von Münster lagen.

»Jägermeister & Co« nannte Udo seine Begründung.

Er litt immer noch an Panikattacken, sobald er das Gefühl hatte, dass er auf offener Strecke zwischen Nirgendwo und Sonstwo stranden könnte. Ohne Nachschub jener hochprozentigen Flüssignahrung, die er inzwischen als unverzichtbare Basiskost erachtete.

Möglichst von Doppelkorn aufwärts, am liebsten Whisky. »Kein Schlösser-Altbier«, sagte Udo. »Bitte nur Getränke mit Knallgarantie: Es muss schließlich donnern, und zwar richtig.«

Wo es überhaupt nicht knallte, war die Musikhochschule von Münster.

Udo und sein neuer Freund Steffi waren so etwas wie die Stadtmeister von Münster im Kneipen-Kickern, nur in den Vorlesungen der Universität suchte man sie vergebens. Zu theoretisch, zu klassisch, zu viel Geige, Udo nannte das Ganze »Schmalspurmusikantentum«.

Die Formel lautete »Quintenzirkel mal Haarausfall mal Mehrwertsteuer«, und Udo beschloss, dass diese Art Vergnügen absolut kein Fall für einen jungen Menschen wie ihn sei.

Schmalspurmusikantentum war nicht das Programm, das Udo vorschwebte. Ansatzweise materialisierte sich sein Weg bereits bei den Gigs der Mustangs heraus, wo der hohe Anteil junger Frauen im Publikum auf der Bühne für zusätzliche Freude sorgte. Sogar für jenes Bandmitglied, das am weitesten von ihnen entfernt saß. Für den Jungen hinterm Schlagzeug.

Eines Abends kam dieses junge Mädchen aus Polen vor die Bühne. Moja. Sie hatte einen Freund dabei, aber wenn Udo das Adrenalin vom Trommeln und drei Promille im Blut hatte, gab es für ihn keinen Grund, sich durch derartige Hindernisse bremsen zu lassen.

Da hätte er ja gleich eins jener staubtrockenen Proseminare auf der Musikhochschule belegen können.

»Junge Frau, reden wir gar nicht erst groß drum rum. Wir haben uns jetzt getroffen, die Sache ist eigentlich doch ganz klar«, sagte Udo.

Scheinbar verwirrt floh die Dame, ihren Freund im Schlepptau. Am nächsten Abend, anderes Konzert, anderer Ort, stand sie wieder vor der Bühne. In der Pause sagte sie Udo, dass sie die Nacht nicht geschlafen habe.

»Ich fürchte, es ist um mich geschehen«, flüsterte sie.

»Trifft sich gut«, sagte Udo. »Um mich auch.«

Moja wurde nach Jule Udos zweite große Liebe. Nach einigen Monaten beschloss er, dass diese Liebe groß genug war für eine Verlobung. Am Aasee bei Münster zog er die Ringe hervor, verlas ein selbst geschriebenes Gedicht, sang einen selbst geschriebenen Song, zog ein Messer aus der Tasche, ritzte erst Mojas Finger auf, dann seinen eigenen. Blut wurde vermischt. Nur der Tod sollte diese Vermischung noch trennen können, so schworen sie es.

Moja studierte an der Pädagogischen Hochschule, die beiden wohnten über einer Kneipe in zwei Zimmern. Aber nach ein paar weiteren Monaten voll Gemütlichkeit und Harmonie hatte Udo das Gefühl, Verrat zu begehen.

Er hatte das Gefühl, dass jener Blumenjunge, den er in Gronau abgehängt hatte, ihn nun in Münster allmählich in seine Adressenkartei aufnahm.

»Ich kann das nicht«, sagte Udo zu Moja.

»Was meinst du?«

»Unsere Verlobung. Ich kann das nicht. Ich bin nicht der Typ dafür.«

Das Abenteuer. Er müsse sich freihalten für das große Abenteuer, das sein Leben sein sollte, sagte Udo. Er sagte es mit trauriger Stimme, die Melancholie war echt, aber seine romantischen Vorsätze ebenso.

Er musste wieder los.

Wohin?

Wenn er das wüsste.

Weiterrollen.

Ein Rolling Stone sein.

Zwar hatte die Gruppe, die jene Losung des Bluesmusikers Muddy Waters zu ihrem Bandnamen gemacht hatte, wenig später mit einem Song namens »I Can't Get No Satisfaction« ihren ersten wirklichen Welthit. Aber in Münster wollten die wenigsten Menschen etwas von solch einer Haltung zum Leben wissen. Schon gar nicht in der Musikhochschule.

Dort zitierte der Direktor die Schüler Lindenberg und Stephan zu sich und nannte sie Herren, was nicht unbedingt als ein gutes Zeichen galt.

»Meine Herren Lindenberg und Stephan, wollen Sie weiter diese Hottentottenmusik spielen oder werden Sie sich ab jetzt intensiver Ihrem Studium zuwenden? Falls Sie sich für die Hottentottenmusik entscheiden sollten, müssen Sie die Schule verlassen.«

Udo und Steffi schauten sich an. Schnell wussten sie, dass es eigentlich keine Wahl gab.

Es waren zwei völlig unterschiedliche Welten, und nachdem sie über Jahre die Welt des »Schmalspurmusikantentums« gemieden hatten, wäre es Hochverrat, jetzt doch per Erpressung zum Akademikertum zu konvertieren.

Der selbst gewählte Rausschmiss fühlte sich gut an, aber nur für eine kurze Zeit.

Schnell zeigten sich Zweifel, die sich zu Sorgen steigerten und dann als Ängste ausbreiteten. Vor allem bei Udo, der noch immer angeschlagen war, von Libyen, vom Breidenbacher Hof, den Jazzopators.

Natürlich lag diese Unruhe auch daran, dass er mit dem Alkohol, der neben Steffi sein treuer Begleiter war, in Wahrheit überhaupt nicht klarkam. Dauernd fühlte er sich krank, ständig hatte er einen Kater, ihm war oft schlecht, wie er selbst sagte, »zum Kotzen übel«.

Die Ängste sorgten dafür, dass die große weite Welt, die er einmal hatte erobern wollen, immer enger wurde.

Er traute sich kaum noch aus Münster heraus, schon im Auto bekam er Zappelanfälle und Schweißausbrüche, »shaky shaky«, wie er es nannte. Die Aussicht, an einen Ort gebracht zu werden, an dem es keinen Alkohol geben könnte, versetzte ihn in Panik. Am liebsten blieb er mit seinem sicheren Depot an Dröhnstoff zu Hause. Da herrschte Ruhe – und der Nachschub war sicher. Genauso sicher wie der Kurs seines Lebens, der langsam abwärts zeigte.

Die Wende brachte ausgerechnet ein Einberufungsbescheid zur Bundeswehr. Ein Arzt, den Udo konsultierte, riet ihm, die Armee als Chance zu sehen, endlich loszukommen vom Suff. Sport, frische Luft, und am Abend so k. o., dass man schlafen kann, egal, was für einen Unsinn die Zimmergenossen wieder reden. Drei Monate Bundeswehr in Wesel am Niederrhein reichten, dann war der Entzug geschafft.

Udo fühlte sich frisch, er konnte fünf Kilometer laufen, ohne dass ihn Schwindelgefühle packten, aber als ihm klar wurde, dass er noch fast eineinhalb Jahre Geländespiele vor sich hatte, beschloss er, seine Wahnvorstellungen wieder hervorzuzaubern. Dieses Mal als Simulation, um vorzeitig als bekloppt entlassen zu werden.

Gestört, aber frei und topfit.

Er war wieder ready für die große, weite Welt.

ALLES KLAR, ABFAHRT

TROMMELSTÖCKE IN DER TASCHE

Stell Dir vor, Du bist seit 15 Jahren an was dran, und die Sache bewegt sich, aber eben nicht so richtig.

Manchmal bewegt sie sich sogar zurück oder nach einer Seite. Manchmal passiert einfach gar nichts.

Die Sache wirft genügend ab, dass Du Dir Benzin kaufen kannst und eine Matratze auf dem Boden in einer baufälligen Wohnung. Die Biere gibt es umsonst. Sie sind Teil jener Sache, an der Du dran bist.

Du hast ja vor einer halben Ewigkeit, vor mehr als 15 Jahren, auf der Treppe vor dem Haus Deiner Eltern Deinen Freunden erzählt, dass Du einmal ein großer Star wirst. Aber nach einem guten Start, na ja, sag selbst ... Warst Du so richtig zufrieden in den letzten Jahren?

Jetzt hast Du einen Text geschrieben für einen Song. Das Ganze war mehr so ein Jux von Dir.

Aber schon im Studio haben die Leute, die Dich besucht haben, gesagt, das sei ja völlig irre, das Ding, das Du da hingedichtet hast.

Manche mussten sich fast hinlegen vor Lachen, weil sie so etwas noch nicht gehört hatten, schon gar nicht auf Deutsch, denn der Ton, den Du da anschlägst, ist, na ja, irgendwie neu.

Dabei hast Du nur so geschrieben, wie Du mit Deinen Kumpels in der Kneipe redest, wenn Ihr gut drauf seid.

Du singst nicht vom Weltuntergang oder dem bösen Kapitalismus oder dem schlimmen System. Du singst auch kein gedrechseltes Zeug, Zeilen, denen man anmerkt, dass einer ganz lang daran gefeilt hat, so richtig anstrengende Lyrik.

Den Kitsch der Schlagerdeppen andererseits hast Du ebenfalls immer verabscheut. Die Texte von Augen, die blau sind wie Enzian, und von Herzen, die Sehnsucht haben nach der Heimat.

Und dann kommst Du und schreibst:

Hoch im Norden, hinter den Deichen, bin ich geboren
immer nur Wasser, ganz viele Fische
Möwengeschrei und Meeresrauschen in meinen Ohren
Und mein Vater war Schipper und fluchte, wenn Sturm war
denn dann konnt' er nicht raus auf See
Und dann ging er zu Herrn Hansen, der der Chef vom Leuchtturm war
und der sagte: »Keine Panik auf der Titanic
jetzt trinken wir erst mal einen Rum mit Tee«

Das Ganze klingt eher wie ein junger Kerl, der ganz locker in der Hängematte unter einem schattigen Baum liegt und von seinem Leben erzählt.

Selbstbewusst ist dieser Typ, ein bisschen frech, und es gibt wenig aus der Welt der Erwachsenen, das ihn beeindruckt.

Er macht sich seinen eigenen Reim auf das Leben.

Irgendwie klingt der Typ ungewöhnlich, aber auch ganz zuversichtlich. Er klingt nach einem Burschen, mit dem man gern unterwegs wäre oder mit dem man wenigstens ein paar Stunden abhängen möchte auf einer Düne oder in einem verlassenen Leuchtturm. Ein Gefährte, auf den man sich verlassen kann, aber mit dem es trotzdem nie langweilig wird.

Ein Kumpel also, den Anfang der 70er-Jahre in Deutschland jeder lebendige Junge gern zum Freund gehabt hätte.

Und als ich so um sechzehn war, da hatte ich genug
da nahm ich den nächstbesten nach Süden fahrenden Zug

Und nun sitz' ich hier im Süden und so toll ist es hier auch nicht
und eine viel zu heiße Sonne knallt mir ins Gesicht
Nein, das Gelbe ist es auch nicht
und ich muss so schrecklich schwitzen
Ach, wie gern würde ich mal wieder
auf einer Nordseedüne sitzen

Good times, bad times, aber so lange dieser Kumpel mit am Start ist, werden auch die bad times nicht so richtig schlecht.

Ein paarmal ist Dein Song »Hoch im Norden« im Radio gelaufen. Und seitdem rufen dort im NDR immer Leute an und wollen »Hoch im Norden« hören.

Gar nicht übel.

Bis jetzt hattest Du einen guten Namen, aber wenn Du ehrlich bist, kannte man diesen Namen nur in ein paar Jazzkellern, und natürlich kannten ihn auch einige Ladies, die in diesen Katakomben der hohen Kunst die Nächte verbrachten. Aber jetzt Deine Stimme im Radio, das ist etwas anderes.

Da ist der Typ an der Tankstelle, der neulich den Daumen nach oben gedreht hat, als Du bezahlt hast. Da ist die Dame hinterm Tresen in einem Laden, in den Du jetzt immer gehst, nachmittags, abends, nachts, ein Laden, wo Du trinkst und trommelst, was das Zeug hält, und wo Du auch schon ein paarmal unterm Tisch geschlafen hast.

Pö. Kennt kein Schwein, jedenfalls keiner von den Leuten, die Du für ernsthaft und erwachsen hältst. Wenn man es ganz genau nehmen würde, müsste man sagen, dass der Laden »Onkel Pös Carnegie Hall« heißt.

Aber das Schöne an diesem Laden ist, dass es hier niemand so genau nimmt.

Also Pö.

Vielleicht, denkst Du Dir, sollte man mal einen Song machen über diesen Laden. Du hättest auch schon ein paar Zeilen, die ungefähr so gehen könnten:

Bei Onkel Pö spielt 'ne Rentnerband seit zwanzig Jahren Dixieland

Irgendwie so im Stil von »Hoch im Norden«, und irgend so ein Gefühl in Dir drin sagt Dir, dass mit Pö und der Rentnerband noch ein bisschen was gehen könnte.

Na ja, mal sehen, nee.

Aber da klingelt schon wieder Dein Telefon. Einer vom Radio ist dran. Das gehe echt ab mit »Hoch im Norden«, er brauche Nachschub.

Bald, in einer Woche. Am besten schon übermorgen.

»Alles klar auf der Andrea Doria«, sagst Du dem Typen vom Radio. Und das mit dem Nachschub gehe ebenfalls klar.

Mannomann, denkst Du, wenn das so weitergeht, hast Du Deinem alten Freund Clemi vor bald 20 Jahren dort auf der Treppe Deiner Eltern doch keinen Blödsinn erzählt.

Mannomann, vielleicht wirst Du ja doch noch ein Star.

*

Der 13. Dezember 1968 war nicht unbedingt das, was man einen idealen Reisetag nennen würde.

Es nieselte, war grau und klamm. Bis Hamburg waren es ungefähr 300 Kilometer, und da Udo nur jene 100 Mark mit sich trug, die ihm Hermine leihweise überlassen hatte, plus seine gesamten eigenen Ersparnisse von noch einmal 100 Mark, blieben ihm nur der Daumen und die Landstraße.

Gustav, der Vater, hätte es lieber gesehen, wenn sein Sohn eine Karriere bei der Bundeswehr angestrebt hätte. Das künstlerische Rumgeeier seines Zweitgeborenen ging ihm allmählich auf die Nerven.

»Udo, mach doch mal hinne«, hatte Gustav oft gesagt.

»Weißte, mit deinem Musensohn ist das so, da muss man sehr viel Geduld haben. Vielleicht geht's los, vielleicht auch nicht«, hatte Udo geantwortet.

Als er Gustavs sorgenvolles Gesicht gesehen hatte, fügte der Musensohn hinzu: »Ich glaub, dass es losgeht.«

Man konnte Gustavs Sorgen sogar verstehen.

Der Installationsgroßhandel lief schlecht, das Haus war mit Hypotheken belastet, Erich hatte sich in eine mehr als ungewisse Zukunft als Kunstmaler verabschiedet.

Das Letzte, was dem Patriarchen jetzt noch fehlte, war ein Udo, der sich mit großen Hoffnungen aufmachte und mit klappernden Nervensträngen und einem Alkoholproblem zurückkam.

Libyen, Paris, Münster, die Länder und Städte hatten gewechselt, die Entfernungen waren kleiner geworden, aber das Muster war gleich geblieben.

Aufbruch, Zwischenhoch, Nervenflattern, Hermine.

Einen Unterschied gab es diesmal allerdings – Udo hatte beim Bund aufgehört zu saufen, und er hatte nicht vor, allzu schnell wieder damit anzufangen.

Er war heilfroh, nicht mehr ein Gefangener seiner Ängste zu sein. Ein junger Alkoholiker, der Münster nur zu kleinen Spritztouren verlassen konnte, weil er fürchtete, in der Fremde ohne einen ausreichenden Alkoholvorrat durchzudrehen.

Jetzt war da nichts mehr, was seine Zuversicht hätte einschränken können.

Udo war nie zuvor in Hamburg gewesen.

Aber in seiner Fantasie war das die Stadt, in der Herm Eiling die großen Pötte bestieg.

Hamburg, das war die Reeperbahn, die Luden, die Nutten, die Künstler, eine Art natürliche Kinokulisse für alle möglichen Abenteuer. Es war eine wichtige Station jener englischen Band, die sich brüstete, bekannter zu sein als Jesus, und es war der Ort in Deutschland, an dem sich fast alle wichtigen Plattenfirmen versammelten.

Hamburg war für den 22-Jährigen aus Gronau nichts weniger als das deutsche New York. Wenn ich es hier schaffe, schaffe ich es überall – das galt für die Karriere. Und: Von Hamburg aus schaffe ich es überallhin – das galt für sein Fernweh.

In einem seiner ersten deutschsprachigen Songs würde Udo bereits vier Jahre später dieses Lebensgefühl beschreiben.

vielleicht kommt einer, der zum Nordpol fährt
oder auch nur zur nächsten Stadt
ich steige einfach ein, mal sehn, wohin man kommt
auf jeden Fall, die Gegend hier, die hab' ich satt

ich möchte so gern mal nach Haiti
oder zum Titicacasee
ich würd' so gern einmal Freundschaft schließen
mit einem Eskimo im Schnee

ich möcht' auch gerne mal nach Afrika
und mit den Urwaldnegern trommeln
ich möchte mal 'nen Medizinmann fragen:
wie viele böse Geister kann er denn wohl verjagen?

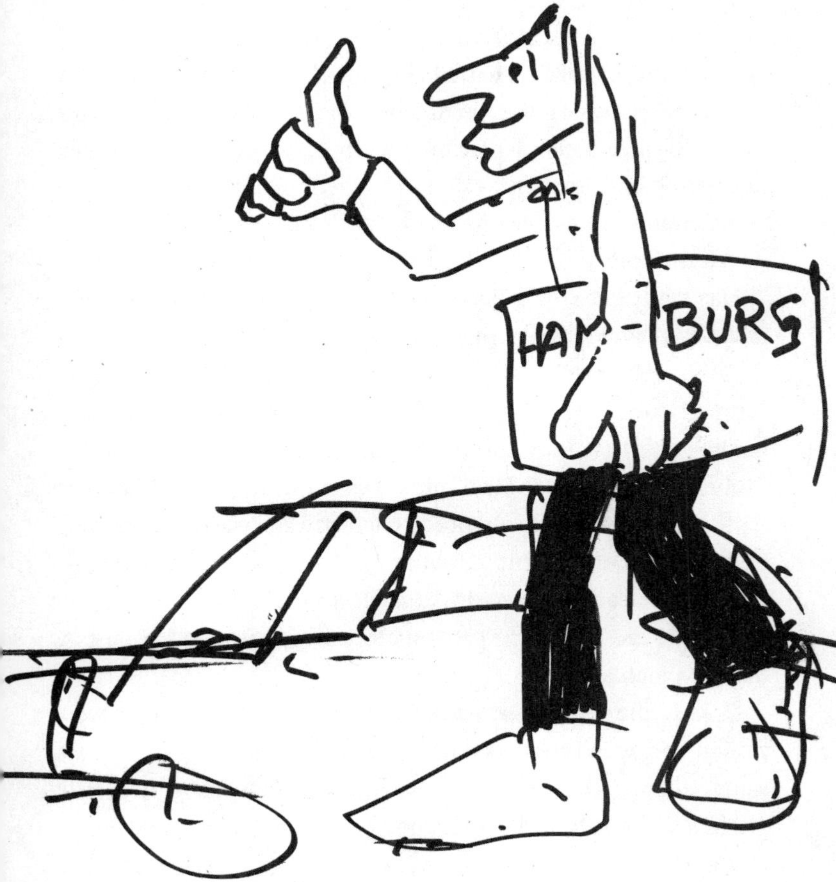
HAM-BURG

ich steh' noch immer an der Autobahn
und träume von der weiten Welt
vielleicht sollt' ich den Daumen etwas höher heben
denn ich will meine Träume nicht nur träumen
ich will sie auch erleben

Seiner Mutter Hermine hatte Udo ganz konkret gesagt: »Ich geh jetzt nach Hamburg Kohlen holen.« Und als sie ihn dabei leicht ungläubig gemustert hatte, hinzugefügt, dass er Millionär werden würde in Hamburg.

Hermines Trommlerjunge hatte große Pläne.

Wieder einmal.

Das vielleicht einzig Beruhigende war, dass er sein Vorhaben dieses Mal vollkommen nüchtern anging.

Außer seinem Mut hatte er noch eine Telefonnummer in Hamburg.

Die gehörte Rainer Rubink. Ein Mann, den Udo auf einer Art Probereise nach Norderney kennengelernt hatte. Der gute Rainer hatte einen roten Alfa Spider gesteuert. Udo war eingestiegen, und Rainer hatte erzählt, dass nur Schwachmaten nach Sylt fahren würden, echte Experten aber nach Norderney.

»Prima, das trifft sich gut«, hatte Udo geantwortet, »ich bin nämlich auch Experte.«

Dass er die Probereise vor allem unternommen hatte, um zu prüfen, ob er Norderney ohne den gewohnten Alkoholvorrat schaffte, hatte Udo für sich behalten. Die beiden mochten sich gut leiden, und als Rainer dann noch gesagt hatte, er spiele Banjo, und in Hamburg gebe es »guten Dixieland, gute Weiber und gutes Saufen«, der Experte solle mal vorbeikommen, hatte Udo die Telefonnummer des Alfa Spider-Mannes aufgeschrieben.

Brav wählte Udo nun in einer Telefonzelle am Hauptbahnhof Rainers Nummer. Zwar hatte der Experte ein freies Zimmer für

40 Mark, aber die Kontakte in die Hamburger Jazzszene erwiesen sich als wenig hilfreich, was auch daran lag, dass Udo nicht unbedingt nach Hamburg gekommen war, um Dixieland zu spielen.

Irgendwie hatte er das Gefühl, dieses Programm schon in Gronau zu lange bedient zu haben.

Die Streifzüge auf die Reeperbahn brachten ebenfalls nichts Umwerfendes. Udo trug einen Mantel, auf den er mit Filzstift groß »Alle Menschen werden Brüder. Ich bin dein Freund, sprich mich an« geschrieben hatte, aber auch das half wenig.

Der Star Club geschlossen, das Top Ten ein düsteres Relikt. Schließlich war Udo heilfroh, als er seinen ersten Job im Blue Note bekam, wo er am 1. Weihnachtsfeiertag auftreten durfte. Die Bezahlung: 30 Mark und drink as much as you want. Immerhin schaffte er es, auf den zweiten Teil der Gage zu verzichten.

»Der spielt immer und alles und ist zuverlässig«, war bald Udos Ruf.

Mit dieser Expertise schaffte er es dann zügig als Haustrommler an eine feine Adresse, das Jazzhouse an der Brandswiete. Er spielte jetzt mit der Creme der Hansestadt, mit Mangelsdorff, Kriegel, Herbolzheimer, er wurde Mitglied im Michael-Naura-Quartett, er trommelte sogar für die City Preachers, eine Folk-Soul-Band um die Sängerin Inga Rumpf.

Alles schön und gut, nur: War er nicht nach Hamburg gekommen, um Millionär zu werden?

Nun war er in der großen Stadt und spielte in einer fein ausgeleuchteten Nische mit Feingeistern und Meistern ihres Fachs vor einem Kreis von Eingeweihten, der so überschaubar war wie eine Modelleisenbahn – während in Kalifornien ein Mann wie Jimi Hendrix seiner Gitarre erst nie zuvor gehörte Töne entlockte, sie dann anzündete und dieses Paket als Sensation um die Welt schickte.

Alle Menschen werden Brüder, hieß es, aber auch in der sich rasant ausweitenden Hippieszene gab es Stars und Götter. Jimi war ein Gott, Udo war der Haustrommler im Jazzhouse.

Bereits damals freundete sich Udo mit Hans Otto Mertens an, jenem Pharmaziestudenten und Bassisten, der ein paar Jahre später den Komiker Otto entdecken und vermarkten würde.

Mertens lag wie Udo auf der Lauer nach dem großen Ding, aber weil es sich Zeit ließ, das Ding, musizierten die beiden erst einmal gepflegt gemeinsam.

»Ein äußerst eleganter Schlagzeuger«, dachte Mertens über Udo. »Die anderen trommeln einen meist tot, er ist sophisticated.«

Umso seltsamer geriet ein Auftritt der beiden samt Band im vornehmen Hotel Atlantic bei einem Fest mit dem Motto »Ball über den Wolken«.

Die Jungs sollten im Smoking aufspielen, wobei Udo zunächst nicht wusste, was ein Smoking ist, und sich dann eilig einen besorgen musste, der schließlich nicht saß.

Das Hotel durfte die Band nur durch den Hintereingang betreten, als seien sie niedere Bedienstete. Eine Mühsal und eine Schmach dazu. Sie mussten für Millionäre spielen, und es fühlte sich an, als würden sie nie selbst welche werden.

Es war widersprüchlich. Einerseits hielt Udo ungeduldig Ausschau nach jenem goldenen Fahrstuhl, der ihn nach oben fahren sollte, zu Ruhm und Geld. Andererseits fühlte er sich wohl in jenem neuen Deutschland, das sich allmählich entwickelte. Ein Land, in dem man auch herumschlappen durfte, ohne gleich als Versager zu gelten.

Die schweigenden und trinkenden Männer von Gronau hatten immer weniger zu sagen, der Zweite Weltkrieg ging nun langsam wirklich zu Ende. Eine neue Welt tat sich auf. Menschen in aufgepumpten weißen Overalls gingen auf dem Mond spazieren. In Deutschland hatte ein sozialdemokratischer Kanzler die Macht übernommen, der forderte, das Land solle endlich »mehr Demokratie wagen«. Richtig durchlüften und die Geister der Nazizeit, die immer noch in Schulen, Polizei, Gerichten und Hörsälen herumspukten, ein für alle Mal vertreiben.

Die Kommune 1 aus Berlin fand Nachahmer im ganzen Land. Neugierige und fortschrittsbewusste Heranwachsende organisierten sich in Wohngemeinschaften.

Zu den selten gelesenen, aber oft zitierten Büchern gehörte Wilhelm Reichs »Die Massenpsychologie des Faschismus«. Ein Werk, in dem der Wiener Psychoanalytiker dargelegt hatte, wie eine unterentwickelte, gehemmte Libido autoritätshörige Charaktere geradewegs in die Nazidiktatur geführt habe. Ein massenhafter Triebstau, so Reich, sei die Voraussetzung für Unterdrückungs- und Vernichtungshandlungen. Eine befreite Sexualität, die sich dem Besitzdenken widersetze, begünstige dagegen eine offene, friedliche Gesellschaft.

In vielen Wohngemeinschaften wurde diese Haltung auf die Formel gebracht: »Wer zwei Mal mit derselben pennt, gehört schon zum Establishment.« Udo gefiel dieser Satz nicht nur. Er tat auch sein Möglichstes, um ihn zu verwirklichen.

Nach den vielen düsteren Untermietszimmern seiner Jugend und nach dem bedrückenden Schweigen des Vaters im Wohnzimmer in Gronau schien die Wohngemeinschaft für Udo der Vorbote einer neuen, zehntausendmal besseren Zeit zu sein. Es war immer jemand da zum Reden, es wurde viel gekuschelt, Sex war immer am Start und noch dazu gut für den Fortschritt der Menschheit.

Nur mit den WG-*Pflichten* hatte es Udo nicht so.

Für das Putzen des Badezimmers oder den Dienst in der Küche stand er nicht zur Verfügung. »Ich bin für die Versorgung mit Joints und Bier zuständig«, sagte Udo – auch, wenn er sich selbst aus Haschisch (nie besonders viel) und aus Bier (zu dieser Zeit) wenig machte.

Die Kultur, in der Udo sich gut fühlte, weitete sich aus. Das Wort »Szene« entstand. Egalitär und basisdemokratisch zu sein, war eine heilige Pflicht. Mit möglichst vielen Partnern zu schlafen, gehörte ebenfalls in den neuen Tugendkatalog, man lag weich gepolstert auf einem breiten Bett aus Solidarität und »Null-Bock-auf-Stress«. Trotzdem war da etwas in ihm, das Udo antrieb, mehr zu wollen, herauszuragen.

Auch deshalb gründete Udo mit dem Betreiber des Jazzhouse, Fred Christmann, Anfang der 70er-Jahre die Band Free Orbit. Man wollte es amerikanischen Erfolgsbands wie Chicago oder Blood, Sweat & Tears nachtun und mit jazzigem Rock Erfolg haben. Wochenlang saß Udo im Jazzhouse am Klavier, schrieb Songs, dazu Texte in Englisch. Bei den Plattenaufnahmen gab es eine zusätzliche Premiere: Jetzt sang Udo auch. Große Erwartungen, große Aufregung. Ziemlich umsonst. Die Platte verkaufte nur 1000 Stück.

Es wurde Zeit für einen neuen satten Schuss Adrenalin. Und genau den feuerte ein Mini-Tornado mit großer Hornbrille und Günter-Netzer-Frisur ab.

»Goldfinger« hieß der Typ in der Branche.

Respekt spielte eine Rolle bei jenem Spitznamen, aber auch Neid. »Goldfinger«, frei nach dem Kinobösewicht, der skrupellos und geldgierig nach Weltherrschaft strebte.

Goldfinger, das war der Musiker Klaus Doldinger. Ein großer Virtuose an Saxofon und Klarinette, zeigte sich dieser Mann auch als erfindungsreich, wenn es darum ging, mit Musik Geld zu verdienen, und zwar richtig. Schon mit 23 Jahren war der gebürtige Berliner zum Ehrenbürger von New Orleans ernannt worden. Aber nicht einmal dieser Ehrentitel konnte ihn davon abhalten, an der ehrwürdigen Abgehobenheit des Jazz zu kratzen und zu schauen, wo er noch ein paar Mark herausklopfen konnte für sich selbst. Sei es mit Filmmusik, Fernsehen oder auch nur mit Werbemelodien für Spülmittel, Zigaretten oder Meister Proper. Goldfinger war hungrig. Er hatte ein wunderschönes Model zur Frau, besaß einen großen Mercedes, und er wollte mehr.

Kein Wunder, dass Udo sein Mann war. Sofort, ohne Zweifel, ohne Anlauf. Denn Udo kannte den feinen Jazz, aber er konnte auch rocken, und genau dort wollte Goldfinger hin.

»Der guckt mich an wie das achte Weltwunder«, dachte Udo, als der Mini-Tornado vor seinem Schlagzeug stand.

Udo trommelte weiter, nicht nervös werden.

»Komm mit nach München«, sagte Goldfinger.

»Gebongt, komme morgen«, antwortete Udo, ohne einen Takt zu verlieren.

In Doldingers Villa im Süden Münchens wurde das Einstellungsgespräch fortgesetzt. Eine Session. Saxofon gegen Schlagzeug. Fünf Stunden lang. »Wir lernten uns kennen, spürten uns auf. Ruhe, Attacke, Meditation«, dachte Udo, als er erschöpft wieder in seinem R4 saß und das Schlagzeug im Kofferraum zurück ins Zentrum der Stadt München fuhr, wo er fürs Erste bei seinem Bruder Erich unterkommen sollte.

Der Vertrag war unterzeichnet. Mit Trommelstöcken und Saxofon.

Am nächsten Tag im Englischen Garten dämmerte Udo, dass dieses München eine Art Paradies für Menschen wie ihn war.

Bezaubernd aussehende Mädchen saßen freundlich lächelnd unter alten Bäumen und winkten ihn heran. Überdimensionale Joints wurden herumgereicht, manche so groß, dass die anwesenden Kiffer sie respektvoll als »U-Boote« bezeichneten.

Unter dem Chinesischen Turm wurde bereits am späten Vormittag aus großen Krügen Bier gebechert. Diese Kombination aus Drogen, Sex, Alkohol, blauem Himmel und gepflegtem englischem Gartenbau sorgte für eine derart angeknallte Atmosphäre, dass Udo nun endlich das Gefühl hatte, an einem Ort gelandet zu sein, wo seine Stunde schlagen würde.

Laut und vernehmlich. Auf einer Art himmlischem Superschlagzeug.

In München spielte jetzt die Musik, und sie spielte oft 24 Stunden durch. Dann folgten ein paar Stunden komatöser Schlaf, ehe alles wieder von vorne losging. Ein Leben wie eine lange Jamsession, improvisiert, irre, nicht vorhersehbar, open end, und dabei meist happy.

Das war das Seltsame hier. Zur guten Laune und einer merkwürdigen Sorglosigkeit, die später als »A bissl was geht immer« Weltruhm erlangen sollte, kam der Umstand, dass es Geld von diesem italienblauen Himmel herunterregnete. Nicht für jeden, aber für die meisten, und für Musiker besonders.

Es gab das Domicile in der Schwabinger Siegesstraße, wo Männer wie Don Menza, Benny Bailey und Dizzy Gillespie Hof hielten. Dazu Aufnahmestudios, wo für Hollywood, Fernsehen und Werbung Soundtracks, Jingles und was die musikkapitalistische Hexenküche hergab, gedudelt wurden. Ein bis heute bekanntes Denkmal dieser musikalischen Rastlosigkeit ist die Tatortmelodie, die noch immer sonntags pünktlich um 20.15 Uhr viele deutsche Haushalte heimsucht. Klaus Doldinger am Saxofon, an den Drums Udo Lindenberg.

Nachdem Udo ein paar Wochen lang jede Nacht sein Schlagzeug aus dem R4 vier Stockwerke hoch in die Wohnung seines Bruders Erich getragen hatte, zog er in ein Zimmer über seinem Zweitarbeitsplatz, dem Domicile.

Den Unterschlupf unbehaust zu nennen, wäre eine Beschönigung gewesen. Er war weniger als das. Er war eine unaufgeräumte Dunkelkammer mit Matratze. Die spärlichen Besucher mussten auf dem Boden sitzen. Es brannten indische Räucherkerzen. Vor dem Fenster hing ein gigantischer Plüschvorhang, der es unmöglich machte, Tag und Nacht zu unterscheiden.

»Ein Gipfel der Trostlosigkeit. Ausdruck dieses verdammten

Musiklebens, das nur nachts stattfindet. Jedes Obdachlosenasyl war dagegen ein Luxus«, sagte Bruder Erich über Udos Bleibe, nachdem er einmal zu Besuch gewesen war.

Passport nannte Goldfinger seine Truppe, mit der er aus dem Keller des Jazz ausbrechen wollte hin zu rockigeren Klängen, dorthin, wo die Kohle und die Mädchen waren und der Pop.

Natürlich ergab sich damit die Gefahr von Oberflächlichkeit. Aber wenn Udo und Klaus die Leopoldstraße hinunterschauten, hin zu den wie riesige Bienenstöcke summenden Läden PN-Hithouse und Big Apple, dann stieg eine Ahnung in ihnen auf, dass sich das Risiko lohnen könnte. Klaus, den herausragenden Jazzer, konnten ein paar Bravo-Leser mit Hautproblemen nicht wirklich schrecken.

Im März 1971 hatte Doldinger einen lukrativen Vertrag beim Chef von WEA Music, Siggi E. Loch unterschrieben. Die Truppe jagte nun über die Bühnen und Studios des Landes. Vor allem der zweite Saxofonist des Ensembles beeindruckte Udo sehr. Klar, da war dieses Saxofon, aber was dieser Mann mit dem dunklen Schnauzer wirklich umwerfend beherrschte, waren Sprüche.

Sätze und Ausdrücke, die wie Jazz klangen. Worte, die tanzten, Saltos schlugen, swingten und die Menschen für ein paar Augenblicke erblinden ließen, weil sie Tränen lachten. Olaf Kübler hieß dieser Typ, und er spielte mit seiner Sprache die Tresen der Nachtlokale schwindelig.

Sein Vater, ein SA-Brigade-Führer, hatte sich zusammen mit seinem Adjutanten in den letzten Kriegstagen in Berlin erschossen. Die Mutter war mit drei Kindern durchs Land gezogen, war in Gießen an der Lahn sesshaft geworden. Dort war es um Olaf geschehen, als er den Soldaten Elvis Presley im wichtigsten Puff der Stadt, der Casanova Bar, eines Nachts auf der Bühne »Love Me Tender« singen hörte.

Bald nannten sie Olaf in der Casanova Bar einen »Crazy Motherfucker«. Es war für ihn eine Art zweite Taufe, und Olaf trug seinen Clubnamen Motherfucker seitdem wie einen Orden durch die Nacht.

SA-Brigade Führer Kübler, my ass.

Here we go now, Olaf Motherfucker!

Jetzt, mit Passport, beruhigte, amüsierte, peitschte Olaf Motherfucker seine Kollegen mit seinen Sprüchen.

Von Olaf lernte Udo, dass man nicht Englisch sprechen musste, um zu rocken, und dass Deutsch sehr wohl rollen konnte, wenn man es nur seinem am Jazz geschulten Nervensystem überließ.

Nach einer Flasche Kirschwasser oder zwei, Olafs Lieblingsdroge damals, rollte es bisweilen wie eine Lawine. Aber selbst das konnte man locker überstehen, wie Olafs Stunt bei einer Geburtstagsparty für Gabriele Henkel, der Königin des Waschmittel-Konzerns, bewies.

Passport spielten im Düsseldorfer Garten der Henkel-Villa, als ein Gewitterregen losbrach. Die Band musste unterbrechen, was Olaf für ein paar Gläschen Kirschwasser nutzte. Er stieß einen Indianerschrei aus, schwups war er drin im Haus, hinauf ins oberste Stockwerk, wo die Geschenke für die Hausherrin lagerten.

»Ei, ei du dickes Kind«, rief Olaf und riss das Fenster auf.

Ein Geschenk nach dem anderen warf er in den Garten, wo es aufs nasse Gras patschte.

Ein Skandal eigentlich, eine Unverschämtheit.

Aber weil das Spektakel spontan, verrückt und ohne jede falsche Scham daherkam, ein grandioser Publikumserfolg.

Bei jedem Geschenk, das in den Dreck fiel, klatschten die Gäste.

Udo staunte und lernte.

Das waren die Menschen, die ihm früher im Breidenbacher Hof Gehorsam und Unterwürfigkeit abverlangt hatten.

Das Establishment.

Schlechtes Benehmen konnte also auch gut sein.

Es kam allein aufs Timing an, und welche Figur man dabei machte.

Bella Figura in Big Trouble. So also ging das.

Weitere Lektionen aus dem Handbuch »Wie werde ich ein Rockstar« lernte Udo auf dem Rücksitz von Doldingers Mercedes, wenn sich vorne Klaus und Olaf über das Geschäft unterhielten.

Wie macht man die Jungs in den Plattenfirmen gierig? Wie füttert man die »Pressefuzzies« an? Wie verhindert man, dass Groupies sich nach dem Sex in der Hotelboutique neu einkleiden und alles aufs Zimmer des ahnungslosen Musikers schreiben lassen? Dazu Prozentrechnungen, Steuermodelle, die Wichtigkeit von Verlagsrechten.

Das Großgedruckte und das Kleingedruckte. Udo staunte und schaltete seine innere Xerox-Maschine ein.

Manchmal erzählte Udo, dass er das Trommeln zunehmend anstrengend fände und sich nach einer Alternative sehne.

Vielleicht Gärtner? Oder Popstar? Etwas weniger Schweißtreibendes jedenfalls.

Ausgerechnet Udo. Gärtner ging ja noch, aber Popstar Udo? Niemals, lachten die beiden Alphatiere auf den Vordersitzen.

Udos Platz, fanden sie, sei hinterm Schlagzeug und ansonsten auf der Rückbank. Im Auto wie im Leben.

Popstar?

Was dachte sich der schmächtige Junge mit dem Schlafzimmerblick eigentlich?

Für Udo war es an der Zeit, wieder mal bei Hans Otto Mertens in Hamburg anzurufen, und Hans Otto hatte Neuigkeiten.

Ein Tonstudio in Hamburg stehe bereit, umsonst, für vier Wochen. Außerdem gebe es einen feinen Jungen aus Blankenese mit exzellentem Gehör, der aus der Komponistenfamilie Kuckuck stamme und Thomas hieße. Der werde ebenfalls umsonst helfen.

»Ich weiß nicht, ob du Millionär werden kannst in Hamburg«, sagte Hans Otto. »Aber es tut sich was hier. Die Dinge geraten in Bewegung.«

Durch den Dienstboteneingang ins Atlantic schleichen, diese Zeit sei jedenfalls vorbei.

Auf der anderen Seite der Alster, einmal übers Wasser und dann noch ein paar Hundert Meter, gab es nun einen Laden, wo sich wirklich etwas Neues zusammenbraute. Er hieß »Onkel Pös Carnegie Hall«, was ein Hohn war, denn im Gegensatz zur New Yorker Carnegie Hall, diesem weltberühmten Musiktempel an der Seventh Avenue, war das Pö, wenn man es gut meinte, ein besseres Drecksloch.

Es gab aber genügend Menschen, die genau das taten: es gut meinen mit dem Pö.

So kam es, dass der dunkle Schlauch mit den Sperrmüllmöbeln immer voll war mit Studenten, Musikern, Hängern, Hobby-Anarchisten, Tagträumern. Kurz, exakt mit jenen Menschen, denen die Bild-Zeitung in jenen Tagen den Krieg erklärt hatte und die sie als »Gammler« bespuckte.

Der Laden wurde organisiert von einer bärenhaften Gestalt namens Peter Marxen. Eine Art Herbergsvater und Friedensstifter, der in Jeans, Weste und Flanellhemd den wuseligen Betrieb dirigierte wie ein Wikingerschiff.

»Na ma Ruhe hier«, hieß sein häufigster Satz, und wenn Marxen ihn aussprach, stellten sogar die Vollbedröhnten die Ohren etwas höher und schalteten auf Empfang.

Das Pö glich einem Auffanglager mit einer Bar. Der Dichter Peter Rühmkorf las Gedichte vor, der Liedermacher Hannes Wader trat auf, aber richtig unter Strom geriet der Laden durch die Jamsessions, die auch noch um 3 Uhr früh auf der Bühne abgehalten wurden.

Später sollten selbst angloamerikanische Stars wie Al di Meola oder Al Jarreau ihre Weltkarrieren vom Pö aus starten.

Klar, das Pö sah schrabbelig aus, und das Hausgetränk »Pineau« war ein als Weinlikör getarntes Kopfschmerzwasser ohne Gnade, aber für jene Hamburger Musiker, die nicht im Jazzhouse der Vergangenheit hinterherspielen wollten, war das Pö Herz, Hochofen und Schmelztiegel.

Ein Zuhause. Vor allem, wenn man sonst kein Zuhause hatte.

»Wir haben keine Wohnungen, wollen wir auch nicht«, sagte der Ragtime-König Gottfried Böttger über das Pö. »Wir wollen trinken, Musik machen und Spaß haben.« Selbst Auftritte, die fünf Autostunden entfernt in Städten wie Dortmund absolviert wurden, endeten im Morgengrauen im Pö. Der Ford Transit wurde noch mal ausgeladen, die Instrumente auf die Bühne geschleppt, und los ging es mit der Session.

Udo im Pö war sofort beides: der Superprofi und der Super-Kumpel.

Die Becken seines Schlagzeugs hängte er an der Decke auf, des Klangs wegen. Und trotz des intensiven Austauschs mit dem Publikum legte er immer Wert auf eine Art Sicherheitsabstand, niemand sollte ihm zu nahe kommen. Sein Spiel galt als außerordentlich fein und virtuos zugleich. Ein Meister.

Vor und nach dem Gig suchten die anderen Gäste Udos Nähe am Tresen oder auf der sogenannten »Vogelstange«, einem Geländer draußen vor dem Pö. Gerade weil im Pö so viele Musikstile aufeinanderprallten, Dixieland, Heavy Rock, Folklore und Skiffle, gab es immer Fäden, die sich gelöst hatten und neu verknüpft, anders gesponnen werden konnten.

Überhaupt: Spinnen.

Im Rest des Landes ein Schimpfwort, war es im Pö eher ein

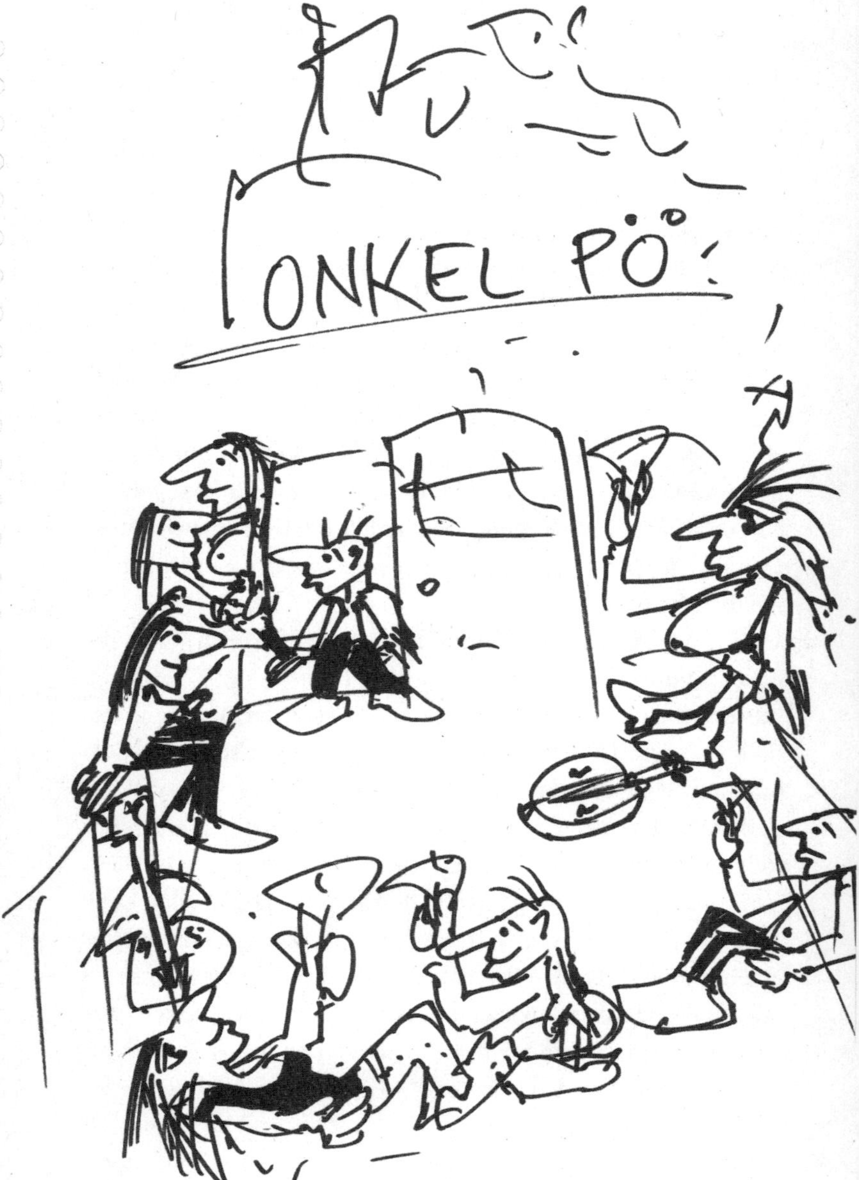
ONKEL PÖ

Ehrenwort, eine Möglichkeit zu fantasieren und dabei selbst fantastisch zu werden.

»Wir sind im Grunde ein riesenschöner Haufen von wunderbaren Spinnern«, sagte Steffi Stephan, dessen Dienste Udo bald im Studio benötigen würde.

Das Spinnen ging so weit, dass eine eigene Sprache entwickelt wurde. »Ist es ökmen extri ist es ömnen Mömnen« war zum Beispiel ein beliebter Spruch.

»Kein Mensch weiß, was das heißt, aber wir lachen uns kaputt«, sagte Stephan.

Was das Spinnen erleichterte, war die Tatsache, dass Udo wieder zu trinken begonnen hatte und anfing, Sprüche, die ihm gefielen, auf Zettel und Bierdeckel zu schreiben.

»Betrunken aufgeschrieben, nüchtern gegengelesen«, nannte er diese Arbeitsweise. Ihm dämmerte allmählich, dass er hier Material finden könnte für etwas Neues, Eigenes.

Wenn Udo nicht direkt unter einem der Tische im Pö einschlief, was öfter vorkam, dann nächtigte er auf einer jener Matratzen, die in einer Parterrewohnung in der Johnsallee auf dem Fußboden lagen.

Der Putz bröckelte von den Wänden. In manche Fenster regnete es rein, andere waren aus diesem Grund einfach zugenagelt worden. Mitten im Chaos, ebenfalls auf dem Fußboden, lagen aufgeklappte Bücher wie Hermann Hesses »Siddharta«.

Manchmal wunderte sich Gottfried Böttger – einer seiner Mitbewohner und der spätere Panik-Orchester-Pianist –, der ebenfalls Nutzer einer dieser Matratzen war, warum die Matratze von Udo am frühen Morgen leer war, wo sie doch beide in der Nacht betrunken ins Bett gefallen waren.

Bald entdeckte Böttger, dass Udo stark hypochondrische Züge hatte. Ein paarmal fand er den Mitbewohner in einer ambulanten Arztpraxis etwas weiter die Straße runter, wohin sich

Udo mit dem dringenden Verdacht auf einen Gehirntumor begeben hatte.

Die diensthabenden Ärzte wiesen Udo in solchen Fällen ein Bett an, damit er seinen Kater wegschlafen konnte. Um die Mittagszeit holte ihn Böttger wieder ab.

Eines Morgens um 6 Uhr allerdings war Udo zu Hause, das Telefon des Nachbarn klingelte. Seine Mutter Hermine war dran.

»Junge«, sagte sie, »der Alte ist tot.«

Vor der Beerdigung setzte sich Udo ein paar Stunden neben seinen Vater ins Leichenschauhaus. Es sollte eine Art letztes Gespräch mit Gustav werden. Damit es besser lief, hatte Udo ein paar Underberg mitgebracht.

»Manches hab ich vielleicht nicht verstanden«, sagte Udo und fügte hinzu: »Kannst du es mir jetzt bitte noch einmal sagen. Ich bin doch eigentlich ein ganz guter Junge.«

Natürlich antwortete der Vater nicht mehr, aber Udo las in Gustavs Gesichtsausdruck, dass der Vater ihn aufforderte, die Verantwortung für die Familie zu übernehmen.

Erich ein armer Künstler. Die Schwestern in der Ausbildung. Die Mutter in einer kleinen Wohnung mit 300 Mark Rente.

»Die Bündel an Barem musst jetzt du machen«, verstand Udo.

Es war kein leichter Auftrag, aber Udo fühlte sich auch geehrt durch das Vertrauen, das der Vater ihm gegenüber zeigte, tot im Leichenschauhaus, bei ein paar Underberg.

Er, der Sohn, der sich nun seit über 10 Jahren ohne regelmäßiges Einkommen durch die Welt trommelte, unterwegs in einem alten R4, genannt das »Wellblech-Auto«, bezahlt vom Vater, sollte nun auf einmal Großes leisten. Den alten unerfüllten Traum des Seniors Wirklichkeit werden lassen und eine glanzvolle Künstlerkarriere hinlegen. Keine verhuschte, sondern eine im vollen, heißen Scheinwerferlicht.

Außerdem sollte Udo Verantwortung für die anderen übernehmen. Eine Last, die erschwert wurde, weil die Finanzen der Familie abgebrannt waren. Die einzige Möglichkeit, beide Herausforderungen zu meistern, bestand im Erfolg. Er musste nach ganz oben in die Hitparaden. Hunderttausende von Platten müssen verkauft werden, nicht gerade mal tausend wie von Udos erstem Versuch namens »Free Orbit«.

So ungefähr sah er aus, der Leichenhallen-Auftrag. Damit im Nacken fuhr Udo zurück nach Hamburg, wo die Aufnahmen zu seinem zweiten Album anstanden.

Es sollte »Lindenberg« heißen. Passend dazu hatte Udo einen Berg, der wie Udo aussah, für das Cover gezeichnet. Auf der Spitze des Berges, in der Mitte von Udos Kopf, ließ er einen hippiehaften Baum wachsen. Möglicherweise sollte dieser Baum Erkenntnisse symbolisieren. Fest steht allerdings, dass »Lindenberg« die leicht hingetupfte Straßenpoesie des späteren Udo noch weitgehend fehlt. Stattdessen bemüht sich das Album um allgemeinen Tiefsinn, der, in einem doch recht deutschen Schulenglisch vorgetragen, ein wenig hölzern klingt.

»The children of your children won't even know your name«, solche Sachen. Aber es gibt aus der Zeit mit »Good Life City« auch einen Gute-Laune-Rocker im Style der frühen Faces um Rod Stewart.

Trotzdem spürt man eine Energie, mit der zu rechnen ist, sobald sich ein paar Dinge klären.

Hey, people listen to me
this is the day
that I put on my traveling shoes
and go, go, go the other way
I say: Hey, hey, hey
good life city – I'm on my way

Hey, hey, hey
good life city, I'm on my way

Udo wollte den Erfolg. Mit Sätzen wie »Diese LP ist sicher eines der größten Eier, die das deutsche Pop-Huhn je gelegt hat«, versuchte er die Promotion nach vorne zu treiben und kalauerte sich dabei ins Nirgendwo. Nur 700 Stück verkaufte »Lindenberg«, das war enttäuschend, wieder mal. Nur dass es diesmal doppelt wehtat, weil der eigene Name samt dem eigenen Gesicht das Cover schmückten.

Udo, der bereits von Vermarktungsrechten in Amerika und England geträumt hatte, fiel in ein Stimmungstief. Es musste was passieren, und weil er nicht wusste, was, ging er erst einmal wieder trommeln, dorthin, wo seine Platte gar nicht erst einen Platz in den Ladenregalen gefunden hatte: nach England, auf Tournee, mit der Band Atlantis von Freundin Inga Rumpf.

Hier lernte Udo eine Menge über die Professionalität des englischen Musikgeschäfts, vor allem aber bekam er ein hundertprozentiges Gefühl dafür, dass die richtigen Worte und Texte Bands und Publikum zusammenbanden.

Englisches Publikum, amerikanische Texte oder andersherum, das ging. Dagegen englische Texte von einem deutschen Sänger, der nicht besonders gut Englisch kann, für ein deutsches Publikum – das reichte vielleicht für die Beschallung von Provinzkegelbahnen, aber nicht für Udo.

Er saß nun hinten im Bandbus, fuhr durch England und begann, deutsche Texte zu schreiben. Irgendwie musste man diese Sprache, die so eckig und streng klang, so nach Verkehrspolizei und Tagesschau, doch lockerklopfen können. Durchschütteln und rütteln wie bei einem Trommelsolo. Shake, Rattle and Roll.

Aber zuerst einmal lockerklopfen, ins Rollen bringen mit einem Stift, die Sache.

Über elf Jahre war Udo nun on the road. Er hatte in Kellern gespielt, in Hinterzimmern gepennt, hatte sich in schöne Frauen verliebt und war immer wieder weitergezogen mit seinem Schlagzeug, das ein treuer, aber auch sehr sperriger Begleiter war.

Deutschland hatte sich verändert in dieser Zeit. Die fest gefügte Gesellschaft der 50er-Jahre, belastet von moralischem Totalversagen, war zumindest bei vielen jungen Deutschen einem neuen Lebensgefühl gewichen.

Udo war einer, der auf die Sicherheiten des Erwachsenenlebens von Anfang an gepfiffen hatte. Einer, der sich über 10 Jahre lang wie ein Pfadfinder hineingetastet hatte in dieses andere, neue deutsche Gefühl.

Die Rolling Stones, die Beatles, Elvis hatten es berührt, dieses Gefühl, sie hatten es mit ihren Melodien und ihrem Beat angetrieben. Die Pille und die Studenten hatten es vertieft, die Kulturrevolution war in München-Schwabing, in Berlin-Kreuzberg und in Hamburg-Eppendorf im vollen Gang, aber: wie es sich für einen 14-Jährigen Anfang der 70er-Jahre genau anfühlte, jung zu sein in diesem Land der plötzlich autofreien Sonntage und der Willy-Brandt-Regierung, in diesem Deutschland der Einkaufszentren, Trabantenstädte, Kinos und Discotheken – dafür gab es keine Stimme.

Es gab sie nicht im Fernsehen, es gab sie nicht in der Literatur, es gab sie höchstens bei Fassbinder und bei ein paar anderen jungen Wilden im Kino der großen Städte.

Aber eine Stimme, die einem in Böblingen oder Celle oder Landshut einfach mal auf die Schulter klopfte wie ein älterer Bruder oder großer Freund, die gab es nicht.

Die Stimme eines Gefährten, der mit der Liebe und dem Alkohol, der Einsamkeit in der großen Stadt bereits ein paar Erfahrungen gemacht hatte und der in der Lage war, in kleinen, pointierten Erzählungen und Beobachtungen darüber zu sprechen, so wie das Bob Dylan oder John Lennon in ihren Ländern taten.

Udo hatte diesen Mangel nicht gedanklich analysiert, aber wie er da im Bus durch England gefahren wurde, ahnte er, dass genau eine solche Stimme fehlte in Deutschland, und das gab ihm trotz der miesen Verkaufszahlen seines Albums »Lindenberg« neue Energie.

Er schrieb und schrieb und schrieb.

Zurück in Hamburg erwartete ihn allerdings erst einmal neuer Stress. Teldec, seine Plattenfirma, wollte ihn loswerden, man wollte ihm höchstens noch eine allerletzte Chance gewähren, wenn er endlich mit richtig kommerziellem Material um die Ecke käme.

»Sommerliebe« sollte dieser Song sein, ein Titel, den er in der Psychiatrie nach seiner Krankheitssimulation bei der Bundeswehr geschrieben hatte. Ein Titel, für den er bei einem Preisausschreiben der Hörzu eine Krawatte gewonnen hatte. Ein Titel schließlich, den er aus Geldnot dem Manager einer Schlagersängerin namens Su Kramer überlassen hatte.

Dieser verdammte Titel, diese Jugendsünde aus der Klapse, landete nun wie ein Boomerang bei den Spezialisten von der Teldec, und die waren entzückt.

Sie waren bizarrerweise so hingerissen von diesem Schlager namens »Sommerliebe«, dass sie Udo einen Vertrag über ein zweites Album anboten – vorausgesetzt, er würde dieses Teufelszeug aus seinem persönlichen Giftschrank als Single rausbringen.

Die schönsten Blumen blühten auf den weiten Feldern
einen Sommer lang
und unsere Herzen blühten in den bunten Wäldern
einen Sommer lang
Doch als die ersten Blätter fielen, als der Herbst begann
da musste ich erkennen, dass unser Glück zerrann

Herzen, die blühen, Blätter, die fielen, Glück, das zerrann.

»Sommerliebe« war in seinem kitschigen Schlagerdeutsch das genaue Gegenteil von dem, was sich Udo im Bus in England unter den neuen deutschen Texten, die er jetzt schreiben würde, vorgestellt hatte.

Aber er war jung, bankrott, und er brauchte das Geld.

Vor allem wollte er eine zweite Platte machen, mit diesen anderen deutschen Texten.

Er wollte endlich rocken in Deutsch.

Und wie das im Rock'n' Roll so ist, wird die Landkarte zum Erfolg selten vorab geliefert, und Wege, die gerade sind, muss man sich abschminken.

Also stellte sich Udo ins Studio, sang das verhasste »Sommerliebe« – aber als Rückseite setzte er diese coole Blödelnummer durch, die alle im Studio super fanden und bei der sie sich manchmal fast auf den Fußboden legten vor Lachen.

Diese Nummer hieß »Hoch im Norden« und konnte dann als B-Seite von »Sommerliebe« auf die Single geschmuggelt werden.

Ein Piratenstück, das auf grandiose Weise aufging. Nachdem ein paar DJs »Hoch im Norden« im Radio gespielt hatten, riefen die Hörer in Scharen an und wollten den Song von diesem Freak, der auf den Seehund gekommen war, immer wieder hören.

Udo hatte seinen ersten Hit.

Wie gesagt, gerade Wege sind selten im Rock'n' Roll, und selbst die krummen kann man manchmal erst im Nachhinein erkennen.

Aber bei einem Hit wachte selbst die extraspießige Teldec allmählich auf.

Sogar dieser Laden schien nun tatsächlich auf den Seehund zu kommen.

DER MILLIONENSCHECK

Stell Dir vor, Du stehst am Bahnsteig und Dein Zug fährt ein, pünktlich, und Du bist ready für die Reise.

Du steigst ein, setzt Dich, aber es kommt kein Controlletti.

Wenn Du durch den Zug gehst, um die Lage zu checken, stellst Du fest, dass da nur Freunde sind und andere Bekannte, mit denen Du abhängst und plauderst, bevor Du wieder ein Stück weiter schlenderst. Irgendwann fragst Du einen Deiner Kumpels, sag mal, wohin fahren wir hier eigentlich, und die Jungs schauen Dich an, als würdest Du auf einmal Serbokroatisch sprechen oder so was.

Du wiederholst Deine Frage, aber die Jungs zucken nur mit den Schultern und sagen: Der Zug fährt genau dahin, wo Du hinwillst, denn es ist Dein Zug, Udo.

Das Udomobil, sozusagen.

Aha, sagst Du und stutzt ein bisschen, aber wenn Du ehrlich bist, dann überrascht Dich die Lage nicht wirklich. Schließlich hast Du fast so lange Du denken kannst ziemlich viel getan, damit dieser Zug endlich mal abzischt.

Der Zug, der hier durchs Land braust, das ist Deine Karriere als Rockstar.

Es ist ein unglaublicher Aufstieg, der jetzt beginnt, obwohl Du das Wort Karriere nie in den Mund nehmen würdest.

Weil es an Krawattenheinis und Schniegelaffen erinnert und all die anderen Typen, vor denen Du Dich verbeugen musstest, als Du noch Lehrling warst in diesem vornehmen Hotel.

Damals, als Du gemerkt hast, dass diese vorgestanzte Leiter nach oben, die sie Dir da vor der Nase herumbaumeln ließen, niemals Dein Ding sein wird.

Du wolltest zwar auch »nach oben«, aber auf Deine Art.

Nach oben, wo die Kohlen sind und die hübschen Mädchen.

Aber damit die Kohlen weiter kommen und der Zug unter Dampf bleibt, musst Du malochen, und zwar so hart, wie das bei den Schniegelaffen und Krawattenheinis nur bei den allerseltensten Gelegenheiten der Fall ist.

Weil es so jemanden wie Dich im Land von Maggi und Mannesmann noch nicht gegeben hat, bist Du jetzt eigentlich rund um die Uhr am Schaffen.

Die Leute um Dich herum nennen Dich schon »Nervenberg« oder »Stressman«, weil Du ihnen so auf den Senkel gehst mit Deiner Arbeitswut.

Bist Du eigentlich verrückt, fragen sie manchmal.

Deine Antwort lautet: vielleicht, verrückt im Sinne von weggerückt vom Normalen. Und es stimmt ja, Du bist verdammt fleißig. Alle 8 Monate eine neue Platte herausbringen, das ist Dein Schnitt, damit der Zug auf Kurs bleibt.

Du schreibst die Texte, die Songs, und Du überwachst die Produktionen im Studio wie ein Luchs. Manche Teile eines Songs lässt Du 30 oder 40 Mal wiederholen, bis er perfekt sitzt wie ein Maßanzug in der legendären Londoner Straße der Superschneidermeister, der Savile Row.

Dazu kommen die Tourneen, die anders, lustiger, unterhaltsamer sein sollen als alles, was die Welt des Rock'n'Roll bislang gesehen hat.

Du spürst diese Kraft in Dir, die Du diese gewisse Power nennst.

Und weil es jetzt so prima läuft und Du endlich am Zug bist mit Deiner Power, möchtest Du jetzt nichts mehr ausschließen, und zwar gar nichts mehr.

Ist nicht gut, die Ausschließerei. Wenn man mal damit anfängt, bleibt man in Gronau.

Überhaupt erwachsen werden – willst Du das, irgendwann mal wenigstens erwachsen werden?

Bloß nicht, sagst Du. Du hast schließlich noch so viel vor. Der Zug zieht doch gerade erst das Tempo an.

Was kommt als Nächstes?

Gründest Du eine politische Partei – die Panik-Partei?

Wirst Du Bundeskanzler?

Wirst Du ein Weltstar, auch in Amerika, England, Japan und Australien?

Du weißt es nicht. Keine Ahnung, aber der Zug beschleunigt ja auch erst gerade, Ziele völlig offen. Alles ist möglich.

Mal sehen, nee?

*

Udos erster wirklicher Geniestreich »Alles klar auf der Andrea Doria« hätte ohne ein paar Ahnungslose möglicherweise nie das Licht der Welt erblickt.

Der Ahnungsloseste der Ahnungslosen saß am liebsten auf seinem Chefsessel. Er hatte wenig Haare, viel Bauch, und damit das so blieb, aß er schon am späten Vormittag gerne Würstchen direkt aus einer Dose, die vor ihm auf seinem Chefschreibtisch stand.

Er war ein Kaufmann, und wenn ihm jemand eine Aufnahme vorspielte, sagte er meistens: »Ich verstehe ja nichts von Musik, aber das klingt wie ein schicker Titel.« Dann griff er wieder in die Würstchendose.

Der Mann hieß Kurt Richter und war der Geschäftsführer der Teldec Telefunken-Decca Schallplatten GmbH.

Ein Titel und Firmenname so sperrig wie eine Schrankwand aus Eiche, aber das hinderte Richter nicht daran, dieses Etikett zu genießen.

Richter hatte Udo nach dem überraschenden Erfolg von »Hoch im Norden« die Option auf ein weiteres Album gegeben, und der Clou an dieser Möglichkeit bestand darin, dass Udo dieses Mal im Teldec-Studio aufnehmen durfte, einem ehemaligen Kino in Hamburg-Eimsbüttel.

Das Studio war eine großzügige Angelegenheit. Geräumig mit einer Menge Stellwänden und einem Regieraum in der Mitte. Die Aufnahmen begannen gegen Mittag, und weil Udo und sein Produzent Thomas Kuckuck Perfektion forderten, endete ein Arbeitstag selten vor drei oder vor vier Uhr früh. »12 Stunden waren die Regel«, sagte Kuckuck.

Selbst er fand das heftig, aber eben nicht zu ändern.

Kuckuck und Udo bastelten wie die Besessenen. Es wurde nichts durchgelassen, was nicht gut genug war, und wenn es die Band, die später das Panik Orchester wurde, 30 oder 40 Mal wiederholen musste. Zur Band gehörten damals Udos Jugendfreund und langjähriger musikalischer Mitstreiter Steffi Stephan, Bass, und Karl Allaut, Gitarre, ebenfalls ein alter Bekannter aus Münster. Dazu kamen der Boogie-Woogie-Pianist Gottfried Böttger aus dem Pö, am Schlagzeug Backi Backhausen, ebenfalls aus Münster, und Judith Hodosi, eine Ostberliner Taxifahrerin, am Saxofon. Udo gab dazu den Regisseur mit dem Feldherrn-Hügelblick. Manchmal sang er Regieanweisungen einfach in sein Mikrofon, als seien es Songtexte.

Die endgültige Gestalt eines Songs würden er und Kuckuck festlegen, wenn sie sich, lange nachdem die anderen gegangen waren, in die Details vertieften. Auch deshalb hört sich »Alles klar auf der Andrea Doria« an wie großes Kino.

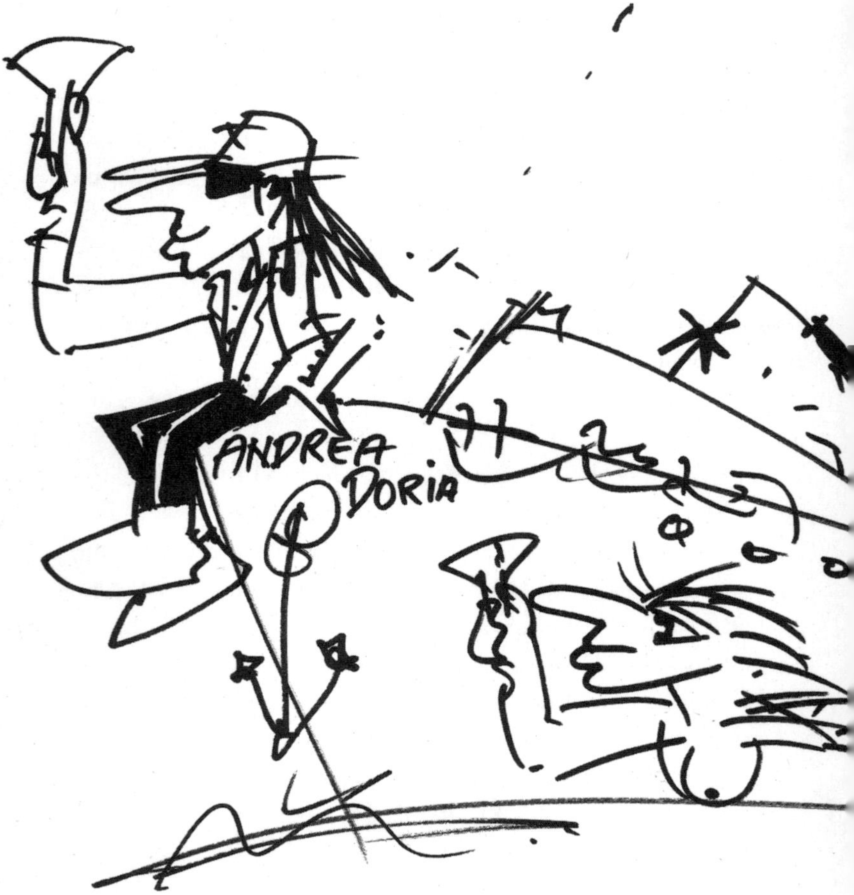
ANDREA
DORIA

Was aber die Songs zu einer blitzartigen Liebesaffäre für jeden halbwegs wachen jungen Menschen in der Bundesrepublik des Jahres 1973 werden ließ, war die Tatsache, dass hier auf einmal Dinge zusammenkamen, die man so aus Deutschland überhaupt noch nicht gehört hatte: Supermusik, Supertexte, und man verstand, im Gegensatz zu den Beatles oder Bob Dylan, jedes Wort.

Sofort.

Andrea Doria war ein musikalischer John-F.-Kennedy-Moment. Ähnlich wie bei den Schüssen von Dallas, eine Generation zuvor, wissen bis heute viele Deutsche, wo sie waren in jenem Sommer, als sie zum ersten Mal perfekt getimte und sanft dahingleitende Zeilen hörten wie »Getrampt oder mit'm Moped oder schwarz mit der Bahn/Immer bin ich dir irgendwie hinterhergefahr'n«.

Oder:

Das waren komische Gefühle
als er nachts an der Straße stand
den Schlafsack unterm Arm
und dreißig Mark in der Hand
Er rauchte viele Zigaretten
und dann wurd' es wieder heller
und morgens um sieben hatten sie ihn
sein Alter war leider schneller

Oder:

Boogie-Woogie-Mädchen
rote Haare im Scheinwerferlicht
und ganz nass im Gesicht
Boogie-Woogie-Mädchen
die Jeans saßen knapp, und dann hoben wir ab

Oder:

Dann hat er noch gefragt, ob ich einverstanden wär'
und ich sagte: Ja, das wär' ganz ok so
Erst fand ich's nicht so heiter
mit der Glatze und so weiter
aber dann hab' ich gesagt: Ja, ich geh' so

Oder:

Ein Typ in der Nische
schockiert seine Braut
und Bernie Flottmann denkt
er wär'n Astronaut
Jetzt kommt noch einer rüber
aus der Dröhndiskothek
und ich glaub', dass unser Dampfer bald untergeht

Oder:

Überm Tresen hängen Ansichtskarten
die hat er mal geschickt
und er denkt an die Japanerin
die war so schön verrückt
Ja, damals war er noch ein schneller Junge, das Leben war lebenswert
Doch was bleibt einem Seemann, der nicht mehr fährt?

Oder:

Mädchen aus Ost-Berlin, das war wirklich schwer
ich musste geh'n, obwohl ich so gerne
noch geblieben wär'

Ich komme wieder
und vielleicht geht's auch irgendwann mal
ohne Nerverei'n
da muss doch auf die Dauer was zu machen sein

Oder:

Dann Mick Jagger und jetzt David Bowie
der seinen Gitarristen auf der Bühne küsst
und wieso auch nicht
Es ist doch ganz egal
ob du ein Junge oder'n Mädchen bist

Jetzt mal ganz im Ernst – viel besser ging es nicht.

Ein Wunder war dieses Album von Udo ohne Zweifel, aber er griff auch verschüttete Traditionen wieder auf:

Vier der fünf großen Hollywoodstudios waren von deutschsprachigen, jüdischen Auswanderern gegründet worden. Eine neue Kultur der populären Unterhaltung entwickelte sich dort, und als Verwandte im Geiste und in der Seele gesellte sich zu dieser Emigrantenkultur bald die schwarze Kultur des Jazz, des Rythm 'n' Blues und des Blues dazu, die eine ungeheure Anziehung ausübte auf jene weißen Unruhegeister, die sich in der weißen, protestantischen Prüderie- und Mehrheitskultur langweilten.

Oft hatten diese Unruhegeister jüdische Wurzeln, wenig illustriert diese Verbindung so eindrucksvoll wie John Henry Hammond II.

Hineingeboren in einen New Yorker Palast voller Privilegien, die Mutter aus der Dynastie der Vanderbilts, ließ Hammond seinen klassischen Flügel stehen und öffnete sein Ohr für die Musik der Bediensteten seiner Familie.

Bedienstete, die überwiegend schwarz waren.

Diese Leidenschaft für die vermeintliche Abfallkultur sorgte dafür, dass Hammond zu einem der großen Entdecker dieser Klänge und Talente wurde. Er half Benny Goodmann und Count Basie, er entdeckte Billie Holiday, Aretha Franklin, Bob Dylan, Leonard Cohen und Bruce Springsteen.

Den Flow, das Fließende, das Groovende, das Knallende, das Rockende und Rollende, das die Sprache in den Songs dieser Menschen auszeichnete, trieb und oft dahinjagen ließ, war englisch, amerikanisch.

Irgendwas.

Aber es schien auf jeden Fall das Gegenteil von Deutsch, das noch immer schwerst kontaminiert war von der kalten, klotzigen Brutalität der IG Farben, der Nazis und der zahllosen braunen Bürokraten, die sich in die Justiz- und Lehrämter der Bundesrepublik gerettet hatten.

»Keine Experimente«, dieser Slogan der Adenauer-Zeit, konnte auch für die deutsche Sprache gelten. Klar, es gab Günter Grass, es gab Hans Magnus Enzensberger, es gab die Gruppe 47 und Heinrich Böll, aber konnte man zu deren Texten tanzen?

Diese ganzen Koffer einer schwierigen Vergangenheit schien Udo Lindenberg eben auch im Gepäckraum jenes Busses zu transportieren, auf dessen Inneres wir auf dem Cover von »Alles klar auf der Andrea Doria« blicken.

Da sitzt Udo neben dem Fahrer, liest die Prawda und blickt ein wenig skeptisch.

Aber seine Augen scheinen auch zu sagen: »Der Bus ist zwar gut voll, und da hinten sitzen einige, die echt ganz schön verstrahlt sind, aber wenn du Lust hast, steig einfach ein. Für dich finden wir noch ein Plätzchen. Da hinten links ist noch was frei. Leute, nu rückt mal zusammen. Geht doch, nee?«

Drinnen in diesem Tourbus schien es lustig zuzugehen.

Es war ein anderes Deutschland, das sich dort traf, und Udo, der Chef, hatte in nur zehn Songs skizziert, was hier eigentlich los war.

Auf keinen Fall wollten Udo und seine Leute etwas zu tun haben mit den Schniegelaffen und Ochsenköpfen, die zwar ein kleines Haus, makellos gereinigte Ado-Gardinen und eine Frau mit Betonfrisur vorweisen konnten, aber innerlich verödet waren.

J.D. Salinger hatte solche Menschen in seinem Weltbestseller »Der Fänger im Roggen« als triste, unbewegliche Insassen der Konsumgesellschaft gezeichnet, als »Typen, die ständig darüber reden, wie viele Liter auf hundert Kilometer ihre verfluchten Autos brauchen«.

»Alles klar auf der Andrea Doria« war der deutsche Fänger im Roggen. Es hatte die salingerhafte Brillanz der schnellen Skizze und die Lakonie der Sprache, aber inhaltlich ging Udo noch einen Schritt weiter.

Wo Holden Caulfield durch New York streunt und an der kalten, langweiligen Welt der Erwachsenen irre wird, sagt Udo: »Geht auch anders.«

Es sind jede Menge Bekloppte auf der Andrea Doria, aber sie sind positiv verstrahlt.

Sie denken wie Bernie Flottmann, sie wären Astronauten, oder sie tanzen auf dem Tisch wie Rosa, oder es steht nachts um Viertel vor vier ein Engel vor Deiner Tür und sagt, Du heißt jetzt Jeremias. Sowieso egal in dieser Welt ist, ob du ein Junge oder ein Mädchen bist, und wenn es auch sein kann, dass dieser Dampfer bald untergeht: Fest steht, dass es gut ist, überhaupt an Bord zu sein hier bei Udo.

Und, wenn wir jetzt mal ganz ehrlich sind, ist es auch verdammt unwahrscheinlich, dass Udo das Ding in den Sand setzt.

Da ist eine warme Schnoddrigkeit in seiner Stimme, die uns Vertrauen schenkt.

Aber da ist auch Udos Blick, der vieles sieht, unter anderem jene

Gescheiterten, die einmal aufbegehrt haben gegen die Langweilerwelt der Angepassten: der alte Seemann, der mal ein schneller Junge war und jetzt jeden Nachmittag dasitzt und den Rum prüft; die Göttin, die heute irgendwo wohnt, und ihr Cello steht im Keller; der Junge, der auf halben Weg nach London von seinen Alten wieder eingefangen wurde und jetzt Hermann Hesse liest, aber auch Jerry Cotton sehr stark findet.

Auch wenn man ahnte, dass man nie in den Bus von Udo steigen würde, so war doch klar, dass Udo einem die Energie schenkte, sich auf die Suche zu machen nach etwas, was ähnlich lustig, traurig, verrückt, melancholisch und zärtlich sein konnte wie diese zehn Songs.

»Alles klar auf der Andrea Doria« war ein Transportmittel.

Destination anywhere, aber Du kannst dir sicher sein, dass es diese Welt gibt, nach der Du suchst, irgendwo da draußen.

Starkes, unwiderstehliches Zeug.

Mit seinen Texten über Seefahrer und Astronauten, die Sehnsucht nach Freiheit, Aufbruch und Abenteuer, über die fahrenden Leute beim Zirkus und auf Jahrmärkten, über die Narren, die Unangepassten, die Schrägen und Gescheiterten steht Udo Lindenberg nicht zuletzt ganz in der Tradition der deutschen Romantik eines Joseph von Eichendorff oder E. T. A. Hoffmann und gibt ihr einen neuen, zeitgenössischen Sound. Auch er führt den alten Kampf gegen die Entzauberung der Welt, gegen die Eintönigkeit des Arbeitstrotts, die Langeweile des Spießerlebens und des Nützlichkeitsdenkens. Und auch er stellt dagegen eine Welt der Fantasie, der Märchen und der Magie – so wie Hermann Hesse, der Dichter, den Udo verehrt. Und wie in der Romantik steht der Zauber der Musik über allen anderen Formen der Kunst, sei es in Form von Volksliedern, die die Romantiker gesammelt haben, oder in der Form des romantischen Kunstlieds von Franz Schubert oder Robert Schumann.

Udo brauchte nun eine Band, die durchs Land ziehen konnte. Nicht nette Typen sollten es sein, die mit unbewegten Gesichtern ihren Körper nur dazu benutzten, ein Instrument daran aufzuhängen, das sie dann ordentlich spielten.

Sondern verwegene Typen. Wilde Männer, vor denen die Mütter versuchten, ihre Töchter wegzusperren.

»Die Beatles wollen deine Hand halten, die Stones wollen deine Stadt niederbrennen«, hatte der amerikanische Journalist Tom Wolfe die zwei Grundhaltungen des Rock'n'Roll Mitte der 60er-Jahre definiert.

Udo entschied sich, Richtung Stones zu gehen. Er wollte »Krawall-Brüder«. Die Bühne sollte in Flammen stehen.

In einem Schuppen in Münster versammelte Udo Ende Juni 1973 jene vier Männer und eine Frau aus dem Studio, um sie auf ihre Mission einzuschwören. Steffi Stephan, Karl Allaut, Gottfried Böttger, Backi Backhausen und Judith Hodosi.

Die Baracke war zugig, der einzige Ofen explodierte, aber Udo schwor seine Mannschaft ein: »Jetzt beginnt eine Party, wie sie die Welt noch nicht erlebt hat. Open End. Vielleicht dauert sie Jahre. No limits«, sagte Udo.

Dann begann der Umbau:

Zu Karl Allaut, einem Freejazzer mit langem Bart, sagt Udo: »Die Haare müssen anders. Am besten schneiden wir den Bart ganz ab, dazu kriegst du 'nen Scheitel in Blond. Weg mit den Kartoffel-Socken und den Jute-Hemden. Du kriegst jetzt eine Smokingjacke, und hör auf zu grinsen. Guck stattdessen böse. Du heißt jetzt nicht mehr Karl Allaut, sondern Karl Brutal.«

Zu Gottfried Böttger, dem Boogie-Woogie-Experten am Ragtime-Klavier, sagte er: »Du ziehst einen grünen Frack an und 'ne schmierige Lederweste, den Rest kann man so lassen.«

Zu Steffi Stephan, dem alten Kumpel am Bass, der immer noch frühmorgens Würste für seinen Bruder in Münster ausfuhr, sagte er: »Du siehst aus wie die deutsche Antwort auf Robert Redford. Am besten, du gehst rockig. Und, wenn du das nicht willst: Zieh einfach 'ne Rockerweste an und Jeans und 'nen breiten Gürtel und die Matte und fertig.«

Als die Verwandlung vollbracht war, sagte Udo zu allen: »Das Auge hört mit. Wir müssen super Typen sein, in die sich die Fans vergucken. Ihr seid Weltmeister, kleine Muhammad Alis. Niemand kann uns stoppen. Lasst gut aussehende Typen um mich sein.«

Am 13. August knallten Korken vom Billigsekt. Jener Haufen von Musikern, die Udo bisher die Ramba-Zamba-Band genannt hatte, bekam einen neuen Namen. Ab sofort hießen sie: Das Panik Orchester.

Nach drei Wochen Probe folgte die inoffizielle Premiere in einem Kolping-Haus in Telgte vor nur 300 Leuten. Es war ein überschaubarer Rahmen, trotzdem plagten Udo Selbstzweifel und Nervosität.

Er konnte nächtelang nicht schlafen, trotz oder gerade auch wegen der neuen weißen Showjacke, die ihm eine ältere, wohlhabende Freundin namens Lisa schneidern ließ.

»Ein richtiger Star braucht eine richtige weiße Maßjacke«, hatte sie gesagt, und nun gab es eigentlich kein Hindernis mehr.

Außer Udo selbst.

Er musste es nun bringen.

Telgte war ein Erfolg, aber es war Provinz, nun musste der nächste Schritt kommen.

Hamburg, big city, jene Stadt, in die Udo fünf Jahre zuvor aufgebrochen war, um sein Glück zu machen. Nicht irgendeine Bruchbude oder B-Bühne war gebucht, sondern die ehrwürdige Musikhalle.

Der Druck wuchs. Jetzt oder nie. Udo hatte eine fabelhafte Band am Start, er hatte mit »Jonny Controlletti« und »Honky Tonky Show« neue Songs für ein neues Album, und er hatte einen großen Plan.

Der Auftritt in der Musikhalle sollte die Stadt der Plattenfirmen und Musikagenten derart erschüttern, dass er für sein nächstes Album hoch pokern könnte, auf eine Börse, die tatsächlich Muhammad-Ali-Dimensionen hatte.

Udo Lindenberg, the Heavyweight Champion of the World.

Udo hatte ein gutes Blatt in der Hand und ging aufs Ganze. Keine 500-Mark-Vorschüsse mehr, keine explodierenden Kanonenöfen, kein Billigsekt, wenn es was zu feiern gibt, und auch sonst nicht.

Sondern: eine Million Deutsche Mark.

So hoch sollte der Scheck sein, den er einstecken wollte.

»Andernfalls, meine Herren«, diesen Spruch probte Udo immer wieder, »erübrigt sich jedes weitere Wort.«

Es stand also mehr auf dem Spiel als ein Auftritt bei den Pfeffersäcken in ihrer ehrwürdigen Halle, es ging um Udos Zukunft. Und die, das war der fest skizzierte Plan, sollte golden sein.

Udos Knie wackelten ordentlich vor der Show, und um sich ein wenig Stabilität zu verleihen, schenkte er die Gläser hinter der Bühne mit Doppelkorn voll, immer wieder. Schließlich waren es um die 15 Doppelkorn, bis Udo durch den Vorhang auf die Bühne wankte.

Er sah Steffi, den alten Kollegen, er hörte die Gitarre von Karl Brutal, er stapfte vorbei an Judith Hodosi, die in einem Paillettenhemd das Saxofon bediente.

Was er nicht sah, war das Mikrofon, in das er singen sollte. Verdammt, da war nur eine diffuse Masse im Saal, und sie machte ihm Angst.

Er wollte eine Million, und er konnte nicht einmal sein verfluchtes Mikro auf seiner eigenen Bühne finden.

Irgendwo da vorne musste es sein. Er ging schneller. Steffi spielte schon die ersten Takte von »Andrea Doria«.

Udo war spät dran.

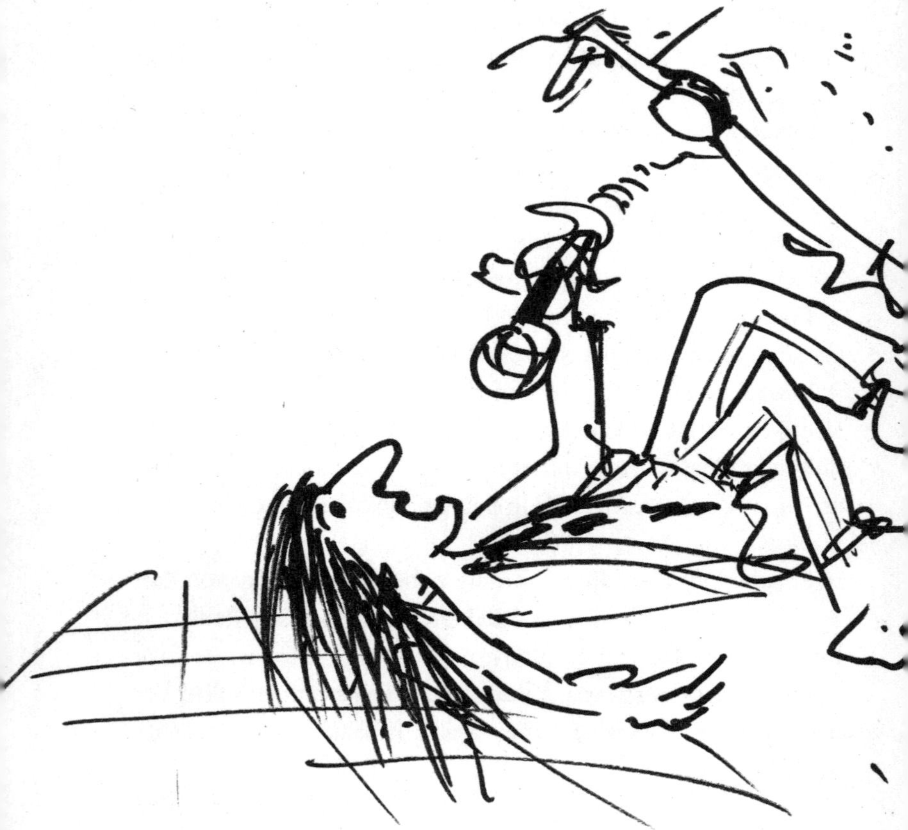

Schneller.

Da war es endlich, das Mikro, Vollbremsung, Stolpern.

Ach du lieber Gott.

Udo stürzte, das wars wohl. Aber im Fallen riss er den Mikroständer mit sich, das Mikro fiel ihm in die Hand wie ein reifer Apfel. Sind wir im Zirkus oder was?

Auf den Takt genau, liegend, sang Udo »Bei Onkel Pö spielt 'ne Rentner-Band seit 20 Jahren Dixieland«. Er war drin im Song, in der Show, die Musikhalle gehörte ihm, und er würde sie erst nach der dritten Zugabe wieder freigeben.

Am nächsten Mittag, viele Doppelkorn später, blätterte er mit dickem Kopf durch die Zeitungen, er erwartete dann doch nicht viel, vielleicht eine gebremst wohlwollende Kritik, aber da stand es in großen Buchstaben neben einem Foto von ihm: »A Star is born.«

Sie hatten diesen Satz tatsächlich geschrieben. Es war nun sein Spiel, und diese Zeitung war ein weiterer fetter Trumpf, den er in der Hand hielt.

Udo zog seine Gamaschen an, setzte sich in seinen R4 und heizte das Wettbieten um seine Person an. Die Kontrahenten hießen Siggi Loch von WEA Music und Kurt Richter, der Würstchen-Johnny von der Teldec.

Klar, Siggi, ein guter Bekannter aus Münchner Tagen, hatte richtig Ahnung von Jazz. Er hatte Geschmack, eine schöne Frau und mächtige Männer der Branche als Freunde wie den New Yorker Plattenboss Ahmet Ertegün. Ein Mann, der mit Led Zeppelin und den Stones Geschäfte machte und dem jene jederzeit einen Ehrenplatz einräumten, wenn er auf deren Partys im Smoking einlief.

500 000 Mark gingen o. k., sagte Loch, er habe telefoniert mit New York.

Das Doppelte, sagte Udo, oder er gehe zum Würstchen-Mann.

Loch konnte sich das nicht vorstellen.

Eine halbe Million war in Deutschland noch nie als Vorschuss an einen Rockmusiker bezahlt worden. Eine Million war eine Summe vorbehalten für Superstars, die in der Royal Albert Hall, London, oder im Madison Square Garden, New York, auftraten. Eine Million, das war die Hausnummer von Mick und Eric und Bob, aber nicht von einem Typen mit Gamaschen, der in einer Liga spielte, die sie in den großen Städten mit dem großen Geld »Kraut-Rock« nannten.

Musik wie Sauerkraut und Würste und Bier. Hausmannskost für die Kinder von Hitler und Volkswagen, exotisch wie Neuschwanstein oder die Loreley. Aber nicht der Stoff, aus dem das real money ist, das echte Geld.

»Ihr habt bis morgen Mittag um 12 Uhr Zeit«, sagte Udo. Er tat es wirklich. Er stellte den Rockbonzen aus Übersee ein Ultimatum.

Siggi Loch bekam schließlich grünes Licht, aber Siggi war auch ein dominanter Geist. Jemand, der später im Studio nerven könnte.

Blieb der Würstchen-Mann. Udo unterschrieb. Ein Vorschuss von einer Million Mark für fünf Langspielplatten.

Würstchen und Kraut – passte auch irgendwie.

Als er in seine WG zurückkehrte, hatte er den Scheck in der Tasche und spielte den coolen Zocker.

Keine hochgerissenen Arme. Keine feuchten Augen. Kein Geschrei.

Stattdessen halb gesenkte Augenlider.

Nuschelton.

»Ach ja, Freunde, die Sache mit der Million geht übrigens klar.«

Natürlich brodelte er innerlich vor Stolz. Eine Million, das war der Jackpot, und Landesrekord war es dazu. Aber die echte Freude über seinen Coup würde er erst dort zeigen, wo er vor fünf Jahren aufgebrochen war, um »Kohlen zu holen«: In jener Straße, wo seine Mutter in einer kleinen Wohnung von 300 Mark Rente lebte.

Udo besorgte eine weiße Limousine mit Fahrer und Mütze und ließ Kurs auf Gronau nehmen. Hinten, im Fond des Wagens, ein versilberter Kübel und Champagner. Als er vor der Wohnung der Mutter stand, ließ er halten und rief: »Hermine, wir sind Millionäre.«

Die Mutter stieg ein. Fünf Mal ließ Udo den Fahrer durch die kleine Stadt kreuzen, wo man ihn ausgelacht und zum Spinner erklärt hatte.

Die Gronauer starrten, verdutzt. Udo genoss jeden einzelnen Blick der Ungläubigkeit, Hermine war es ein wenig peinlich.

»Verdammt, wir müssen raus aus dem Dreck« war noch nicht geschrieben, aber es war diese Haltung, mit der Udo die Limousine wieder Kurs nehmen ließ Richtung Norden. Next Stop Hamburg. Auf der Elbchaussee, vor einer Villa mit dem Schild »Zu verkaufen«, ließ Udo abermals stoppen. »Hermine, ich kauf uns die Hütte.«

Ein Anruf beim Makler ernüchterte Udo. Auch mit einer Million war man auf der Elbchaussee kein reicher Mann.

Egal.

Es ging weiter nach Timmendorf, wo dieses neue, fabelhaft moderne Hotel gebaut worden war.

Alles vom Feinsten, Monte Carlo Style. Das Maritim.

Udo buchte seine Mutter ein. Er drehte noch eine Runde durch die Hotelboutique, wo er Hermine für einen standesgemäßen Auftritt morgens im Frühstücksraum einkleidete.

»Mach es dir schön«, sagt er zu seiner Mutter. »Ich muss nach Hamburg, die Arbeit ruft.«

Beim Hinausgehen packte er dem Hoteldirektor ein Bündel Scheine auf den Tisch, insgesamt 20 000 Mark.

»Das ist für Frau Lindenberg, meine Mutter. Sorgen Sie bitte dafür, dass es ihr an nichts fehlt. Wenn das Geld alle ist, no problem. Ich komme wieder mit neuem Geld.«

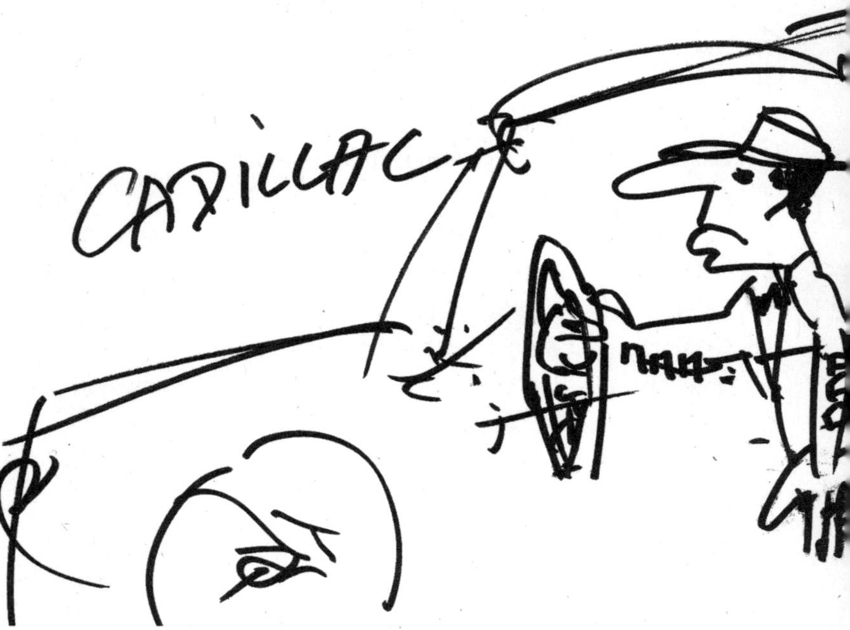
CADILLAC

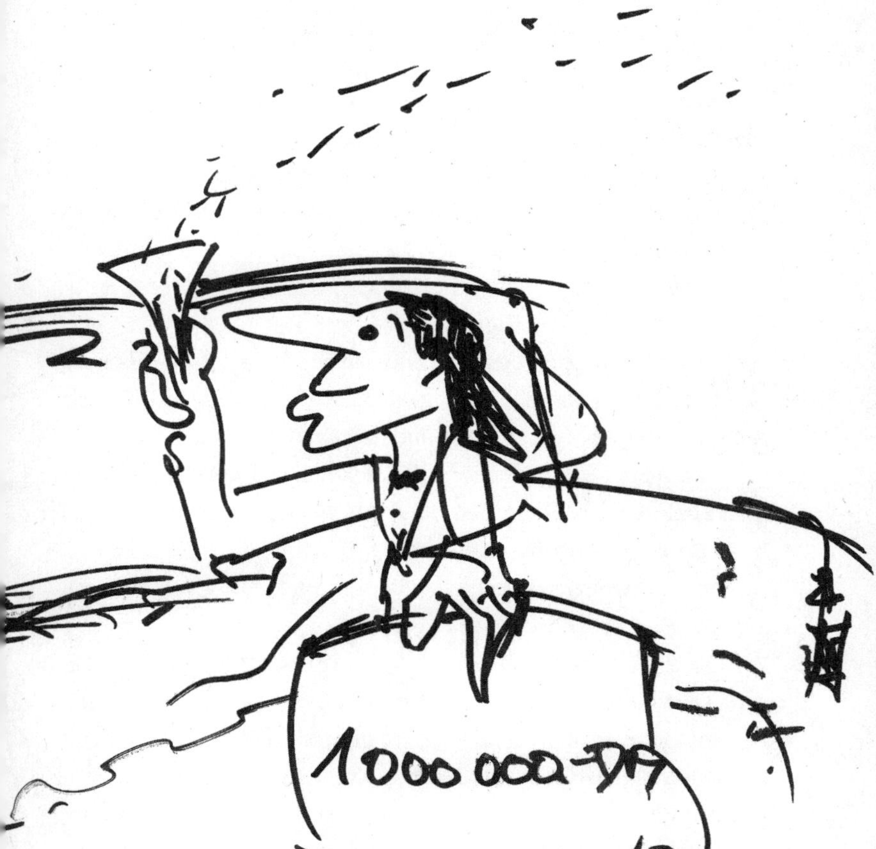
1000000 DM

Der Millionenvertrag, auf den Udo so stolz war, zeigte sich auch als Last.

Mindestens eine Langspielplatte pro Jahr musste Udo liefern, manchmal zwei. Dazu die Tourneen, Werbetermine, Logistik. Von Anfang an wollte Udo keinen Manager, der sich um seine Geschäfte kümmerte.

Jemanden wie ihn hatte es in Deutschland bislang nicht gegeben. Schon aus diesem Grund wäre es idiotisch gewesen, jemanden aus der Branche zu nehmen. Jemanden »mit Erfahrung«. Jemand, der gesagt hätte, wo es langginge, weil es dort schon immer so langgegangen war.

So konnte es nicht laufen bei Udo.

Er empfand sich als Pionier.

Es war sicher aufwendiger, alles selbst zu machen. Aber im Land von Dieter Thomas Heck und Max Greger fand Udo, dies sei nicht nur der einzige, sondern auch der sicherste Weg.

Er wollte groß rauskommen. Am liebsten so groß wie Elvis, der sich noch den brutalen Methoden des Managers Colonel Parker hatte unterwerfen müssen.

Aber Udo wollte seine eigenen Bedingungen.

Was in den nur acht Jahren von 1973 mit »Alles klar auf der Andrea Doria« bis zum 1981er-Album »Udopia« geschah – mit insgesamt neun großartigen, völlig eigenen Studio-Alben – zählt zu den wirklich monumenthaften Kreativexplosionen der Popgeschichte. Das Erschaffen einer ganz eigenen Udo-Welt, die zum Sehnsuchtsort von Millionen von Heranwachsenden wurde in einem durch eine Mauer samt Todesstreifen geteilten Land.

Dass diese Udo-Welt auch ohne Reisepass und Westmark, nur mit dem Willen zuzuhören, betreten werden konnte, gehört bis heute zum Genie von Udo.

Die Behutsamkeit und der Witz seiner Sprache, der Zauber seiner Geschichten überwanden bereits Anfang der 70er-Jahre die deutsche Grenze.

Udo wurde der gute Kumpel oder verständnisvolle ältere Bruder, den man sich wünschte, wenn man in Fulda oder Jena aufwuchs und davon träumte, einfach abzuhauen vom Einerlei der Schulbank und der Azubi-Stelle, weg von den FDJ-Treffen und den Jugendweihen.

Diese Sehnsucht nach ’nem richtig verschärften Leben, die Udo 1976 für den Soundtrack von Hark Bohms Film »Nordsee ist Mordsee« mit dem vermeintlich unspektakulären, aber gerade in seiner Zartheit umso kräftiger funkelnden Song »Ich träume oft davon, ein Segelboot zu klau’n« in die ewig wunderbaren Zeilen adoleszenter Erwartung goss.

Udo hat viele fabelhafte Texte geschrieben, aber die zweite Strophe dieser kurzen Ballade ist bis heute sozusagen sein »Kommunistisches Manifest«, die Essenz in sechs Zeilen:

Jetzt woll'n wir doch mal seh'n
wie weit die Reise geht
und wohin der Wind mich weht
Es muss doch irgendwo 'ne Gegend geben
für so 'n richtig verschärftes Leben
und da will ich jetzt hin

Wie es aussah, so ein »richtig verschärftes Leben«, hatte Udo bereits mit »Alles klar auf der Andrea Doria« skizziert, und jetzt legte er nach mit »Ball Pompös«. Mal mit zarten Strichen, mal mit den knalligen Farben von Andy Warhol und anderen Pop-Art-Künstlern.

Schon das Cover war, inspiriert von Bryan Ferrys Roxy Music, eine Unerhörtheit – frivol, anmaßend und natürlich sexy.

Udo im weißen Anzug beim Tango mit einer unbekannten dunkelhaarigen Schönheit, über deren nacktem Rücken Udos

Hand abwärtsrutscht. Was war geschehen? Der Rebell aus der Provinz mit der Prawda im Bus war anscheinend in den Villen der Reichen angekommen. Wo den gut bedröhnten Rebellen anscheinend die Damen der besseren Gesellschaft zu Füßen lagen.

Udo regierte in diesem Entenhausen der Comic-Charaktere, der Jonny Controllettis und Gerhard Gösebrechts und Rudi Ratlos', er war der Chef der Honky Tonky Show, die die Mütter um ihre Töchter zittern lässt, und er genoss diesen Triumph offensichtlich.

> Wenn die Mütter morgens in der Zeitung lesen
> dass wir kommen, kriegen die 'n Schock
> und sie sagen: »O Tochter, geh' da bloß nicht hin
> die spielen doch diesen wilden, animalischen Rock
> Die Musik, die die machen, ist chaotisch
> nachher findest du das auch noch erotisch
> Bitte, geh' da nicht hin, tu mir das nicht an
> es gibt doch heute Abend auch
> 'n schönes Fernsehprogramm

Natürlich hören die Töchter nicht auf ihre Mütter, sondern auf Udo, sie gehen dorthin, wo die Action ist, wo die Lautsprecher stehen, weil da die heiße Luft vibriert, denn das finden sie so oh, oh, oooh.

Aber Udo ist nicht nur der wilde Rocker. Er ist auch sensibel, er kennt die Melancholie, er kennt die Hohlheit. Er ist der romantische Geist, der die großen Gefühle will und der oft trotz der schnellen Stiefel allein steht in einer Welt aus Plastik.

> Er geht in die Madman-Discothek
> da soll die große Action sein
> Da sind zwar jede Menge Leute
> doch er fühlt sich trotzdem sehr allein
> Die Musik ist laut, und die Leute sind stumm

die hängen da rum, und manche gucken sehr dumm
so, als hätten sie in ihren schönen Köpfen
leider nur ein Vakuum

Er, Udo, das stellt er auch klar, hat sich schon oft verbrannt an diesem heiklen Thema namens Liebe, und die Narben auf seiner Seele schmerzen immer wieder: »Man erinnert sich noch an das Magendreh'n und hat Angst, noch mal so kaputtzugeh'n.«

Meine Nerven sind empfindlich
und mein Blut ist sizilianisch
jedes Mal, wenn man mich abtörnt
werd' ich völlig panisch
dann ist mein Zustand sofort katastrophal
dann renn' ich in die nächste Kneipe
und besaufe mich total
oder ich werf' die Beruhigungspillen ein
das müssen allerdings ziemlich viele sein

Ein Unrettbarer?

Einer, der zu scheu und empfindsam ist für diesen Wahnsinn namens Liebe?

Nicht wirklich. Es muss aber schon die Richtige kommen.

Jene, die diese Achterbahn der Gefühle so ernst nimmt wie Udo.

Von Anfang an wollte Udo mit seiner Karriere mehr als nur Musik machen: Dieses Entenhausen, das er hier aufbaute mit ihm als Helden mittendrin, ist Großes Kino.

Das Leben ist Kino, und Kino ist das Leben, und wie sich beides manchmal irritierend und trotzdem bestens beflügelt, besingt Udo in »Cowboy Rocker«.

Der Cowboy-Film ist zu Ende ...
und nun geht er ganz dicht an den Schaufenstern lang
und überprüft darin seinen Cowboy-Gang
dann setzt er sich auf sein Pferd aus Stahl
und jetzt hört er die Stimme von Charles noch mal:

Ey Mann, fahr zu deiner Rockerclique
und sag der Alten, die du liebst
dass du sie jetzt haben willst!

Darauf singt eine Mädchenstimme: »Willst du mich anmachen, oder was ist hier los, Alter? Das einzig Starke an dir ist deine Moto Guzzi, aber sonst bist Du ja so ein Fuzzy!«

Im Grunde genommen ist auf diesem pompösen Ball, zu dem Udo bittet und auf dem er dann in vielen verschiedenen Rollen auftritt, jeder Song ein Hit.

Das war schon bei »Alles klar auf der Andrea Doria« so. Aber weil nach einem starken Debüt im Pop die Nachfolgeplatte sich fast immer als schwierige Sache erweist, ist die Nonchalance und Brillanz von »Ball Pompös« noch einmal besonders bemerkenswert.

Udo ahnt das. Und er lässt, sich selbst fiktionalisierend, die Kraft seines Auftritts zurückstrahlen in die Vergangenheit und vorausleuchten in andere Galaxien:

Frau Dietrich schickt ein Telegramm aus USA, sie hätte noch einen Enkel in Berlin, der könne 'ne gute Show abziehen.

Kosmos-Gerhard Gösebrecht gesteht Udo gerade noch zu, daheim ein paar Sachen packen zu dürfen. Dann gehe es los zu Gerhards fernem Planeten, auf dem es musikalisch nicht mehr weitergeht, nur noch Robotersounds und Computerklänge. »Wir brauchen in unserem Imperium dich fürs Musikministerium. Wir haben die Nase vom Kosmosrock voll. Wir wollen jetzt den irdischen Rock'n' Roll.«

»Ball Pompös« ist Udos große Bazooka. Der Udo-Kosmos ist errichtet. Die Coolness von James Dean, Marlon Brando und J.D. Salinger ist jetzt auch hier angekommen.

Von diesem Planeten geht es weiter. Votan Wahnwitz, Vampire, die Elli Pyrellis, Riki Masoratis, Bodo Ballermanns können kommen. Die Mädchen und die Schwulen treffen auf eine neue Ansprache und die Herzensbildung der Straße. Noch wollten es viele Erwachsene und die Kritiker in den etablierten Feuilletons nicht wahrhaben, aber die Jüngeren stimmten mit ihrem Geldbeutel ab. 300 000 verkaufte Alben innerhalb weniger Monate. Mit nur 28 Jahren war Udo auf einmal so etwas wie der deutsche Elvis.

Der King.

»Es war ein richtiger Knall«, freute sich Udo. »Wir waren total chic bis in den Süden nach Bayern hinein. Auf keiner Party durfte ›Ball Pompös‹ fehlen. Nebenbei irgendwie auch Pflicht für die Schickeria, 'ne Lindi Platte, und zwar ›Ball Pompös‹ zu haben.«

Aber der Kompass, den Udo im Land aufstellte, wies nach Norden. Am stärksten und eindeutigsten schlug er nach Hamburg aus. Jenen Ort, den Udo so stark mythologisierte und so eigentlich erst selbst erschuf.

In Udos Hamburg gab es den Hafen und die Reeperbahn, es gab alte Seebären, die die besten Zeiten hinter sich hatten, und junge, die die See als ihr Schicksal sahen, als natürliche Umgebung für eine lange Suche, die der antiken Odyssee glich.

Natürlich lauerten dort draußen auf dem endlosen Wasser Gefahren.

Aber es gab Gefährten, die mit einem zusammen den Abgründen trotzten, und vor allem gab es Freundschaft, die diesen Begriff wirklich verdiente. Ein blindes, selbstverständliches Sich-aufeinander-verlassen-Können. Ohne viel Aufhebens, große Worte und andere überflüssige Nebengeräusche.

Dazwischen tanzten die Elli Pyrellis, die Lolas auf dem Tisch, die Rudi Ratlos und Jonny Controllettis. Seltsame, aber liebenswerte Gestalten, die in der Normalität Westdeutschlands keinen Platz finden würden, bekamen hier einen Extrasockel hingestellt.

Alles eingenebelt von Nordseebrise und Kneipenluft. Hier mochte möglicherweise gelegentlich ein Schiff untergehen, aber Menschen nicht. Solidarität war noch kein Begriff, den sich Gewerkschaftler am 1. Mai mahnend und ebenso vergeblich auf die roten Fahnen schrieben. Zusammenhalten war praktisch gelebter Alltagsanstand. Ein leise brummender Dieselmotor. Ein Einverständnis wie das zwischen Jim Knopf und Lukas, dem Lokomotivführer.

Wie ein Filmregisseur fügte Udo dieses Land zusammen und erweiterte es stetig. Er war ein Ein-Mann-Schmelztiegel, das Leben um ihn herum bestrahlte seine Kreativität, und diese strahlte zurück in sein Leben.

Er wurde verrückter und verrückter, nun, da die großen Summen in sein Leben rollten.

Verrückt war dabei sein Wort für besser.

»Lange Schecks und noch längere Limousinen«, davon hatte er oft geträumt, und zumindest das Ding mit den langen Schecks war jetzt eine Tatsache.

Udo wohnte seit 1973 in einer Villen-WG an der Hamburger Außenalster. Zusammen mit Otto Waalkes, Marius Müller-Westernhagen, Ottos Manager Hans Otto Mertens und dem Pianisten des Panik Orchesters Gottfried Böttger. Udo residierte in einem Zimmer im ersten Stock, wo er sich nun mit seinem neuen Geld ein Wasserbett hatte aufbauen lassen, das groß genug war, um zeitweise bis zu drei Groupies unterzubringen. Udo sei sehr stolz auf diese Errungenschaft gewesen, sagte Böttger, bis eines Tages das Wasser die Treppe herunterlief.

Das Bett war geplatzt, die Groupies verzogen sich. Zurück blieb ein nasser Udo, der Böttger frierend um Hilfe bat: »Hey Gottfried, pack mal an, das Leck muss doch irgendwie zu stopfen sein.«

Vor der Villa lag ein Ruderboot, in dem Udo manchmal zusammen mit dem noch ziemlich unbekannten Marius Müller-Westernhagen auf der nächtlichen Alster paddelte.

Müller-Westernhagen fürchtete sich. Er konnte nicht schwimmen. Aber Udo verbreitete Zuversicht und Sicherheit. Außerdem redeten beide intensiv über das, was sie am stärksten interessierte: ihre Karriere. Müller-Westernhagen, dessen früh verstorbener Vater ein renommierter Theaterschauspieler gewesen war, sprach oft über die Wichtigkeit der Charaktere in den Songs, dass diese schlüssig und pointiert sein müssten. Udo hörte genau zu.

Udo vertiefte seinen Ansatz von der großen Show. »Der Superstar der Zukunft muss Topdichter, Topsänger und Topdarsteller sein.«

In der weißen 13-Zimmer-Villa ging es drunter und drüber. Wenn sich Böttger danach fühlte, setzte er sich um vier Uhr früh ans Klavier und spielte. Partytime war 24 Stunden am Tag. Die Besucher kamen stetig. Dicke Jointschwaden zogen schon zum Morgenkaffee, der frühestens mittags eingenommen wurde, durch die hohen Räume.

Hans Otto Mertens, der in Kiel noch nebenbei Pharmazie studierte, ging das »Remmidemmi«, wie er es nannte, nachhaltig auf den Geist. Zusammen mit seinem Schützling Otto zog er nach Hamburg-Nienstedten in jene Villa, die er heute noch bewohnt.

Auch Udo merkte bald, dass seine neue Rolle als Shootingstar eines Genres, das er quasi erfunden hatte, mehr Platz und Ruhe benötigte als ein 25-Quadratmeter-Zimmer mit einem kaputten Wasserbett.

Er zog in eine Dreizimmerwohnung im Mittelweg. Weniger extravagant, aber mit einer Tür zum Absperren. Damenbesuch empfing er natürlich nach wie vor. Vorzugsweise, so erinnern sich einige, in einer roten Unterhose.

Udo war auch auf diesem Feld ein zunehmend gefragter Mann. Besitzansprüche galten, so wollten es die Regeln der Zeit, als zutiefst gestrig und spießig. Wenn Udos Auge auf ein Mädchen fiel, das möglicherweise mit einem Mitglied des Panik Orchesters oder jemand anderem aus dem Umfeld der Band aufgekreuzt war, fand er nichts dabei, sich selbst als den bestmöglichen Begleiter für die Nacht in Stellung zu bringen.

»Komm mal eben mit, ich habe dir was Besseres zu erzählen«, lautete einer von Udos Lieblingssprüchen zu dieser Zeit, wenn er eine Begleiterin von einem Panik-Kameraden wegzog.

Gelegentliche Proteste gesellschaftlich rückständiger Besitzanspruchsteller überhörte Udo einfach.

Er war von Kopf bis Fuß auf Liebe eingestellt und nicht auf Beziehungsdiskussionen.

Auch Autos sah Udo nun mit anderen Augen.

Hatte er noch Monate zuvor Thomas Kuckuck, den Produzenten von »Andrea Doria« und »Ball Pompös«, als Kapitalistenschwein beschimpft, nur weil dieser sich einen Mercedes zugelegt hatte, fuhr Udo nun selbst einen, nicht mehr seinen nun als »Wellblechkiste« geschmähten R4.

Die Fans würden durch solch ein Auto nicht länger abgeschreckt, beschrieb Udo seinen Gesinnungswandel. »Ich schreibe wichtige Texte und, damit ich noch mehr davon produzieren kann, muss ich sicher reisen in einem sicheren Auto«, sagte er zu Gottfried Böttger, der sich ebenfalls über den Mercedes wunderte.

Der Erfolg setzte beträchtliche Glücksgefühle bei Udo frei. Aber die Anforderung von bis zu zwei Alben pro Jahr, dazu die vielen Konzerte multipliziert mit Udos Perfektionismus sorgten auch für ziemlichen Stress.

Als Medizin wählte Udo jenes Medikament, das ihn seit der Kindheit in Gronau begleitet hatte. Jenes alte Hausmittel, das ihn so oft ins Schleudern gebracht hatte. Das aber eben auch die einzige Droge war, vor der er keine Angst hatte.

Kokain und Heroin waren für Udo völlig ausgeschlossen, weil er ihre zerstörerische Kraft im näheren Umfeld betrachten konnte. Die Verlangsamung des Lebens durch das Kiffen entsprach nicht dem Stil eines Mannes, der gern mit Tempo 240 über die Autobahn bügelte und dessen Tag eigentlich 48 Stunden hätte haben müssen, weil ihn so viele Ideen heimsuchten.

Blieb das Zeug, das immer schon da gewesen war: die deutsche Volksdroge Alkohol.

Korn, Bier, Whisky und das Pö-Zeug namens Pineau, das allmählich abgelöst wurde von etwas, das noch klebriger und seltsamer schmeckte: Pernod-Cola.

Wenn man alles durcheinandertrank, dann knallte es ordentlich im Kopf, und der viele Zucker sorgte auch am nächsten Tag noch für Kopfschmerzen und ein Restzittern, das umgehend mit einem sogenannten »Konterbier« kuriert werden musste.

Zwar hatte Udo mit dem Song »Riskante Spiele« auf »Ball Pompös« eben den Fall eines jungen Mannes beschrieben, der nach Tabletten, Speed, LSD und Experimenten mit härteren Drogen so dem Alk verfiel, dass er weiße Mäuse sah.

Aber er stand unter dem Eindruck, dass man jene Dinge, die man in Worte fassen konnte, auch fest im Griff hatte.

Nun stand er jeden Abend an der Theke
und trank mit Vergnügen viele Flaschen aus

Doch eines Abends nach dem zwanzigsten Bier
da sah er seine erste weiße Maus

Uh, das darf nicht sein, nein, nein, nein
Er macht die Augen zu und hält sich am Tresen fest
doch da merkt er: Zu spät
Er steht mit den Beinen schon
mittendrin im Mäusenest

Das Problem entwickelte sich zu einer Art Leitmotiv in Udos Karriere. Dass man Probleme besang oder artikulieren konnte, hieß noch lange nicht, dass sie einen nicht früher oder später heimsuchten.

Es hätte möglicherweise auch wenig Sinn gehabt, im engen Bandbus, einem Ford Transit, als Einziger außer dem Fahrer nüchtern zu bleiben.

Also zog Udo mit und genoss es.

Auf ihm lag die Hauptlast und als Frontmann auf der Bühne die meisten Blicke. Nicht alle im Panik Orchester fanden das gut, am wenigsten der Gitarrist Karl Allaut.

Karl Brutal machte seinem Namen alle Ehre. Oft maulte er, einmal goss er mit den Worten »Ich mag keine Synthesizer« seinen Becher Pernod-Cola über die Elektronik. Es gab immer mehr Dinge, die Karl nicht leiden mochte. Auch nicht jene Scheinwerfer, die auf der Bühne Udo bestrahlten.

Karl forderte mehr Licht für sich plus mehr Platz auf der Bühne. War nicht er mit seinem am Jazz geübten Gitarrenspiel der geheime, eigentliche Star der Band?

Schließlich kam es zum Showdown bei einem Konzert in München. Der Saal war voll besetzt, als Karl Brutal in der Pause zu Udo sagte: »Udo, ich steig aus.«

Udo traten Tränen in die Augen, er weinte fast. Dann flehte er: »Das kannst du mir nicht antun, Karl. Jetzt, wo wir den Durchbruch gerade schaffen, bitte, bitte überleg es dir, nach dem Konzert können wir uns über alles unterhalten.«

Aber Karl blieb brutal. »Nein, ich steig aus.«

Böttger spielte Karls Soli auf dem Synthesizer. Das Konzert war ein voller Erfolg.

Udos Erfolgskurve zeigte weiter steil nach oben, und so war es nicht besonders erstaunlich, dass sich die Frage stellte, ob er als Sänger deutschsprachiger Erfolgssongs nicht in der ZDF-Hitparade auftreten sollte.

Diese Veranstaltung, beherrscht von einem streng konservativen Egomanen namens Dieter Thomas Heck, war eine mächtige Institution der deutschen Unterhaltungsbranche. Eine Art teutonisches Top of the Pops, nur dass man Pop mit Schlager gleichsetzte und deshalb Chris Roberts über die Maschen der Mädchen und Heino über die Farbe des Enzians sang.

Die ZDF-Hitparade war ein gebührenfinanzierter Ort schlimmer Klischees, und Dieter Thomas Heck befehligte diese Hölle schwarz-rot-goldener Verklemmtheit wie ein Tupperware-Verkäufer, der sich mit Schnapspralinen besoffen hat.

Heck war ein Symbol für fast alles, was falsch lief in der deutschen Unterhaltungskultur.

Aber was taten fast alle?

Sie unterwarfen sich Heck.

Und machten mit.

Selbst Udo hatte sich bereit erklärt, gegebenenfalls in der ZDF-Hitparade aufzutreten. Schließlich wollte er Platten verkaufen, von vielen Menschen gehört werden, auf den ersten Millionenscheck einen zweiten Millionenscheck folgen lassen. Gleichzeitig aber nervte Udo dieser »Katastrophen-Dampfer des deutschen Schlagers«, wie er ihn nannte. So entstand ein kleines Gedicht mit dem Titel »Tod der Shit-Parade«:

Gestern rief mich Dieter
Thomas Heck an
oh da kriegt ich n' ganz
schön' Schreck Mann!
Er sagt: Mach doch mit in
der Hitparade, da stehn
wir drauf

Ich sag: »Alter, ich hab'
doch den Tanzbärenschritt
nicht drauf
Außerdem mit Roberts
Holm und Heino
macht doch euern Scheiß alleino

Dieses Gedicht gelangte in Rundy, die Zeitschrift eines Musikjournalisten namens Reginald Rudorf. Der druckte es zur hundertsten Ausgabe der ZDF-Hitparade, und Heck flippte prompt aus.

Udo schickte Rudorf einen Anwalt auf den Hals und legte ironisch nach, er hätte gar nichts dagegen, in der ZDF-Hitparade aufzutreten, »um die Tanzbären frisch zu machen«.

Zu viel für Heck. Der Tupperware-Verkäufer schimpfte: »Ich kenn nur einen Udo, den Udo Jürgens«. Und als ein Bild-Reporter nachfragte, ob er denn Udo Lindenberg nicht möge, antwortete Heck:

»Nein, mir ist dieser Kerl zu arrogant. Dieser sogenannte Rockstar ist für mich nur eine Modeerscheinung, die ein paar Platten verkauft.«

Daraufhin dichtete Udo erneut ein paar Zeilen:

Mein lieber Dieter, sei nicht dumm
der Popmarkt strukturiert sich um

> Im deutschen Schlager gibt's 'ne Wende
> Es ward auch Zeit, verdammt noch mal
> denn wir sind mit unserem Bildungsstand nicht
> mehr in Neandertal

Auch dieses Erwiderungsgedicht druckte Bild. Ein Schritt, bei dem eine zarte Sympathie der Zeitung für den vermeintlichen Schmuddel-Sänger durchschien.

Jene Doppelallianz von Bild und Glotze, ohne die, wie es Gerhard Schröder zwei Jahrzehnte später formulieren sollte, gar nichts ging in Deutschland, war Udo dabei aufzubrechen. Andere Boulevardmedien wie Bravo oder die Münchener Abendzeitung nahmen Notiz. Aha, da war einer aus der Protestgeneration, der keck und kurz seine Haltung auf den Punkt bringen konnte. Ein Stofflieferant. Ein geborener Unterhalter.

Udo spielte mit Heck wie Till Eulenspiegel mit einem störrischen Lehnsherrn.

Er foppte ihn. Ließ ihn ins Leere laufen. Schickte seinen Spott hinterher, wenn Heck wieder gegen eine Mauer seiner eigenen Vorurteile geprallt war. Selbstverständlich trat Udo nicht in Hecks Schlager-Freakshow auf.

Stattdessen folgte mit »Votan Wahnwitz« Geniestreich Nummer 3.

In schwarzem Frack und weißem Hemd gab Udo nun den genialischen Dirigenten, »so berühmt wie Herbert von Karajan«. Udo schwang den Taktstock wie ein Messer, brachte mit »O-Rhesus-Negativ« und »Elli Pyrelli« neue, sofort in die Jugendsprachen übernommene Hits an den Start und schaffte es mit »Der Malocher« und »Da war so viel los«, einen tiefen, zarten Blick auf das Land und seine eigene Generation zu werfen. Er fragte sich, warum so viele von denen, die früher einmal wie er »das Ende vom Regenbogen« gesucht hatten, nun auf einer Standspur namens Alltag gefangen sind. Eingekeilt von Ratenzahlungen, einer unglücklichen Ehe und Vergnügungen der Marke Dieter Thomas Heck.

> Und dann in der Schule hatte
> keiner Bock auf Mathe
> lieber ging man stolz mit 'ner Zigarette
> zum Schwindeligwerden auf die Toilette

Aber die meisten der Rebellen von damals haben sich einwickeln lassen oder haben aufgegeben wie die Schöne mit Cello zwei Jahre zuvor.

> Letzte Woche war ein Klassentreffen
> da sah ich sie wieder
> die missglückten Helden, die jetzt Beamte sind
> die Bonnies and Clydes von früher
> jetzt als Herr und Frau Bieder
> die Power von damals ist leider hin
> und Fritz der Cowboy wurde nur
> Manager bei der Müllabfuhr ...

Udo hatte einen Blick für die Gelähmten und Narkotisierten, ein wenig Sympathie sogar, aber sein Dampfer fuhr weiter, selbst wenn der Untergang drohte. Auch der konnte lustig sein, und mit Udo und seiner Gang an Bord würde es schon nicht so schlimm werden.

Und, wenn ja, dann gäbe es trotzdem etwas zu lachen:

> Wir werden immer nasser
> jetzt singen wir unter Wasser

In diesem Song »Alles im Lot auf dem Riverboat« reimt Udo das Wort »Passagiere« auf »saufen wie die Tiere«. Was auch deshalb kurios war, weil Udo im richtigen Leben bereits seit längerer Zeit wieder einmal das Stresstrinken nicht mehr vom Spaßtrinken hatte unterscheiden können und nun nach der Veröffentlichung von »Votan Wahnwitz« wieder schwer ins Schleudern kam.

Die Ärzte verschrieben ihm das Medikament Distraneurin, um vom Alkohol loszukommen, ein schweres Psychopharmakon, das normalerweise nur heftigen Alkoholikern unter stationären Bedingungen verabreicht werden darf, um ein Delirium tremens zu vermeiden. Udo lief damit durch Hamburg, ging nächtelang aus, managte seine Karriere und futterte das Zeug wochenlang wie Knäckebrot bei einer Diät.

»Ich nahm das Distraneurin außerdem in einer viel zu hohen Dosis«, gestand Udo später Freunden. »Ich dachte, ich fahr auf Rollschuhen. Als ich wieder runterwollte, bin ich zusammengekracht. Dann kam ich ins Krankenhaus, an Tropf und so, zehn Tage.«

Die Konsequenz heißt einmal wieder: überhaupt keinen Alkohol mehr. Udo schaffte es ohne Klagen über 5 Monate lang, ehe er wieder anfing mit dem, was er Diät-Bier nannte. In seiner neuen Dreizimmerwohnung lag wie immer fast alles, was er brauchte, auf dem Boden (»Bitte Schuhe ausziehen«): seine Zettel für Texte, Termine, Zeitschriften, Schallplatten und sein neuer wichtigster Begleiter, ein weißes Telefon mit langer Schnur, sodass er während der Gespräche durch seine drei Räume spazieren konnte.

Außerdem kümmerten sich zwei Assistentinnen um ihn. Barbara, eine Fotografin, und Kerstin, das Mädchen für alles.

Es gab eine Küche, die Udo nie benutzte, weil er Wert darauf legte, »in Kneipen zu essen«. Überhaupt schien die Wohnung mehr ein Büro mit einer Riesenmatratze zum »Schlafen, Sitzen, wie man will«, wie Udo gerne sagte. Eigentlich hätte er in der Chaos-WG mit dem kaputten Wasserbett im Rondel bleiben können. Aber er hatte Platz gebraucht für ein stabiles Regal, in dem er seine Akten ordnen konnte.

Akten und Ordnung, das war es jetzt eben auch. Denn so ausgelassen und verrückt die Panikfamilie auf der Bühne herumtanzte, in Udos eng getaktetem Terminplan musste Ordnung herrschen, außerdem hatte er keine besondere Lust auf Ärger mit der Steuer und den ganzen anderen Mist, der sich in seinen Kreisen für gewöhnlich einstellte, wenn nach Jahren des Darbens auf einmal Geld vom Himmel fiel.

Also einerseits Ordnung.

Andererseits hielt Udo jetzt, nach den drei super Alben »Alles klar auf der Andrea Doria«, »Ball Pompös« und »Votan Wahnwitz«, alles für möglich.

»Ball« hatte als erste deutsche Rockplatte nach drei Monaten Goldstatus erreicht, »Votan« bereits nach drei Tagen.

Gold, das bedeutete 250 000 verkaufte Alben, eine Dimension, die in Deutschland nicht einmal die Rolling Stones oder Led Zeppelin erreichten.

Sogar die linke Zeitschrift Konkret ehrte Udo mit einer Titelstory, und Wolf Biermann schrieb: »Ein Proletarier im Showgeschäft. Seine privatisierte Verrücktheit, seine nichtigsten Geschichten erzählen Wichtigeres über das Leben in der kapitalistischen Bundesrepublik als etliche säuerliche Politmoritaten.«

In nur zwei Jahren war Udo Lindenberg von einem nur in Jazz-Insider-Kreisen bekannten Schlagzeuger zum ersten wirklich bedeutenden deutschen Rockstar aufgestiegen.

Aber in den Texten über Ausreißer, die nach London wollen, oder über riskante Spiele mit Speedogon steckte viel mehr. Der Junge aus Gronau mit eben mal so bestandener Mittlerer Reife und einer abgebrochenen Kellnerlehre war dabei, eine wichtige Stimme des progressiven Deutschland zu werden. Er verfügte über Haltungen und Meinungen, die zählten. Wie er die Dinge sah, war plötzlich wichtig.

Noch regierte Helmut Schmidt, der Sozialdemokrat, jenes Deutschland, das seine Partei als »Modell Deutschland« anpries, aber Udo glaubte, er hätte das Potenzial, auch dies zu ändern, wenn er sagte: »Man hat irgendwie schon eine unheimliche Macht, man kann sehr beeinflussen. Und, wenn man sich dann in den Dienst einer negativen Sache stellt … ich könnte jetzt auch für die CDU singen oder so, und bin überzeugt, dass die CDU dann die Wahl gewinnen würde.«

Udo wollte jetzt überhaupt nichts mehr ausschließen. Die Dinge waren im Fluss, der Zeitgeist auf seiner Seite, und er gestaltete diesen Zeitgeist fleißig mit.

Er war viel mehr als ein Musiker, er wurde allmählich zu einer Art deutschem Andy Warhol. Seine Sätze, Bilder, Szenen froren die Zeit ein und blieben haften. Nur dass Udo im Gegensatz zu Warhol das Moment des Politischen nicht ausschloss, sondern es ausdrücklich umarmte, auf geradezu selbstverständliche Art.

»Ich komme wieder«, versprach Udo z. B. seinem Mädchen aus Ostberlin, das von ihm durch eine große Mauer aus Beton getrennt war. »Und vielleicht geht's auch irgendwann mal ohne Nerverei'n, da muss doch auf die Dauer was zu machen sein.«

Natürlich bedeutete so ein Anspruch an sich selbst ständigen Stress und ständigen Fleiß, eine Tugend, auf die Udo außerordentlich stolz war.

Nur tief drinnen legte er Wert darauf, dass bei all diesen professionellen Abläufen kein Gefühl der Routine aufkam. Er war noch keine 30 Jahre alt, aber vor dem Alter, dem Erwachsenwerden hatte er bereits eine Höllenangst. Der Mann von Wüstenrot blieb sein großer Gegner.

»Ich fühle mich eigentlich immer noch sehr jung. Wenn ich mit Sechzehn-, Siebzehnjährigen zusammen bin, dann komm ich mir eigentlich genauso alt vor wie die, weil die machen unheimlich viel Scheiß. Wir fahren dann zusammen los und saufen uns einen, gehen irgendwo hin und tanzen oder fahren ans Meer. Ich achte sehr darauf, dass der kleine Junge in mir erhalten bleibt, dass ich nicht erwachsen werde. Dass ich mir das erhalte, diese Fähigkeit zu spinnen. Ich bin immer noch so ein Junge von der Straße. Ich fühl mich – wie kann man es nennen? – alterslos«, sagte Udo.

Diese Vorstellung, bloß nicht erwachsen zu werden, hatte Udo aus Gronau fortgetrieben, quer durchs Land, und jetzt, als nach all der Wanderschaft, Entbehrung und Unsicherheit doch der Erfolg da war, würde er dieses zentrale Lebensmotiv nicht preisgeben.

Auch nicht für ein schönes Auto oder eine schöne Wohnung.

Diese Statussymbole des Aufstiegs hatte Udo wie ein Geschäftsmann der neuen Art in seine Karriere eingepreist. Aber er würde sich von solchem Luxus nicht seine »verschärfte Art zu leben« abkaufen lassen.

Er würde das Auto, die Wohnung, die Flugtickets nutzen wie Huckleberry Finn sich solche angenehmen Dinge zu eigen gemacht hätte.

»Manchmal geh' ich nach draußen, steh' vor meinem Wagen und denk' mir, so ein schönes Auto möchte ich eigentlich auch mal haben, dann hol ich den Schlüssel aus der Tasche und stell fest, das ist ja mein Auto. Oder ich komm nach Hause in die Wohnung und sage, hier würde ich eigentlich auch ganz gern mal wohnen. Das könnt ich aber auch haben, wenn ich achtzehn wär. So ein Auto und so eine Wohnung, wenn ich früher irgendwie mein Geld gemacht hätte. Das hat mit dem Alter oder Erwachsenentum wenig zu tun«, sagte Udo zu seinen Besuchern damals in seiner Wohnung am Mittelweg.

DER ZIRKUS

Dass der Zirkus die bessere und schönere Version der Welt sei, poetisch, gefährlich, glitzernd und tragisch, diese Vorstellung breitete sich seit Anfang der 70er-Jahre wieder einmal im Westen aus.

Je mehr die echten Zirkusse ausstarben oder ums Überleben kämpften, desto funkelnder erschien die Idee, den Zirkus wieder als das zu sehen, was er einmal gewesen war: der Geruch von Sägemehl und Schminke, lustige Clowns und gefährliche Raubtiere.

Ein schaustellerischer Urschrei gegen die Unterhaltungskultur der Glotze, die zunehmend, auch ein Modewort der Zeit, als »entfremdet« empfunden wurde. Die Illusionen und Zaubertricks des Zirkus dagegen galten als authentisch, weil sie von Menschen dargeboten wurden, die die Welt der Schaustellerei auch lebten.

Am besten in einem jener schlecht beheizten engen Wägelchen, die der echte Zirkus hinter dem Zelt aufgereiht hatte.

Der ehemalige Artdirektor des österreichischen Nachrichtenmagazins Profil, Bernhard Paul, und der Wiener Künstler André Heller hatten 1975 unter dem hochtrabenden Titel »Die größte Poesie des Universums – Zirkus als Gesamtkunstwerk« einen Zirkus namens Roncalli gegründet.

Auch wenn sich die beiden schnell zerstritten und Roncalli nach Anfangserfolgen eine lange Durststrecke überbrücken musste. Ihre Neugründung eines heruntergewirtschafteten Genres galt unter progressiven Mittelstandsfamilien, die das Glück hatten, eine der frühen Roncalli Vorstellungen zu besuchen, als Offenbarung.

Die Poesie des Zirkus Roncalli war selbst schon eine Wiederbelebung der Zirkuspoesie in der Kunst der klassischen Moderne, die sich z. B. in Picassos Gaukler- und Artisten-Bildern findet. Im Kino feierte Marcel Carné diese Welt in seinem Meisterwerk »Kinder des Olymp« von 1945.

Udo hatte bereits seit den frühen Tagen im Onkel Pö Zirkuselemente in seinen Shows geboten. Die Saxofonistin trug Engelsflügel, das Alkoholmädchen des gleichnamigen Songs wurde mit Bier übergossen, und wenn es ums Meer ging, ertönten Wellengeräusche und Möwengeschrei.

Aber dass da noch viel mehr gehen könnte, das dämmerte Udo, als ihn vor dem Pö beim Zigarettenholen ein kleiner Mann mit den Worten »Ey du, ich möchte da mitmachen bei euch auf der Bühne« ansprach.

»O. k., was kannst du denn?«, fragte Udo.

»Ich kann einen Handstand mit Überschlag zum Beispiel«, sagte der kleine Mann.

»O. k., mach doch mal eben vor«, sagte Udo.

Der kleine Mann sprang in den Handstand. Es folgte der Überschlag.

»O. k.«, sagte Udo, »Wie heißt du?«

»Felix Scholz.«

»Alles klar, engagiert.«

Es war auch die Zeit der großen Inszenierungen im angelsächsischen Pop. Nach »Tommy« hatte Pete Townshend von den Who mit »Quadrophenia« seine zweite Rockoper vorgelegt. David Bowie hatte als Alien »Ziggy Stardust« mit seinen Spiders from Mars die englischen Bühnen unsicher gemacht und am Ende den glamourösen Ziggy den Rock'n' Roll Suicide sterben lassen. Und in einem Theater in London machte ein verrückter Transvestit namens Dr. Frank N. Furter von sich reden, der in einem Labor einen perfekten Muskelmann erschaffen hatte. Diese Hommage an die Welt der Science-Fiction und der B-Movies Hollywoods der 40er-Jahre wurde schließlich unter dem Titel »The Rocky Horror Picture Show« zu einem der langlebigsten Musicals der jüngeren Geschichte.

Udo inhalierte das alles, und es verstärkte seinen Plan, jetzt die Lichter der Bühne voll aufzudrehen.

»Wie Rod Stewart und David Bowie wollte ich es machen. Nur ganz anders. Auf der Bühne sollte Jahrmarkt, Geisterbahn, Freakshow sein. Mit Feuer- und Schwertschluckern, Vampiren und Affenmenschen«, sagte Udo.

Udo wandelte sich zum Impresario.

Er brauchte mehr von der Sorte Felix. Weil vor dem Pö niemand auftauchte, kam es zu einem Stellengesuch beim Künstlerdienst: »Wir suchen eine etwas korpulente Dame. Wenn sie schon einmal in der Badewanne gesungen hat, wäre das vorteilhaft. Ach ja, und ein bisschen verrückt schadet nichts. Denn bei uns haben alle die eine oder andere Klatsche.«

Aus der Hausfrau Renate Dahlke wurde Elli Pyrelli.

Elli Pyrelli
vom Regensburger Opernhaus
bläht ihre Kehle und ihre Seele auf
und kommt wieder ganz groß raus
Überhaupt ist diese Art Schmettergesang
neuerdings wieder sehr gefragt
Die Rock 'n' Roll-Gespenster sind weg vom Fenster
die Arie ist angesagt

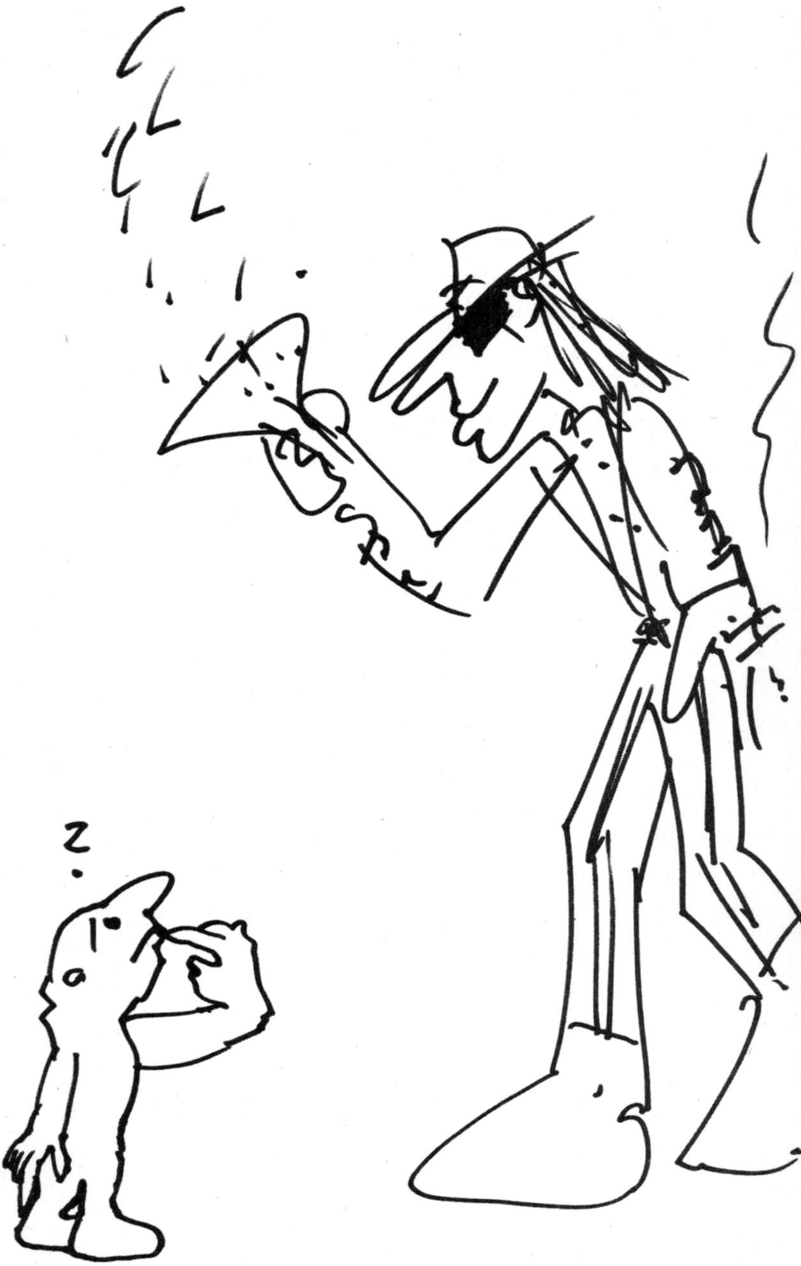

Wieder Anruf beim Künstlerdienst: »Brauchen einen Tango-Geiger, so 'nen in die Jahre gekommenen Gigolo.«

Aus Peter Arff, einem verrenteten Verkaufsleiter, wurde Rudi Ratlos.

> Rudi Ratlos mit viel Pomade
> in den wenigen Haaren, die er noch hat
> schade, schade, schade, schade, Berlin '33
> da war er der schönste Geiger der Stadt
> Da war er der Liebling aller Frauen
> und außerdem Leibmusikalartist
> von Adolf Hitler und Eva Braun

Der Aufwand, den Udo auf der Bühne trieb, war gewaltig. Er kostete Geld, und er wurde nicht weniger, sondern mehr.

Der Konflikt mit dem Konzertveranstalter Hans-Werner Funke war programmiert. Anfangs, als Funke Udos Tourneen vorfinanziert und den Musikern des Panik Orchesters eine feste Gage bezahlt hatte, hatte ihn Udo noch liebevoll »Jonny Controlletti« genannt.

Anfang 1977 war es mit solchen Vertraulichkeiten vorbei. Funke kündigte den Tournee-Vertrag. Begründung: »Udo Lindenberg, den wir aufgebaut haben und seit drei Jahren betreuen, schädigt durch sein Verhalten unseren Ruf als Veranstalter. Er benimmt sich auf der Bühne pervers, gebraucht schockierende, obszöne Ausdrücke, ist an Schlägereien beteiligt. Mehrere Hallen-Direktoren haben bereits angekündigt, dass die ihn bei sich nicht wieder auftreten lassen wollen. Es ist für uns eine Tournee des größten Ärgers – eine Panik Tournee.«

Tatsächlich waren bei einem Konzert in Bielefeld einige Stühle zu Bruch gegangen, und angeblich hatten sie Brandlöcher im Bühnenvorhang hinterlassen, was dazu geführt hatte, dass Udo in der dortigen Rudolf-Oetker-Halle Auftrittsverbot auf Lebenszeit bekam.

In Hamburg war Udo auf den Flügel gesprungen, es hatte ein paar Kratzer gegeben, ein Sachschaden im niedrigen vierstelligen DM-Bereich, den Udo schnell bereit war zu begleichen.

Ansonsten hielt sich das Übel in Grenzen, sah man einmal davon ab, dass Udo inspiriert von Punk sein Album »Sister King Kong« kantiger und aggressiver angegangen war, mehr auf »Randale« gebürstet.

Es gab mit »Der Teufel ist los« einen Song über einen Fall von Exorzismus in der katholischen Kirche und einen Spaß-Song über das Fegefeuer, der mit Engeln endete, die riefen: »Hier bei uns in dieser Welt ist es geiler als in Bielefeld!«

Wie zum Hohn auf die Bedenken und Beschwerden von Funke war die Tournee ein voller Erfolg, fast durchweg ausverkauft.

Aber es passte eben schon lange nicht mehr zwischen Funke und Udo.

Beide waren zusammengekommen, als Udo, noch ziemlich unbekannt, einen stabilen Partner suchte. Jetzt war Udo ein Superstar, der Gefallen an einer gewissen auch politischen Radikalisierung fand, und Funke konnte mit derartigem Verhalten, das er für ungezogen hielt, wenig anfangen. Er zog Unterhalter vom Schlage des spitzbärtigen Kunstpfeifers Roger Whittaker vor. Ein Mann, der auch noch dann Dankbarkeit ausstrahlte, wenn die Cola in der Garderobe warm war.

»Mac Funke« lautete Funkes Spitzname in Branchenkreisen, was nicht etwa mit einer schottischen Ahnentafel, sondern mit seiner an Besessenheit grenzenden Sparsamkeit zu tun hatte. Eine Eigenschaft, zu der er durchaus stand. »Wohlhabend wirst du nur durch Geld, das du festhältst«, pflegte Funke seinen Reichtum zu kommentieren.

»Er ist eben von der Firma ›Preiswert und Kostenbewusst‹«, sagte Udo. »In seinen Taschen züchtet er ganze Igelfamilien.«

Das Panik Orchester sah die Angelegenheit ähnlich. Man war auf einer anderen Ebene angekommen und nicht mehr begeistert davon, wenn Funke zur Feier des Abends die Band ins Bahnhofsrestaurant einlud, wo er Kartoffelsuppe und Würstchen auftischen ließ.

Es war nun aber nicht so, dass Udo nicht gewusst hätte, was Sparsamkeit war.

Von der späteren Großzügigkeit, nächtelang angesammelte Hotelbar-Rechnungen seiner Entourage einfach abzuzeichnen, war er Ende der 70er noch weit entfernt.

Auf der Bühne, fürs Publikum, für die Kunst, da wollte er kein Limit kennen und jeden großen Einfall zumindest zu Ende denken. Zu Hause im Mittelweg dagegen blickte er durchaus streng auf den Pegelstand der Haushaltskasse.

Ulla Meinecke, die seit Ende 1976 bei Udo die Wohnung und das Büro organisierte und den Chef gegen Mittag in seinem sargähnlich verdunkelten Zimmer weckte, sagte jedenfalls, dass Udo voll wie ein Eimer aus dem Taxi hätte fallen können, mit dem Gesicht nach unten, die beiden Worte »Quittung, bitte« hätte er immer noch flüssig hervorgebracht.

Wegen der Preise von Lebensmitteln oder eines Sisalteppichs konnte Udo durchaus Stress verursachen. Für damals brandneue Büroerfindungen wie einen Anrufbeantworter (2200 DM) oder eine IBM-Kugelkopf-Schreibmaschine (3500 DM) schob der Chef dagegen das Geld ohne weitere Nachfragen rüber. Investitionen in die Karriere gingen immer.

Mit Ulla schrieb Udo unter anderem die wunderbaren Songs »Meine erste Liebe« und »Sie ist 40«. Beide sangen Duette auf der Bühne und wurden für ein paar Jahre so etwas wie Bonnie und Clyde für den deutschen Rock'n' Roll, ein verschworenes Paar am

Rande des Nervenzusammenbruchs, das trotzdem füreinander einstand. Egal, ob die Cola des Konzertveranstalters warm war oder kalt.

Nur, es ging in Sachen Konzertveranstalter schon gar nicht mehr um warme oder kalte Cola oder um Kartoffelsuppe mit oder ohne Würstchen.

Es ging um Leidenschaft.

Oder das, was man früher die Liebe zur Kunst genannt hätte.

Es war jedenfalls eine Disziplin, in der es in Deutschland niemand mit einem bärtigen Feuerkopf namens Fritz Rau aufnehmen konnte.

Rau liebte den Rock'n' Roll angelsächsischer Prägung, und Udo Lindenberg liebte er doppelt.

Möglicherweise auch deshalb, weil Rau lange der Überzeugung gewesen war, dass es so etwas wie einen deutschen Rock'n' Roll niemals geben würde und damit auch einen wie Udo nicht.

Eine von Raus Lieblingsanekdoten ging so:

Sein Sohn Andreas hatte ihm zugerufen: »Vadder, hör mal nach Hamburg, da oben passierts!«

»Was passiert, Bub? Da passiert nix.«

»Da passiert Lindenberg, Vadder, den musst du machen.«

»Jetzt hör mal her. Ich kenn den Udo Lindenberg. Der war Schlagzeuger bei Klaus Doldinger Passport, ein guter Jazzdrummer. Aber jedes Mal, wenn ich in Hamburg zur Plattenfirma Teldec komme, steht er da rum, hat eine Platte unterm Arm, die er mir vorspielen will, und redet von Rock'n' Roll in deutscher Sprache. Ich sage dir: Das ist nix.«

Rau ignorierte den Rat seines Sohnes, und er war zunächst sogar stolz darauf.

»Die Hamburger Szene, in der Lindenberg wuchs und die ich mit ihren humoristisch gemeinten Dixieland-Nachklängen überhaupt nicht komisch fand, kam auf meiner Landkarte nicht vor.

Ich besuchte auch erst Jahre später die heute schon legendäre Hamburger Musikkneipe Onkel Pö«, ätzte Rau gerne.

Andererseits – wenn sich überhaupt jemand in Deutschland solche Ignoranz herausnehmen konnte, war es dieser Fels, der so viel dazu beigetragen hatte, dass Jazz und Rock'n' Roll tatsächlich früh ins Land der ehemaligen Nazis fanden.

Aber selbst dieser Schwerstarbeiter hinter den Kulissen des Geschäfts bereute seine Äußerungen spätestens, als er zum ersten Mal »Ball Pompös« hörte. Rau merkte sofort, dass da einer in der Lage war, die sperrigen deutschen Worte rund und geschmeidig zu machen, und sie springen und fliegen ließ wie flache Steine über dunkles Wasser.

Rau hatte Tourneen mit Ella Fitzgerald veranstaltet und Duke Ellington, mit Sonny Rollins und John Coltrane. Marlene Dietrich war eine enge Freundin von ihm und Oscar Peterson der Patenonkel seines Sohnes. Rau hatte die Doors, Jimi Hendrix und die Rolling Stones nach Deutschland geholt, und nun verkaufte dieser Lindenberg auf einmal so viele Platten in Deutschland wie die amerikanischen Superstars. Oft sogar noch mehr.

Nur seine Konzerte veranstaltete die Konkurrenz.

Als Funke nun Udo behandelte wie ein zorniger Jugendherbergsvater einen ungewaschenen Teenager, sah Rau endlich seine Chance, seinen Fehler zu korrigieren.

Er veranstaltete das letzte Konzert der Tournee in Frankfurt, und danach lud er die Panik-Familie in das beste italienische Restaurant der Stadt ein.

Am nächsten Tag wartete er geduldig bis mittags um zwei Uhr, damit Udo seinen Rausch ausschlafen konnte. Dann ging es mit Limousine und Fahrer zu Raus Bungalow nach Stierstadt. Dort hatte Raus Frau Hildegard Käsekuchen mit Sauerkirschen für den Rockstar gebacken.

Später fuhren Rau und Udo noch auf ein Steak und Bratkartoffeln in Raus Lieblingskneipe im Nachbarort Steinbach. Die Dorfjugend stand Schlange, Udo hielt Hof und gab Autogramme.

Rau und Udo redeten wenig an diesem Abend, aber sie verstanden sich trotzdem prächtig. Rau meinte später, ihre Seelen hätten sich berührt.

Zwei Provinzler, der Tag nach der letzten Show, Bratkartoffeln. »Udo hat eine Art, einen anzugucken, dass einem schummrig wird«, sagte Rau über die Begegnung.

Keine Frage, der alte Fritz hatte sich verliebt.

Vorher war Udo für ihn ein Star, der ihm nützen sollte.

Der Abend in Steinbach definiert die Beziehung beider vollkommen neu: Udo und Fritz würden nun gemeinsam Udos Vision einer richtig großen Show ersinnen und auf die Bühne bringen.

Koste es, was es wolle – und es kostete eine Menge.

Nach der »Panische Nächte«-Tour 1978 wollte Udo nun den ganz großen Wurf.

Es sollte nicht mehr nur eine Nummern-Show sein, in der Elli Pyrelli und die anderen mehr oder weniger laienhaft angewiesen ihre Auftritte herunterbügelten. Es musste jetzt ein Regisseur her, der dem Unternehmen einen Rahmen gab und die Veranstaltung in eine neue Dimension hob.

Avantgardistisches Theater. Die Fusion der in Deutschland streng getrennten Welten von ernsthafter und unterhaltender Kultur. Ein Meilenstein. Große Kunst auf großen Bühnen vor Massen von Zuschauern mit großer Rock'n'Roll-Musik, das war der Plan.

Für dieses Vorhaben konnte es nur einen geben.

Peter Zadek, der Sohn jüdischer Emigranten, die 1933 nach England geflohen waren. Zadek war Ende der 50er-Jahre zurückgekehrt nach Deutschland und wurde mit seinen unerschrockenen Inszenierungen zum Enfant terrible der Theaterszene. Er hatte eine unersättliche Lust auf Provozierendes, ließ sich für seine Bühnenbilder von amerikanischen Pop-Art-Künstlern inspirieren und machte aus Shakespeare wieder, was der ursprünglich *auch* gewesen war: populäre Unterhaltung.

»Gerade bei Shakespeare, der sich nie vor Dreck und Scheußlichkeit scherte, bei dem die schönsten Blumen auf dem obszönsten Misthaufen wuchsen, kämpfen die deutschen Saubermänner, um ihren Shakespeare unbefleckt zu halten«, sagte Zadek, der vieles sein wollte, nur eines gewiss nie – ein deutscher Saubermann in einem Land, wo deutsche Saubermänner 1933 seine Familie vertrieben hatten.

Udo fragte Zadek, ob er nicht Lust hätte, seine »Dröhnland Symphonie« zu inszenieren. Zadek dachte im Geist britischer Offenheit: Warum nicht?

»Erstens brauchte ich Geld«, gestand Zadek später seinem Biografen. »Zweitens dachte ich, das ist einmal etwas anderes. Und ich fand Lindenberg lustig und ausgefallen.«

Zuerst einmal aber, dachte Zadek, müsse sich Udo eine Inszenierung von ihm ansehen. Udo gefiel die Idee. Zadek schickte zwei Karten für seine Inszenierung von Shakespeares »Othello« im Hamburger Schauspielhaus. Es waren Logenplätze.

Udo hatte noch nie von jenem dunkelhäutigen Venezianer gehört, der im Eifersuchtswahn erst seine Ehefrau Desdemona und dann sich selbst tötet.

Seinem Kumpan Felix, dem Zwerg, ging es ähnlich.

Sie beschlossen, sich gemeinsam auf den Weg zu machen. Wie in diesen Tagen üblich, hatten sie bereits mittags mit dem Trinken begonnen, den Nachmittag über den Pegel langsam gesteigert. Als sie ihre Plätze einnahmen, waren beide bereits ziemlich hinüber.

Mit Vorstellungsbeginn schliefen sie zügig ein.

Als Zadek ein paar Tage später fragte, was sie von seiner Inszenierung hielten, gab es eine längere Gesprächspause, die sich immer mehr weitete.

»Nun?«, fragte Zadek, der kaum etwas im Leben mehr genoss, als wenn sich ein Gesprächspartner oder das Publikum vor Verlegenheit krümmte.

Schließlich sagte Felix: »Da war was mit 'nem schwarzen Mann.«

Zadek nickte zufrieden.

Dann Udo:

»Muss noch darüber nachdenken. Ich kann das noch nicht in Worte kleiden, aber das war schon sehr beeindruckend, Peter«, sagte dieser.

Zadek war nun vollends zufrieden.

Zwei vollkommen Ahnungslose.

So ungefähr hatte er sich das Volk des Rock'n' Roll immer vorgestellt.

Er würde leichtes Spiel haben.

Hochbegeistert sagte er, wie sehr er sich drauf freue, die »Dröhnland Symphonie« auf die Bühne zu bringen.

Zadek versprach das ganz große Spektakel. Eislandschaften, mehrstöckig. Pinguine, die tanzen. Jimmy Carter und Leonid Breschnew, die als Catcher in den Ring steigen und um die Weltherrschaft kämpfen. Schließlich als Finale: Udo, der sein Rockstar-Alter-Ego als riesigen Kuchen an die Bühnenrampe stellt, wo der Kuchen in Stücke gerissen und vom Publikum verspeist wird.

Pop Will Eat Itself wird sich Jahre später eine englische New-Wave-Band nennen. In »Dröhnland« wurde der Aufstieg und Fall eines Massenidols vorgedacht.

Aber zuerst einmal musste ganz profan geprobt werden in einer kalten und zugigen Bundeswehrhalle vor Hamburg.

Zadek brachte sehr anspruchsvolle Pläne mit, samt einer eigenen Sekretärin und einem halbrunden Regiesofa, auf dem er thronte.

Das Panik Orchester war nur ein Teil des Spektakels. Zadek versuchte, es an- und auszuknipsen wie einen Lichtschalter.

Anfang, stopp, zurück auf Anfang, die Szene stimmte noch nicht.

Steffi Stephan packte als Ersten die Wut.

»Ich bin kein Theaterochse«, brüllte er, »deshalb bin ich nicht auf die Welt gekommen. Ich bin kein Hampelmann, an dem man ziehen kann, sonst wäre ich Theatermusiker geworden.«

Am nächsten Tag übergab er Zadek eine Musikkassette. »Hier, die kannst du anhalten und wieder einschalten. Mich nicht. Ich bin dann weg.«

Während die Rockwelt mit der Theaterwelt aneinandergeriet, stiegen und stiegen die Kosten.

Wer kümmerte sich um solche Kleinigkeiten wie das Geld?

Sicher nicht Zadek, der von reich subventionierten Bühnen gewohnt war auszugeben, was ihm in den Sinn kam.

Dies gehörte ja zum Sadomasochismus des bürgerlichen Kulturbetriebs. Das Publikum empören und quälen mit Dingen, die es nicht in seinem Theater sehen will – und es hinterher noch mit einem Budget auspeitschen, das es abermals in seinem wohligen Eindruck bestärkt, einen kompletten Scharlatan an der bourgeoisen Brust zu nähren. Der Refrain dieser wohlbekannten Sequenz hieß: Mein Gott, dieser Zadek ist ein Schwein, aber er ist unser Schwein.

Kosten waren allerdings auch nicht das Thema von Steffi Stephan oder jemand anderem vom Bühnenpersonal.

Diese hatten sich eher über Jahre daran gewöhnt, die Töne ihrer Instrumente besser und klarer zu hören, wenn sie mit zwei, drei Joints und ein paar Bier »angebreitet« waren, wie sie es nannten.

Angebreitet sein war wichtiger als Kosten.

Angebreitet sein war gut.

Also blieb der Job wieder bei Udo hängen, der schlaflos durch seine Wohnung am Mittelweg irrte, bis er auf die Idee kam, seinen neuen Freund Fritz Rau anzurufen.

»Du Fritz, das wird richtig teuer«, sagte Udo.

»Das war mir immer bewusst«, sagte Rau. »Zadek ist Theatermann, er wird normalerweise vom Staat subventioniert.«

Was dann folgte, hatte Rau noch nicht erlebt. Nicht einmal mit Oscar Peterson, der immerhin der Patenonkel seines Sohnes war.

Udo bot von sich aus an, auf seine garantierte Gage zu verzichten. Das war aber noch längst nicht alles. Udo schlug auch vor, sich die Verluste, wenn sie denn entstehen sollten, zu teilen. Und den Gewinn natürlich auch.

Gewinn?

So etwas wie Gewinn erwartete niemand – bei dem Riesentaxometer, das in der Bundeswehrhalle vor Hamburg gerade angeworfen wurde. Es ging darum, einen Traum zu verwirklichen, wie ihn in der deutschen Rockmusik noch niemand gewagt hatte zu träumen.

Das würde teuer werden.

Als er den Telefonhörer auflegte, merkte Rau erst, wie tief gerührt er war. Am liebsten hätte er Udo umarmt. Aber das ging nicht, denn dieser tigerte ja durch eine Wohnung, die ein paar Hundert Kilometer weit weg lag.

Udo ging es ähnlich. Er hatte das Gefühl, die beiden hätten mit diesem Telefonat endgültig ihr Blut vermischt. »Wie Winnetou und Old Shatterhand«, sagte Udo.

Udo konnte zudem belastbaren Beistand nicht nur aus bilanztechnischen Gründen gut gebrauchen:

Bei seiner geliebten Mutter Hermine war ein Gehirntumor diagnostiziert worden. Udo holte sie umgehend zu sich nach Hamburg – auch, weil er als bekennender Hypochonder glaubte, hier die besten Ärzte zu haben.

Vor allem aber wollte er seiner Mutter nahe sein. Er quartierte Hermine bei sich im Mittelweg ein.

Trotz seiner Bemühungen schritt die Krankheit fort. Eine tiefe Traurigkeit erfasste Udo.

Von seiner Mutter hatte er sein Selbstvertrauen und sein, wie er in gut gelaunten Augenblicken immer gefunden hatte, sizilianisches Aussehen.

Und jetzt sollte die Person, der er fast alles verdankte, zugrunde gehen, ohne dass er, der gefeierte Alleskönner, der Junge mit den vielen Beziehungen, etwas dagegen tun konnte?

Es war zum Verzweifeln.

So schlimm, dass Udo eines Morgens, als Rau ihn zur Probe abholen wollte, keinen Ton mehr herausbrachte.

Er hatte die Stimme verloren. Rau fuhr den Freund zum Arzt, dann zur Probe, dann zum Krankenbett, bis die Mutter Schlaf fand, schließlich weiter nach St. Pauli in eine Kneipe namens Chikago.

Hier, neben der berüchtigten Herbertstraße, stellte der Wirt, ein begnadeter Rock'n'Roll-Pianist, der Bernie Schulz hieß, spät nachts oft Rocksessions zusammen. Udo trommelte dort nun wie ein Besessener, bis es hell wurde. »Er arbeitete so seine Probleme ab«, sagte Rau, »in seiner Angst, seiner Hilflosigkeit und seinem Schmerz um die Mutter total in sich gekehrt: der einsamste Schlagzeuger der Welt.«

Währenddessen war Peter Zadek, nun ja, Peter Zadek …

»Es war alles gut für mich«, sagte Zadek. »Bis die Arbeit anfing. Dann, muss ich ehrlich sagen, war es nur noch schrecklich. Die Kapelle konnte leider nur volle Pulle spielen, es war nicht möglich, den Ton um einen Grad zu reduzieren, sodass ich innerhalb von 10 Minuten taub war. Die Musiker waren schon lange taub und konnten sowieso nicht mehr hören, was sie spielten. Zum Anfang wurde erst einmal ein Tablett mit Drogen herumgereicht, mit denen man sich langsam einheizte, und dann ging es los. Ich wusste nicht, wie ich an die Sache herangehen sollte. Ich konnte mit niemandem reden. Es war einfach zu laut. So fing ich an, kleine Zettelchen zu schreiben. Regie führen mit kleinen Zettelchen ist nicht so leicht. Bis der Zettel da ankommt, wo er hin soll, ist die Show schon wieder eine Minute weiter. Es war wirklich fast unmöglich. Meine Nerven waren aufs Äußerste strapaziert. Ich war erschöpft. Udo sagte immer, ist schon gut, es wird schon, mach dir kein Sorgen, wir kriegen das schon hin. Er war immer guter Laune und ganz erstaunt, dass ich das komisch fand. Er hört die Lautstärke auch schon nicht mehr.«

Es war bei solch egomanischer Empfindsamkeit nur konsequent, dass Zadek während der Proben seine Zettel zusammenpackte und wütend abzischte.

Wer blieb, war Rau.

Gekommen eigentlich nur für einen Nachmittag aus Frankfurt, musste er eigentlich schnell wieder los. Aber als er im Morgengrauen nach der durchtrommelten Nacht im Chikago die Not des Freundes sah, sagte er zu Udo: »Mach dich nicht verrückt, ich bleibe bei dir.«

Rau quartierte sich im Plaza ein. Einen Tag später stellte er erstaunt fest, dass im Zimmer nebenan ein neuer Gast eingecheckt hatte. Sein Name: Udo Lindenberg.

Udo brauchte Fritz, und Fritz brauchte Udo, und als die Verbindungstür zwischen den beiden Zimmern vom Roomservice erfolgreich geöffnet war, hatten beide zum ersten Mal das Gefühl, dass die Premiere der »Dröhnland Symphonie« tatsächlich gelingen könnte.

»Ich lese beim Einschlafen, bis mir die Sportzeitung oder das Buch aus der Hand fällt«, berichtete Rau gerührt. »Dann brennt immer die Nachttischlampe, weil ich die Dunkelheit seit meiner Kindheit nicht gut vertrage. Jede Nacht kam Udo, nachdem ich eingeschlafen war, und löschte das Licht. Udo hat auch das Frühstück bestellt. Es klingt vielleicht lächerlich, aber er hat mehr für mich gesorgt als ich für ihn.«

Zur Premiere kam ein Bericht in den Tagesthemen über Udos und Zadeks Dröhnland-Exkursion. Udo war stolz, endlich im Olymp massenmedialer Relevanz angekommen zu sein. Ganz oben zwischen Helmut Schmidt und den Genfer Abrüstungsverhandlungen, angesagt von einem Wolf von Lojewski in extrabreiter Krawatte mit Paisleymuster.

Kurz nach halb elf Uhr abends sah Deutschland Udo in einem Interview zum großen Anlass: die Augen müde, die Stimme klein und heiser, das Gesicht schwer von Alkohol und Sorgen.

Und dann sagte Zadek: »Theater ist Showbusiness, und Showbusiness ist Theater.« Und ihm liege viel daran, die spießig abgekapselten Zuschauercliquen von E- bis U-Kultur aufzubrechen.

Udo hielt eine Zigarette in der Hand und ergänzte: »Wir haben bis jetzt unsere Songs auf die Bühne gebracht und so 'n bisschen ganz klein bebildert. Das war, ich glaub, ganz rührend und 'n bisschen amateurisch, und es hat mich gereizt, die Sache mal groß aufzublasen.«

Die Tagesthemen, das war jetzt groß. Udo und Zadek, so sprach von Lojewski, trafen das »Lebensgefühl der Jugend in einer Sprache, die die Jugend versteht«.

Es gab noch kaum Videorekorder damals und erst recht keine Mediatheken, weshalb Udo extra zu Hermine ans Krankenbett gefahren war, um stolz, mit ihr gemeinsam, die Sendung live zu sehen.

Hermine habe gelächelt, sie habe den Beitrag sehr genossen, sagte Udo später. Sie hätte nun endgültig gewusst, dass sie sich um ihren Jungen keine Sorgen mehr machen musste.

Mit schwindender Kraft sang sich Udo durch die dreistündige Dröhnland-Premiere in Bremen. Am nächsten Tag konnten er und Zadek und Rau sich darüber freuen, dass die seriösen Tageszeitungen die Aufmacherseiten ihrer Feuilletons freigeräumt hatten, um über ihr Werk zu berichten. Mal hüftsteif wie die FAZ (»Der blanke Effekt der plumpen Musik stimmte fast sympathischer als die glitzernden Draperien Zadeks, der letztlich wohl doch nur auf einen in voller Fahrt vorüberschäumenden Musik-Erfolgsdampfer aufgesprungen ist«), mal deklamatorisch wie die Frankfurter Rundschau, die bereits im ersten Satz feststellte: »Udo Lindenbergs Deutschland Tournee '79: Das ist der von erstklassigen Profis strategisch geplante und aufgeführte Show-Bestseller.«

Egal, eine solche Aufmerksamkeit hatte es für die vermeintlich schmuddelige Rockmusik in der sogenannten ernsthaften Presse des Landes noch nicht gegeben, Udo hätte allen Grund gehabt zu feiern.

Nur es war ihm überhaupt nicht danach. Hermine war jetzt ohne Bewusstsein, sie stand unter Morphium. Es ging zu Ende – und Udo hatte eine lange Tour vor sich. 16 Städte noch, Konzerte nicht unter drei Stunden, ein Riesenaufwand, allein die Produktionskosten pro Abend beliefen sich auf 70 000 DM.

Udo fuhr trotzdem, wann immer er konnte, ans Bett seiner Mutter. Einmal schlug sie noch die Augen auf und verabschiedete sich mit den Worten »Pass gut auf dich auf und sei ein braver Junge«. So als würde der kleine Matz, ein Butterbrot in der Hand, mit seinem Freund Clemi für den Rest des Nachmittags im Hinterland der Gartenstraße Nummer 3 verschwinden.

Als Udo dann von Hermines Tod erfuhr, soff er so richtig los. So schlimm und besinnungslos, dass die Tournee unterbrochen werden musste. Sechs Wochen später folgte die Fortsetzung, aber wie Udo später sagte, »voll breit, voll breit«.

Danach, halb ohnmächtig, Flucht nach New York. Alles hinter sich lassen im Waldorf Astoria, begleitet nur von Ralf, einem

Freund, der in der Dröhnland Symphonie den Vampir gespielt hatte.

Aber das Weglaufen funktionierte nicht.

Eine Lebensfinsternis umgab Udo, und nicht einmal die Lichter und die Energie von Manhattan schafften es, die Düsterkeit zu vertreiben. »Ich hing schon sehr an meiner Mutter«, sagte Udo später. »Es war eine extreme, extreme Trauer. So etwas hatte ich noch nicht erlebt in my life.«

Im Waldorf verließ Udo das Bett nur noch, um Nachschub zu holen. Um weiterballern zu können.

Whisky. Bier. Fernet Branca.

»Bald«, sagte Udo, »habe ich weiße Mäuse durchs Waldorf flitzen sehen.« Das war nun selbst in seiner Ballerkarriere ein neuer Höhepunkt. Udo bekam schlimme Angst, er bat Ralf, den Vampir, sich zu ihm ins Bett zu legen und dort zu schlafen, damit die Panik nachlasse.

Eines Morgens stand Udo trotzdem auf dem Fensterbrett seiner Suite, in Unterhose.

Die Trauer, der Stress, die Scham, jetzt auch noch ein ganz gewöhnlicher Säufer zu sein, der wie jeder schwere Alkoholiker weiße Mäuse sieht, nagten an seinem Lebenswillen.

Er wollte nicht mehr.

»Ich dachte, ich kratz gleich ab, also kann ich auch springen«, sagte Udo später. Nur Hermine hätte schließlich etwas dagegen gehabt.

»Pass auf dich auf und sei ein guter Junge.«

Udo stieg herunter vom Fensterbrett des Waldorf. Springen ging nicht. Das konnte er Hermine nicht antun.

Er wollte ein guter Junge sein.

Er hatte alles erreicht, was er sich vorgenommen hatte in diesem Jahrzehnt. War vom unbekannten Jazz-Schlagzeuger aufgestiegen zum gefeierten Rockstar. Er war Millionär, Frauen schickten ihm ihre Telefonnummer und manchmal sogar ihre Unterwäsche. Die Tagesthemen berichteten über ihn. Er war ein angesehener Künstler, der mit einem ungeheuren Energieaufwand neun Langspielplatten in nur sieben Jahren herausgewuchtet hatte. Er hätte allen Grund gehabt, stolz zu sein auf sein Leben.

Stattdessen stand er in New York in einem teuren Hotel und wollte sterben.

Ein guter Junge sein.

Was genau war das noch mal, ein guter Junge sein?

PIONIER IM WILDEN OSTEN

KEIN BOCK AUF NULL BOCK

Stell Dir vor, Du bekommst jetzt ganz viel Post.

Von Schülern, von Lehrlingen, von Studenten. Von jungen Menschen, die sich Sorgen machen um die Welt und die sich nicht damit abfinden wollen, dass die Welt, wie viele von den Älteren sagen, nun mal so ist, wie sie ist.

Ein Ort, wo Millionen von Menschen verhungern und ein Arsenal an Atomwaffen aufgebaut wird. Eine Bedrohung, mit der man diesen blauen Planeten, der möglicherweise ein Paradies sein könnte, tausendmal in der Lage ist zu vernichten.

Möglicherweise sogar aus Versehen.

Einer drückt auf den falschen Knopf – und alles ist vorbei.

Du findest, dass man die Welt besser machen könnte.

Der Begriff Gutmensch ist noch nicht erfunden von jenen, die finden, ein Gewissen sei etwas, das so überflüssig ist wie Fußpilz. Eine Angelegenheit, die nur lästig ist und die Geschäfte behindert und nichts bringt: keine Mark in die Kasse, keinen Urlaub auf den Malediven, keinen Platz irgendwo sonst an der Sonne. Nur trübe Stimmung, keinen Spaß.

Du nennst das, worum es Dir geht, einen radikalen Humanismus, und Du hast schon eine gewisse Übung darin, zu erkennen, wie Hohn in die Augen der Interviewer von bürgerlichen

Zeitungen steigt, sobald Du den Begriff auch nur in den Mund nimmst.

Dieser Spott in ihren Pupillen, der bedeutet, aha, wieder so ein Popfuzzy, der sich wichtig macht.

So ein Naivling, der sich einmischen will in die Welt der Profis und Erwachsenen, aber selbst partout nicht erwachsen werden will.

Was will der denn überhaupt?

Aha, nicht tatenlos zusehen, wie Millionen von Menschen verhungern und die Atomwaffen immer mehr werden?

Dieser Popkasper?

Zum Schießen!

Der soll uns mal Realpolitik machen lassen und selbst zusehen, dass er mit seinen Spinnereien nicht allzu großen Schaden anrichtet und anderen jungen Menschen verrückte Gedanken in den Kopf setzt.

Genau das, findest Du aber, ist der Punkt.

NICHT IMMER WEITER SO!

Weil es auch anders geht.

Du sagst, Du findest es unheimlich wichtig, dass jetzt alle mal das Maul aufmachen. Nur den Entertainer machen, das ist Dir zu wenig. Dabei kommst Du Dir inzwischen wie ein Kasper vor – 'n bisschen Tralafitti hier und da. Je mehr Geld ich verdiene, desto idealistischer werde ich, sagst Du.

Das ist dann natürlich für die Drübersteh-Journalisten ein prima Punkt einzuhaken. Eine echte Gelegenheit, sich bei ihrem Chef später ein wenig Lob für das trickreiche Nachfragen abzuholen.

Die kritische Nachfrage geht in etwa so: Sind Sie, Herr Lindenberg (obwohl sie in Interviews gerne Udo sagen, aber jetzt in ihrer seriösen Zeitung selbstverständlich Herr Lindenberg schreiben), also sind Sie, Herr Lindenberg, überhaupt befugt, sich hier kritisch zu äußern, jetzt, da Sie Millionen verdient haben und einen Porsche fahren? Ist das nicht nur so ein alter Trick, mit rebellischen Ansichten nach oben zu kommen, um es sich dann dort bequem einzurichten mit noch mehr Millionen und noch mehr Porsches?

Du antwortest, ich habe einmal gesagt, wenn ich eine Million habe, dann höre ich auf und fahr nach Afrika und trommle mit den Schwarzen im Urwald. Das war halt so ein Spruch, den ich hiermit zurücknehme. Das wäre sehr egoistisch, in den Urwald abzuhauen. Ich hab in diesen Breiten noch Aufgaben. Es gibt eine Verpflichtung; hierzubleiben als eine Art Orientierungsfigur für etliche Jugendliche. Wir brauchen Alternativen zu Travolta und Strauß.

Aber nicht nur zu denen. Wenn Du ehrlich bist, hättest Du auch gerne eine Alternative zu Helmut Schmidt, dem amtierenden Bundeskanzler und SPD-Mann.

Helmut Schmidt ist ja auch so ein Symbol für vieles, was falsch läuft in der Welt.

Er hat Deutschland in seinem Wahlkampf in »Modell Deutschland« umbenannt, so als sei das Land eine Art Modellbaukasten. Ein perfektes Ding, zu dem die ganze Welt aufzuschauen und in dem man sich als Bürger pudelwohl zu fühlen habe, weil es besser kaum geht.

Du aber findest, vieles ginge besser, und zwar viel, viel besser.

Ende der 60er-Jahre, als Du noch mit Deinem selbst beschrifteten Mantel rumgelaufen bist, da schien alles in die richtige Richtung zu laufen.

Aber jetzt? Nach der Ölkrise, dem Bericht des Club of Rome, dem Sturz von Willy Brandt, den Morden der RAF, dem Aufstieg von Ronald Reagan und einer neuen Spirale des atomaren Wettrüstens, die jetzt droht?

Modell Deutschland?

Es wäre vielleicht jetzt wieder an der Zeit, ein paar Fragen zu stellen statt einfach nur weiter so in unserem Supermodell.

Du hast ein Lied geschrieben aus der Perspektive eines Kindes, und Du singst es sogar mit einem Kind. Es heißt »Wozu sind Kriege da«.

Viel peinlicher geht es für manch einen nicht, aber Du pfeifst drauf, weil: irgendetwas fühlt sich richtig an dabei.

Ihr stellt in diesem Song einige Fragen, zum Beispiel diese:

> Habt ihr alle Milliarden Menschen überall auf der Welt
> gefragt, ob sie das so wollen
> oder geht's da auch um Geld?
> Viel Geld für die wenigen Bonzen
> die Panzer und Raketen bauen
> und dann Gold und Brillanten kaufen
> für ihre eleganten Frauen
> oder geht's da nebenbei auch um so religiösen Mist
> dass man sich nicht einig wird
> welcher Gott nun der wahre ist?

Es gab mal Zeiten, da nannte man so eine Haltung Optimismus. Heute wird sie verhöhnt als Weltverbesserertum. So, als sei das ein Verbrechen, die Welt besser machen zu wollen, als sie zurzeit nun mal ist.

Neulich hat Dich jemand gefragt, ob Du Dir auch vorstellen könntest, Bundeskanzler zu werden?

Du kannst Dir vieles vorstellen.

Aber vor allem willst Du, dass die Leute selber kreativ werden, dass nicht mehr alles wegregiert wird. Kreativität, Eigeninitiative, Abenteurertum, sagst Du, das ist doch alles unerwünscht heute. Da werden die Leute zu Nummernfuzzies gemacht, zu lächerlichen Lochkarten oder lächerlichen Löchern in Lochkarten.

Lochkarte, das geht gar nicht. Es ist 1981. Noch drei Jahre bis 1984, dem totalen Überwachungsstaat, den der große Engländer George Orwell in den 40er-Jahren beschrieben hat.

Schon wieder ist der Briefkasten voll. Briefe von jungen Menschen, die wollen, dass sich was ändert. Die Welt besser wird.

Wozu sind Rocksänger da?

Eben auch dafür.

*

Anfang der 80er-Jahre in einem Hamburger Studio. Thomas Kretschmer, Leadgitarrist des Panik Orchesters, ein hochsensibler Musiker, scheu und loyal, einer, der Udo bis jetzt stets den Rücken stärkte, hatte die Nase voll.

Es ging um Grundsätzliches.

Thomas Kretschmer, wegen seiner Mähne von Udo auf der Bühne gerne als der »Tiger von Eschnapur« vorgestellt, war im Beschwerdemodus.

»Du bist ja nur noch für die Politik da«, sagte Kretschmer. »Und interessierst dich gar nicht mehr für die Musik.«

Udo nahm diesen Satz nicht besonders ernst, zunächst. Thomas brauchte das Gefühl, von Udo geschätzt zu werden, dafür gab er auch alles auf der Bühne, und manchmal nach einem besonders gelungenen Solo, wenn Udo den Arm um Thomas legte, konnte Udo spüren, wie sehr sich sein Stargitarrist über diese Geste freute.

»Das habe ich nur für dich gespielt«, sagte Thomas in solch einem Fall und strahlte.

Aber dieses Mal war es nicht mit einer Umarmung getan, was möglicherweise auch daran lag, dass Thomas schon Cognac getrunken hatte, und zwar reichlich.

Thomas war wütend, und um seiner Wut Nachdruck zu verleihen, nahm er einen Becher Bier und goss ihn direkt in das Mischpult.

»Du hast mich an die Politik verraten«, rief der Leadgitarrist.

Udo blieb vor Entsetzen der Mund offen stehen. Zwei Tage und große Teile der Nächte hatten sie an einem Song gearbeitet, und nun goss Thomas Bier über die ganze Anstrengung.

»Das machst du nicht. Musik zerstören ist hier nicht angesagt. Verpiss dich. Mach die Biege«, rief Udo. »Hau jetzt ab.«

Thomas ging in Stellung, oder besser: wankte in Stellung.

Die Geschmeidigkeit oder die Statur eines Thaiboxers hatte der Tiger von Eschnapur nie gehabt, aber jetzt, nach einer halben Flasche Cognac, schien auch sein sonst makellos funktionierender Gleichgewichtssinn gestört.

»Du schmeißt mich hier nicht raus«, rief er. »Udo, du nicht.«

»Du irrst dich«, sagte Udo bestimmt. »Ich schmeiß dich jetzt hier raus.«

Als wolle er ein besonders schönes Solo spielen, trat Thomas zwei Schritte auf Udo zu. Dann holte er mit der Rechten aus und traf den Panik-Chef am Kopf. Mit der Linken hielt er sich an Udos Haaren fest und zog.

Udo ging zu Boden, Thomas wälzte sich auf ihn drauf. Die Umstehenden erschraken, noch nie hatte jemand den friedfertigen Filigranmusiker in einem solchen Zustand gesehen. Die beiden Streitenden wurden getrennt. Kretschmer musste das Studio verlassen.

Als Udo sich wieder aufgesetzt hatte, sagte er: »Das geht ja nun mal nicht so. Vor allem bei meinen hochsensiblen Haaren kann ich diese Gewaltaktion nicht gutheißen. Haare hab ich sowieso nicht mehr so viele.«

Das Bier im Mischpult, die Rangelei, im Studio herrschte ein Riesendurcheinander.

Aber eines war Udo klar – er brauchte einen neuen Gitarristen.

Einige Abende später stand der Panik-Chef zusammen mit seinem Kumpel Fritz Rau in jenem Kiez-Club, in dem Udo sich bereits die Nächte um die Ohren getrommelt hatte, als Hermine im Sterben lag.

Auf der Bühne des Chikago stand ein langhaariger Hüne, der sein Instrument bearbeitete wie ein Heizer eine Lokomotive.

Der Hüne schaufelte und schaufelte, bis der Rock'n' Roll-Zug raste. Er trat das Gaspedal voll durch. Es schien, als stünde nicht nur der Heizkessel, sondern das ganze Chikago in Flammen.

»Du, Udo«, sagte Fritz Rau und beugte sich dicht an das Ohr des Freundes, weil der Lärm so massiv war. »Isch glaub, des isch dei neuer Gitarrischt.«

So unbeholfen und auch rührend Kretschmers Ein-Mann-Randale gewesen war, man konnte ihn auch ein wenig verstehen, denn Udo hatte sich ziemlich verändert, als die 70er-Jahre in die 80er übergingen.

Er wollte nun, so sagte er immer wieder, weniger Entertainer sein, weniger Clown, sondern mehr ein Künstler, der auch als politisch denkender Mensch ernst genommen wird. Anfangs, so vertraute er seinen intellektuellen Freunden wie dem NDR-Redakteur Horst Königstein, dem Comiczeichner Baron von Meysenbug und dem Sozialwissenschaftler Günter Amendt an, hatte er ziemliche Komplexe gehabt: »Nichts gelernt, nichts gelesen. So was wie Gottfried Benn, das kenne ich alles nicht. Aber ich kann solche Sachen gut übersetzen für das große populäre Theater.«

Die »Dröhnland Symphonie«, in der er unter anderem als Handlungsreisender in Sachen Geld und Elend zu den Klängen von »Sympathy for the Devil« von den Rolling Stones über die Bühne schlich und Spielzeugpanzer, Heiligenbildchen und andere tödliche Ware aus einem schäbigen Koffer gezogen hatte, war der vorläufige Höhepunkt dieser Idee gewesen, Rock, Theater und Zirkus mit politischen Kommentaren und Anspielungen zu verbinden.

Aber weil Udo und viele seiner Freunde das Gefühl hatten, dass der Aufbruch von 1968 gerade verpuffte, genügte eine gute Show jetzt nicht mehr.

Ein Künstler wie Udo hatte Verantwortung, und er sollte diese, so sahen es Freunde wie Königstein, Rau, Meysenbug und Amendt, nutzen.

Direkt, vor Ort, wenn es die politische Lage erforderte. Ohne Kostüme und anderen Firlefanz, Action now!

»Wir müssen die rechten Ochsenköppe stoppen, deshalb sind wir hier«, rief Udo zum Beispiel im Juni 1979 gut 30000 Besuchern auf dem abgelegenen Rebstockgelände bei Frankfurt zu, wo er beim ersten »Rock gegen Rechts«-Festival auftrat.

Der Grund: Die NPD wollte mit einem gewaltigen Umzug die Bankenmetropole zur »ersten nationaldemokratischen Stadt Deutschlands« machen. Um dies zu verhindern, rief die linke Szene zu einer Gegendemo in Form eines Rockfestivals auf.

Das Frankfurter Verwaltungsgericht bestätigte ein Demonstrationsverbot in der Innenstadt, das aber auch für die Linken galt. Panzerwagen des Bundesgrenzschutzes, Wasserwerfer und kreisende Polizeihubschrauber waren die Folge. Die NPD-Anhänger mussten verzichten und zogen weiter in die bayrische Provinz, Udo und andere Rocker mussten am Stadtrand feiern. Aber ein Erfolg war es trotzdem.

Die Gespenster von früher waren das eine.

Das andere war das Gefühl vieler, dass der Kapitalismus und die Rüstungsindustrie sich unter der Führung der USA zunehmend zu einem Monster entwickelten.

Es war nicht nur der verbrecherische und grausame Krieg, den die Supermacht in Vietnam geführt hatte.

Es war Griechenland 1968, Chile 1973, Argentinien 1976, wo

demokratisch gewählte Regierungen, die den Interessen der USA entgegenstanden, mithilfe des CIA und dortiger Militärs weggeputscht wurden.

Das Ergebnis jener »Realpolitik« waren Angst und Schrecken, Folter und Zehntausende von Toten in den jeweiligen Ländern, gerne aus dem Hubschrauber geworfen, lebendig von hoch oben über dem offenen Meer.

Diese nackten Machtinteressen der USA zeigten sich Ende der 70er-Jahre erneut durch den Doppelbeschluss der Nato vom 12. Dezember 1979, neue atomare Mittelstreckenwaffen in Zentraleuropa zu stationieren.

Gerechtfertigt als Antwort auf die von der Sowjetunion stationierten Mittelstreckenraketen vom Typ SS-20 gingen die 572 geplanten Atomsprengköpfe des Westens weit über den Zweck der Abschreckung hinaus.

Pentagon-Berater wie Colin S. Gray und Keith Payne bekräftigten dies in einer Schrift namens »Sieg ist möglich« und entwarfen eine Strategie, mit der die USA einen Atomkrieg führen, gewinnen und vor allem begrenzen könnten.

Auf Europa.

Mit Millionen von Todesopfern. Als Erstschlag und Überraschungsangriff.

Wer also als Bürger der Bundesrepublik nach diesem Doppelbeschluss von Brüssel erhebliche Sorgen hatte, war nicht etwa paranoid. Er war nur gut informiert und nicht gewillt, strategische Überlegungen abzunicken, die Europa in ein atomares Schlachtfeld zu verwandeln drohten. München als nächstes Nagasaki? Hamburg als das Hiroshima von morgen? »Sieg ist möglich.«

Udo gehörte zu den Ersten, die im November 1980 den »Krefelder Appell« der deutschen Friedensbewegung unterzeichneten, eine Initiative, in der unter dem Motto »Der Atomtod bedroht uns alle – keine neuen Atomraketen in Europa« die Bundesregierung dazu aufgefordert wurde, ihre Zustimmung zur Stationierung von Pershing-II-Raketen und Marschflugkörpern in Mitteleuropa zurückzuziehen.

Ein Problem des Appells blieb, dass die SS-20-Raketen der Sowjetunion nicht einmal erwähnt wurden.

Trotzdem unterzeichneten in den folgenden drei Jahren vier Millionen Bundesbürger jene Aufforderung, die zum Ausgangspunkt großer Friedensdemos und Menschenketten wurde. Sie wuchs zu einer Massenbewegung, die auch die SPD bis hin zu einem Misstrauensvotum gegen den damaligen Bundeskanzler Helmut Schmidt spaltete.

Laut einer Gallup-Umfrage waren im Herbst 1983 67 Prozent aller Bundesbürger gegen die Raketenaufstellung, die Schmidts Nachfolger, Bundeskanzler Helmut Kohl, dann ohne Wenn und Aber unterstützte.

US-Präsident Ronald Reagan prahlte, die Sowjetunion totrüsten zu wollen. Dann durchbrach der damals neue Staatschef der Sowjetunion, Michail Gorbatschow, diese sich irrwitzig in die Höhe schraubende Rüstungsspirale, indem er im Mai 1985 eine einschneidende Reduktion der Atomwaffen vonseiten der Sowjetunion anbot.

Eine Maßnahme, die geschah, weil die UdSSR den neuen Rüstungswettlauf wirtschaftlich nicht mehr stemmen konnte.

Einerseits.

Die es aber so nie gegeben hätte ohne jenes Klima ziviler Entspannungsbereitschaft, das Millionen von Westeuropäern signalisierten, als sie auf Straßen und vor US-Militärlagern für den Frieden demonstrierten.

Hier zeigte sich eine neue Seite des Westens. Gorbatschow war, wenn auch unter ökonomischem Druck, gewillt, ihr zu vertrauen. Bis zum Mai 1991 wurden 2692 Mittelstreckenraketen verschrottet und damit der Doppelbeschluss revidiert.

Man konnte Anfang der 90er-Jahre vor der europäischen Friedensbewegung nur den Hut ziehen.

Das Teufelszeug war abgeräumt. In den 80er-Jahren hatte man einige Male schlicht Glück gehabt, als durch Irrtümer der Druck auf den roten Knopf fast stattgefunden hätte.

Zehn Jahre früher, Anfang der 80er-Jahre, schienen traditionelle Volksparteien von derartigen Bedenken aber nichts wissen zu wollen. Auch aus diesem Zweifel am sturen »Immer-weiter-so« entstand die Grüne Partei, die im März 1983 mit 5,6 Prozent der Stimmen zum ersten Mal in den Bundestag einzog.

Mit einer von Fritz Rau veranstalteten Tournee namens »Die Grüne Raupe« wurde Geld für diese noch mittellose Partei gesammelt und Wahlkampf gemacht. Die Künstler traten ohne Gage auf. Allen voran Udo, der in seiner antiautoritären Allzuständigkeit damals schon so etwas wie ein Urgrüner war.

Die Sorge um die Umwelt, die Furcht vor einem Überwachungsstaat, dem Waldsterben und dem sauren Regen, schließlich der Widerstand gegen heimlich vom Staat installierte Atommüll-Endlager und Wiederaufbereitungsanlagen wie in Gorleben und in Wackersdorf, all das wurden Anliegen, die Udo teilte und für die er sich engagierte.

Die Ängste und Sorgen lähmten Udo nicht, sie trieben ihn an, die Welt besser machen zu wollen. Oder es wenigstens zu versuchen.

Sein Song »No Future«, den er 1981 schrieb, bringt diese Haltung auf den Punkt:

Du sagst: No future
nur noch drei Jahre
dann werden wir alle krepieren
Du sagst, die Gifte sei'n das einzig Wahre
und damit willst du dich
allmählich wegjonglieren

Du bist erst fünfzehn
auf deiner Jacke steht: No fun
Wär' nix zu ändern
fängst auch erst gar nicht mehr mit irgendwas an
Du sagst: Wie Hiroshima
die ganze Welt in Asche und Schutt
und der Zug rast dem Abgrund entgegen
und die Bremsen sind kaputt

Das Schlimme ist:
Ich kann dich fast verstehen
doch ich will diesen Weg nicht mit dir gehen
Du hast alle Waffen abgelegt
und aufgegeben
und irgendwie aufgehört zu leben

Wenn meine Hoffnung voll am Ende wär'
dann gäb's für mich auch nichts zu singen mehr
Denn was soll'n dann noch
solche Lieder und Gedanken
wenn das Raumschiff Erde
gesteuert wird von ein paar Kranken
von ein paar irren Kamikazepiloten
Ja, sind wir denn alle solche Vollidioten?
Vergeblich all die Bücher
der Dichter und Philosophen?
Und es regieren uns immer noch die Ganoven?

Nein, ich will kein Dichter sein
der Blumen bringt
an das Grab der Vernunft
und da was Schlaues singt

Che Guevara und Luther King
dürften nicht umsonst gestorben sein
sonst pack' ich mein Mikrofon
für immer ein

Allerdings: Rock'n'Roll ist, wenn er gut sein soll, immer rebellisch.

Vor allem aber ist er frei.

Guter Rock'n'Roll lässt sich nicht vereinnahmen, auch nicht für eine gute Sache. Weil er mit seiner Energie, seiner Wildheit und Unbezähmbarkeit die Forderungskataloge der Politfraktionen zwar antreiben kann, aber eben auch immer überschreitet.

Guter Rock'n'Roll ist immer mehr als »Stoppt den Rüstungswahnsinn« und »Atomkraft nein danke«. Er ist in seiner Natur dionysisch. Er sprengt die Ordnung, auch die gute Ordnung.

Udo, den die Herausforderungen der späten 70er- und beginnenden 80er-Jahre in einen singenden Leitartikler zu verwandeln drohten, zum guten Gewissen der Anarcho-Abteilung, ahnte, dass die Moral, die seine Musik nun beschwerte, diese Musik auch ein wenig schal wirken lassen könnte.

Ein Gegengift gegen die Margot-Käßmannisierung seiner Kunst hieß Hannes Bauer, der neue Gitarrist, der so schmutzig spielte wie der gefühlte Dreck unter seinen Fingernägeln.

In welcher Stadt sind wir heute?

Weiß nicht, ist auch völlig egal. Hauptsache, es gibt hier 'ne Bühne und 'nen knallvollen Randalesaal – das Panik Orchester, das Anfang der 80er durch die Lande tobte, war möglicherweise das Beste, das es bis dahin gegeben hatte.

No sleep till Oberhausen, die Regler an den Verstärkern nach rechts gedreht bis zum Anschlag und in seiner Wildheit trotzdem tief musikalisch.

Udo genoss es nun, die Energie des Ur-Rock'n'Roll wieder auf der Bühne zu spüren. Diese Sehnsucht nach Erneuerung, die ja auch Punk in England antrieb. Er ließ auf seinen Konzerten die Grünen zwar Flugblätter verteilen, aber er machte während der Show keine aktive Werbung für die Partei seiner Wahl.

»Ich bin kein Prediger«, sagte er. »Aber, dass ich ein Grüner bin, dürften die Leute mittlerweile geschnallt haben. Ich will nicht mit erhobenem Zeigefinger mahnen: ›Wählt die Grünen.‹ Wer meine Texte versteht, weiß sowieso, wen er wählen soll.«

Fritz Rau trat am 7. März 1983 bei den Grünen wieder aus. Am 6. März war die Partei mit 5,6 Prozent erstmals in den Deutschen Bundestag eingezogen.

Es war ihr bis dahin größter Erfolg. Rau war glücklich, aber er wollte trotzdem frei sein.

Udo konnte sich diese Aktion sparen. Er war trotz heftigstem Engagement nie Grünenmitglied geworden.

STELL DIR VOR, DU KOMMST NACH OSTBERLIN

Stell dir vor, du kommst nach Ost-Berlin
und da triffst du ein ganz heißes Mädchen
so ein ganz heißes Mädchen aus Pankow
Und du findest sie sehr bedeutend
und sie dich auch

Dann ist es auch schon so weit
ihr spürt, dass ihr gerne zusammen seid
und ihr träumt von einem Rock-Festival
auf dem Alexanderplatz
mit den Rolling Stones und 'ner Band aus Moskau

Doch plötzlich ist es schon zehn nach elf
und sie sagt: »Ey, du musst ja spätestens um zwölf wieder drüben sein
sonst gibt's die größten Nerverei'n
denn du hast ja nur 'n Tagesschein«

Mädchen aus Ost-Berlin, das war wirklich schwer
Ich musste geh'n, obwohl ich so gerne
noch geblieben wär'

Ich komme wieder
und vielleicht geht's auch irgendwann mal
ohne Nerverei'n
da muss doch auf die Dauer was zu machen sein

Ich hoffe, dass die Jungs das nun bald in Ordnung bringen
denn wir wollen doch einfach nur zusammen sein
Vielleicht auch mal etwas länger
vielleicht auch mal etwas enger
Wir wollen doch einfach nur zusammen sein

Udo war nie für eine Wiedervereinigung unter westlichen Vorzeichen.

Dazu hatte er viel zu viel Respekt vor den Menschen der DDR und vor den Anstrengungen und Opfern, die viele von ihnen erbracht hatten für ein Deutschland, das gewillt war, den Kapitalismus hinter sich zu lassen.

»Ich war immer der Ansicht, man sollte das Beste aus Ost und West zusammenlegen«, sagte Udo. »Sozial und fair und Kultur und interessant, die Bunte Republik, ganz stark. Wurde auch von einigen, die ich kannte, geteilt, diese Position. Nur meine Freunde von der DKP waren strikt dagegen.«

»Mädchen aus Ostberlin« von 1973 war bei vielen jungen Menschen der DDR eine Hymne geworden.

Da war einer aus dem Westen, der Sympathie und Interesse für das deutsche Leben jenseits der Mauer hatte. Einer, der sich nicht lustig machte über merkwürdige Bluejeans und langsam dahintuckernde Autos. Und der auch sonst nicht den großkotzigen westlichen Siegerfettsack raushängen ließ, sondern im Gegenteil signalisierte: »Ey Leute, bei euch, da spüre ich eine Energie, die mich aufbaut. Eure Zuneigung ehrt mich, ich lass euch nicht hängen. Wir gehen zusammen gegen die Strömung und gegen den Wind.«

Der Song »Gegen die Strömung« von dem Album »Udopia« von 1981 beschreibt zwar eigentlich nur ein Liebespaar, das ziemlich halsbrecherisch unterwegs ist. Aber im Osten Deutschlands ist es bis heute einer der beliebtesten Udo-Songs überhaupt, auch weil es um Loyalität, Zusammenhalt und Vertrauen geht.

Wenn man so will, waren das große Liebespaar, das dort besungen wird, die »zwei Geflippten«, Udo und seine Fans in der DDR.

Für sogenannte Normale
waren wir das Duo Infernale
Für uns war das alles ganz lockere Action
doch für die war'n das gleich Skandale

Udo war der Typ aus dem Westen, dem man trauen konnte. Eine Heldenfigur, die sich vor keinen Karren spannen ließ und die nicht von oben herab sprach oder dozierte. Einer, der von den Nervereien der Oberen die Nase voll hatte. Ein Segelboot klauen oder einfach so abhauen, das war eine Sehnsucht, die in einem Land, das seine Bevölkerung mit einer Mauer und Stacheldraht einsperrte, verstanden wurde. Es war eine Sehnsucht, die sogar von jenen, die nicht gleich in den Westen flüchten wollten, geteilt wurde.

Aber eben mal gucken, neee? Das wäre schon schön, oder?

Logisch also, dass Udo an einem Ort, von dem ihm so viel Liebe entgegenströmte, nicht nur gehört werden, sondern auch auftreten wollte. Diese Verbindung noch enger zusammenschweißen, symbolisch das Blut vermischen mit Indianerversprechen, abfeiern, bis der Morgen oder die Vopos oder beide kommen, das ganz große Fest.

Ich würd' so gerne bei euch mal singen
meine Freunde in der DDR
'ne Panik-Tournee, die würd's echt bringen
ich träume oft davon, wie super das doch wär'

Doch die Funktionäre sind noch unentschlossen
diese »westliche Müllkultur« sei nichts für die Genossen
wann sehen die Herren endlich mal klar
und bauen die Rock'n' Roll-Arena in Jena?

Diesen Song sang Udo auf »Sister King Kong« 1976, eine zarte sehnsuchtsvolle Ballade, ein kleiner Gruß in Moll, dass er sie nicht nur nicht vergessen hatte, seine Freunde in der DDR, sondern dass man endlich mal zusammenkommen müsste.

Die Frage war nur wie?

Bei den Herrschern im Osten Deutschlands jedenfalls war Udo nicht besonders angesehen.

Schon früh war die Stasi auf diesen seltsamen Typen aufmerksam geworden, der da gegen das Duckmäusertum und den Anpassungsdruck des Kapitalismus Made in Germany sang.

Die Spitzel waren regelrecht abgestoßen von dieser Figur, ihrer Verweigerungshaltung gegenüber Hierarchien, ihrer Eigeninitiative und Kreativität.

Udo nannte diese Haltung damals noch nicht »Ich mach mein Ding«, aber sein Auftreten verhieß bereits genau diesen Anspruch, die Abhörer waren angewidert von diesem nuschelnden Sonderling.

So jedenfalls liest sich der erste Akteneintrag über Udo bei der Stasi, Hauptabteilung XX/7, Berlin 9.6.1976, schö/Dr:

»Bei Lindenberg, Udo handelt es sich um einen professionellen BRD-Musiker, der als Schlagzeuger, Gitarrist, Texter und Sänger tätig ist.

Seit 1972 wird er insbesondere durch die BRD-Zeitschrift ›Bravo‹

als ›Star‹ im sogenannten Showgeschäft aufgebaut. Entsprechend dieser Popularisierung in der BRD gibt er sich als gleichgültiger, pessimistischer Mensch und tritt betont anarchistisch auf. Diese Haltungen spiegeln sich in seiner abgetragenen Kleidung, der Frisur, den Texten seiner Lieder sowie im Verhalten gegenüber anderen Schlagersängern der BRD wider. Der Begriff Panik wird von ihm ständig verwandt und spielt in seinem künstlerischen Image eine bewusste Rolle. Bei seinen Auftritten trägt Lindenberg auf der Bühne Gamaschen und begründet dies wie folgt: ›Damit jeder sofort weiß, ich bin der Boss – wie bei der Mafia.‹ Sein gesamtes Verhalten und Auftreten ist dekadent.

Die Prüfungen in der Künstleragentur der DDR ergaben, dass Lindenberg ein mittelmäßiger Schlagersänger der BRD ist, an dem kein Interesse besteht.«

Kein Interesse. Dekadent. Mittelmäßiger Schlagersänger. Eben die Art menschlicher Abschaum, die sich in der kapitalistischen Vergnügungsindustrie herumdrückt, junge Menschen mit falschem Bewusstsein füttert und schließlich ins Verderben führt.

So wie Udo sah er gewiss nicht aus, der neue sozialistische Mensch.

Trotzdem wollte Udo da rüber.

Nicht wegen des Geldes. Geld war mit Tourneen in der DDR ohnehin nicht zu verdienen.

Udo spürte, was es für seine Fans jenseits der Mauer bedeutete, einen wie ihn zu mögen, seine Musik zu hören.

Es bedeutete, zu den Querulanten zu gehören, zum Bodensatz der Zukunft.

Aber genau dieses Risiko, das seine Fans mit seiner Musik eingingen, rührte Udo besonders. Diese Hingabe hatte etwas Existenzielles. Daher: Blut vermischen mit Indianerversprechen. Und Versprechen waren für Udo immer kleine Heiligtümer.

Man gab sie nicht einfach so.

Man hielt sich daran.

Der Kurs stand also fest: Rübergehen. Der Weg war bekannt, nur Verbindungen gab es keine.

Was hatte er sich da für ein Land und für eine Zeit ausgesucht?

Ende der 70er-, Anfang der 80er-Jahre war die DDR nach der Ausbürgerung Wolf Biermanns 1976 kulturpolitisch endgültig in einer Stahlbetonzeit angelangt. Vorher hatte es bisweilen Tauwetterzeiten gegeben, etwa nach dem Mauerbau bis zum berühmten XI. Plenum des ZK der SED 1965, dann wieder nach der Inthronisierung Honeckers. Aber diese Zeiten dauerten nie lange. Nach der Ausbürgerung Wolf Biermanns und der Verfolgung, Diskriminierung und Denunziation von Künstlern und Schriftstellern, die gegen diesen Schritt der DDR-Regierung protestiert hatten, war eigentlich jede Hoffnung auf eine innere Liberalisierung gestorben. Danach verließen Nina Hagen, Thomas Brasch, Katharina Thalbach, Manfred Krug und viele andere die DDR, und es machte sich Friedhofsruhe breit.

Trotzdem tummelten sich im Schatten der Mauer einige Grenzgänger, einer davon hieß Michel Gaißmayer.

Gaißmayer war ein ernsthafter Mensch mit auffallend guten Manieren. Sehr aufmerksam, zugewandt, eloquent und schnell von Begriff. Er hatte im Westen Philosophie, Germanistik und Theaterwissenschaften studiert, über den Bühnenrevolutionär Erwin Piscator promoviert, ein paar Jahre in Willy Brandts Beraterstab gearbeitet. Mit dem Beginn der Großen Koalition in den 60er-Jahren war Gaißmayer ausgeschieden und dann als eine Art Mauerspringer zwischen Ost- und Westberlin herumgewieselt.

Gaißmayer glaubte an den Sozialismus – und daran, dass ohne die Mauer der Sozialismus ein Ding der Unmöglichkeit wäre.

Männer, um die sich Gaißmayer bemühte, wie der Dramatiker Heiner Müller oder Konrad Wolf, der Präsident der Akademie der Künste, sahen es ähnlich.

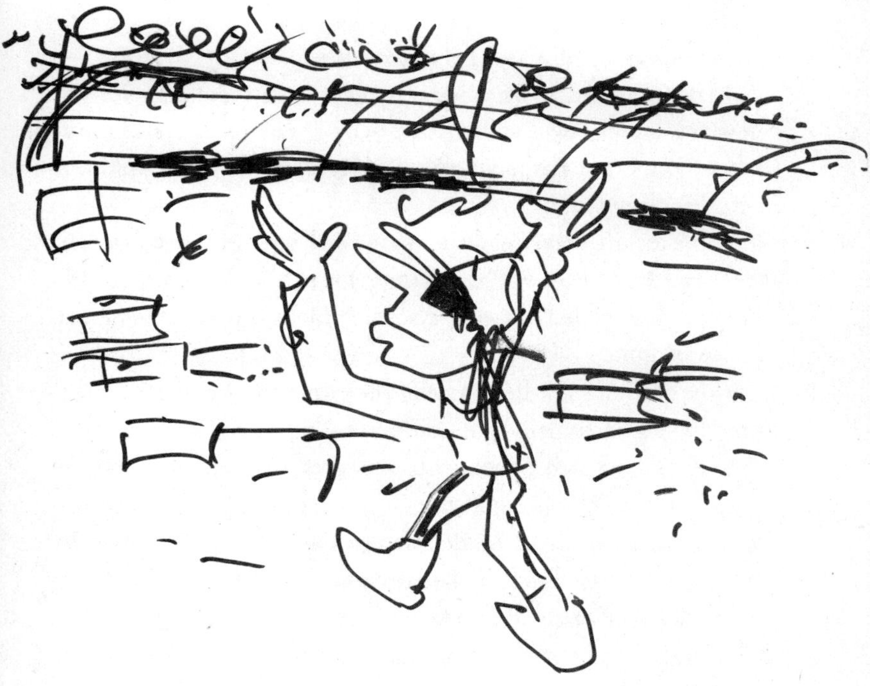

MAUER MUSS WEG!

Die Mauer war ohne Zweifel ein Monster, die Mauer war widerlich. Aber jetzt mal ganz ehrlich, kubanischer Zigarrenrauch eingeatmet, wieder ausgeatmet, ohne die verdammte Mauer ging es nicht.

1979 sprach Gaißmayer bei Konrad Wolf vor.

Er berichtete, dass im Westen ein gewisser Lindenberg und ein gewisser Zadek etwas völlig Neues versucht hätten, indem sie mit einer Symphonie namens Dröhnland Hochkultur und Popkultur verschmolzen hatten.

»Interessant, dieser Zadek«, sagte Wolf, was für Gaißmayer ein wenig enttäuschend war, denn ihm war es vor allem um Lindenberg gegangen, den er zwar persönlich nicht kannte, aber bemerkenswert fand.

»Könnten Sie bei der Parteileitung trotzdem mal in Sachen Lindenberg vorfühlen«, bat Gaißmayer.

Wolf nickte, ließ aber nichts mehr von sich hören. Erst als der Leiter der Abteilung Kultur im ZK, Kurt Hager, im Jahr 1979 bekannt gab: »Auftritt Lindenberg in der DDR kommt nicht infrage«, wusste Gaißmayer, dass der gute Konrad wohl auf Mauerbeton der allerrostigsten Sorte gebissen hatte.

Aber es tat sich trotzdem ein bisschen was in Sachen Udo hinter dem Stacheldraht.

1981 erschien auf dem DDR-Label Amiga die Hitzusammenstellung »Udo Lindenberg«.

Dazu unterzog ein »Komitee für Unterhaltungskunst« den Schlagersänger einer neuen Betrachtung. Man entdeckte sogar propagandistisches Potenzial in ihm.

»Die Mehrzahl seiner Titel, die über die Probleme Jugendlicher im Spätkapitalismus ... berichten, halten wir für unsere kulturpolitischen Bestrebungen ausnutzbar.«

Aber so richtig trauten sie dem vermeintlich Instrumentalisierbaren doch nicht über den Weg. Man müsste, so die Empfehlung, die Titel Lindenbergs noch zusätzlich mit einem »passenden Kommentar« versehen.

Außerdem, ganz schlimm seien seine Äußerungen zur deutschen Teilung, die »antikommunistische Propaganda und Hetze gegen die DDR« entfachen würden.

Eigentlich hatte Udo vor Jahren lediglich genuschelt, dass er gerne in Zukunft ohne Nervereien zu seinem Mädchen nach Pankow fahren würde.

Aber allein das genügte anscheinend, um bürokratisch formulierte Warnschriften von den Behörden des Sozialismus erstellen zu lassen.

Alles unter Kontrolle, Herr Generalsekretär?

Na ja, fast.

Udo war genervt.

Warten, das war nicht seine Art.

»Mädchen aus Ostberlin« von 1973 war nun fast 10 Jahre alt.

Eine lange Zeit.

In der man eine Menge tun konnte.

Nur die Mauer hatte sich in diesen 10 Jahren keinen Zentimeter bewegt. Sie stand immer noch.

Ohne Löcher, ohne Kratzer, unversehrt.

Auch die Nervereien gab es weiterhin.

Und natürlich die Tagesscheine. Nur dass Udo keinen mehr bekam, weil ihm irgendein besonders strebsamer Funktionär Einreiseverbot erteilt hatte.

Auch Gaißmayer, der Mauerspringer, wusste keinen Rat mehr.

Er hatte all das getan, was man eben tat, wenn man eine Riege von Betonköpfen vor sich hat, auf die sich Schichten weiterer Betonköpfe stapelten wie in einem Baumarkt. Er hatte vorgefühlt, antichambriert, er hatte Bitten hinterlassen und Komplimente und mögliche Belohnungen.

Was war dabei herausgekommen?

Nichts – und weitere Nervereien.

Udo saß nun 1983 in einem Studio in Berlin-Kreuzberg. Wenn man die Straße langlief Richtung Osten, wäre man gegen die Mauer geprallt, hätte nicht vorher ein Zaun dazwischengestanden.

Udo wollte das alles nicht mehr sehen.

Fast 10 Jahre hatte er es auf die höfliche Tour versucht. Auf die diplomatische. Auf die sehnsuchtsvolle.

Nichts.

Nun war doch allmählich alles egal.

Das mit dem Lottogewinn, das haut ja doch nicht mehr hin, komm Erich, mach die Koffer klar.

Also schrieb Udo einen Text zur Melodie von Glenn Millers »Chattanooga Choo Choo«, er sang ihn im Studio, und als er fertig war, blickte er in die Runde. Ungläubiges Staunen der Band, fast ein wenig verlegen, was war nur in den Chef gefahren?

»Das ist ja sehr mutig«, brach Gitarrist Hannes Bauer das Schweigen. »Aber mir war nach den ersten drei Zeilen bereits eines völlig klar: dass es nun garantiert so schnell keine Tournee durch die DDR geben wird.«

Udo hatte auf nur 32 Zeilen Maximalschaden angerichtet.

Er hatte den kleingewachsenen, ehrpusseligen, in seiner militärischen Steifheit immer ein wenig unsicher wirkenden Zentralratsvorsitzenden Erich Honecker einen »Oberindianer« genannt.

Einen Schwachmaten, der sich heimlich eine Lederjacke anzieht, im Klo einschließt und Westradio hört, weil er gerne selbst ein Rocker wäre: »Och Erich, ey, bist Du denn wirklich so ein sturer Schrat, warum lässt Du mich nicht singen im Arbeiter-und-Bauernstaat?«

Zur Belohnung dafür, dass er ihn im Palast der Republik auftreten ließe, würde Udo Erich Honecker alias sturer Schrat alias

Oberindianer, also dem lieben Honey, auch ein Fläschchen Cognac mitbringen.

> Hallo Honey, kannst' mich hören
> Hallololöchen – Hallo
> Hallo, Erich, kannst' mich hören
> Hallololo Hallo
> Joddelido Hallo

»Hallöchen – Hallo?« Der Gitarrist Hannes Bauer hatte recht. Eher würde man eine Tournee durch Nordkorea genehmigt bekommen, als in den Staat des sturen Schrats einen Fuß setzen zu dürfen.

Der »Sonderzug« war ein Fall von absoluter Majestätsbeleidigung, auf den die Staatsführung mit einer regelrechten Verbotsorgie reagierte.

So krass, dass nicht einmal mehr der ursprüngliche Song von Glenn Miller, der Swing-Standard aus dem Jahr 1941, im Radio und bei öffentlichen Veranstaltungen gespielt werden durfte.

Am 4. Februar 1983 meldete die Stasi stolz, dass bei einer »Diskoveranstaltung in Wilhelm-Pieck-Stadt Guben, Bezirk Cottbus 2 Schallplatten-Unterhalter (so hieß das DDR-Wort für DJs)« wegen »Abspielens des Titels, der eine Diffamierung des Generalsekretärs der SED sowie der Kulturpolitik der SED darstellt«, zu je 5 Monaten Gefängnis verurteilt wurden.

Landauf, landab berief die FDJ Belehrungsseminare für die jungen Leute ein – mit dem Ergebnis, dass der »Sonderzug« von einem Undergroundphänomen zu einem echten Hit wurde.

Kassetten wurden getauscht, und wer keine Kassetten hatte, sang selbst. Die gesamte Schrathaftigkeit des Systems begann sich nun auch für Unbeteiligte zu offenbaren.

Hilflos und autoritär schnappte das Regime nach jenen Menschen, die es wagten, sich zu amüsieren, und machte sich dadurch mit jedem Tag noch ein Stück mehr lächerlich.

Das in etwa war die Stimmungslage, als dem notorischen Mauerspringer Gaißmayer von Spionagechef Markus Wolf signalisiert wurde, er »habe jetzt doch einen Wunsch frei«.

Gaißmayer dachte sofort an Udo: »Ein Konzert von Lindenberg in der DDR«, wiederholte er sein Begehren, das längst zu einer Art Refrain geworden war.

Udo möge direkt an den Staatsratsvorsitzenden schreiben, hieß es nun, nur der könne entscheiden. Aber bitte einen ernsthaften Brief.

Udo begann zu schreiben: »Hey Honey, alles klar, keine Panik.«

»So geht es leider nicht«, sagte Gaißmayer und übernahm.

Gaißmayer schrieb selbst – im Namen von Lindenberg.

»Sehr geehrter Herr Honecker, es hat mich irritiert, dass andere aus dem Showgeschäft der BRD in Ihrem Staat auftreten konnten und ich nicht. Betrachten Sie bitte deshalb, Herr Staatsratsvorsitzender, meinen Text auf eine bekannte Schlagermelodie ›Sonderzug nach Pankow‹ als ein Dokument meiner Irritation. Mein Wunsch in diesem Lied, im Palast der Republik auftreten zu wollen, ist ernst gemeint ... Auf jeden Fall lag es mir fern, Herr Staatsratsvorsitzender, Sie mit diesem Liedchen zu diskreditieren. Im Gegenteil ...

Ich möchte im Palast der Republik oder beim Festival des politischen Liedes wie andere Rocksänger auftreten ... Ich brauche, glaube ich, nicht zu betonen, dass ich Ihre Initiativen zur Friedenssicherung aufmerksam verfolge. Nicht zuletzt ist das auch ein Grund, weswegen ich mich in diesem Brief, Herr Staatsratsvorsitzender, an Sie wende. Als alter Wiebelskirchner Trommler beim RFB werden Sie mich verstehen.

Herzlichst Ihr

Udo Lindenberg«

Zur Sicherheit ließ Gaißmayer den Brief von Heiner Müller gegenlesen – und in der Tat fand das Schriftstück Gefallen bei Honecker.

Drei Mal als Herr Staatsratsvorsitzender angeredet, dazu der untertänige Ton und das Insiderkürzel RFB für Roter Frontkämpfer-Bund, dieser Udo Lindenberg verstand es zu schmeicheln.

Gaißmayers Brief bediente erstklassig die in letzter Zeit arg ramponierte Eitelkeit des rasant dahinschrumpfenden Großen Vorsitzenden.

Ein Volltreffer.

Bald bestellte Honecker den FDJ-Vorsitzenden Egon Krenz nach einer Sitzung Anfang September zu sich, den Brief in der Hand.

»Ich habe hier einen Brief von einem Udo Lindenberg bekommen. Sag mal, wer ist denn dieser Udo Lindenberg?«

»Das ist der, der mit dir den leckeren Cognac trinken möchte«, sagte Krenz.

»Aha, also der, der mich immer Honey nennt«, sagte Honecker.

»Ja«, sagte Krenz.

Honecker erteilte Krenz daraufhin die Order zu prüfen, ob sich da nicht etwas machen lasse im Palast der Republik.

»Es gibt die Überlegung«, sagte Krenz nun zu Untergebenen, die es nicht glauben konnten, »sich mit Udo Lindenberg anzufreunden.«

Ein Funktionär wurde mit einer Cognacflasche in das Hotel Interconti nach Westberlin losgeschickt, die Aufwartung machen bei Udo.

Ein anderer Funktionär dirigierte Udo und Gaißmayer zu einem Geheimtreffen nach Berlin-Weißensee. Dort sollte endgültig sichergestellt werden, dass Udo bei einem möglichen Auftritt keinen Krawall machen würde.

Als Udo dort die Toilette aufsuchen wollte, schloss sich der Funktionär an. Vor dem Pissoir hatte er endlich das Gefühl, die Situation kontrollieren zu können.

Er und der Rockstar, allein, unter vier Augen. Nun wagte er endlich, herauszurücken mit seinem eigentlichen Anliegen. Plane Udo etwa insgeheim, im Palast der Republik den »Sonderzug« zur Aufführung zu bringen?

»Nein, der Sonderzug ist angekommen, wenn ich dort wirklich spielen darf«, antwortete Udo.

Die Reißverschlüsse wurden hochgezogen, das Vier-Augen-Gespräch war beendet.

Mitte September ging dann bei Fritz Rau ein Anruf ein: »Dein Junge kann bei uns im Palast der Republik singen.«

Rau wusste zuerst gar nicht, wer gemeint war. Als sich die Lage klärte, bestand Udo im Gegenzug darauf, dass ihm die DDR-Führung im folgenden Jahr eine Tournee durch die ganze DDR mit großen Konzerten in Fußballstadien gewähren müsste.

Würde ein Regime, das paranoid genug war, einem Rocksänger auf der Toilette unter vier Augen das Versprechen abzuringen, sein Spottlied nicht zur Aufführung zu bringen, ein solches Risiko eingehen?

Udo, Sommer, Menschenmassen, frische Luft, totaler Kontrollverlust, am Ende gar Anarchie und Aufstand?

Eher nicht.

Aber dann bekam Udo tatsächlich einen Brief von jenem Funktionär mit der Cognacflasche im Interconti, einem Mann namens Reinhard Heinemann, nebenbei Chef des »Festivals des Politischen Liedes«: »Außerdem möchten wir weitere Konzerte mit Deiner Band im Jahr 1984 bestätigen.« Gezeichnet Reinhard Heinemann.

Da stand es nun, schwarz auf weiß, außerdem duzte man sich. Es fühlte sich allmählich wirklich so an, als ob es etwas werden könnte mit den Rock'n' Roll-Arenen in Jena und im Rest des Landes.

Udo jedenfalls war ready.

Und am 25. Oktober war er superready.

Er hatte in seiner Suite im Interconti unruhig geschlafen, aber es half, dass er keinen Kater hatte. Dieses Gefühl leichter Übelkeit samt Kopfschmerzen kannte er gar nicht mehr, seit er in New York nach dem Tod von Hermine weiße Mäuse gesehen und am Fenster überlegt hatte zu springen. Er war nun seit vier Jahren trocken, er brauchte kein Konterbier am Morgen und keine halbe Flasche Doppelkorn vor der Bühne am Abend.

Es ging.

Trotzdem war dies sein größter Auftritt.

Die Knie zitterten ein wenig, als er in seine schwarze Lederhose schlüpfte. Dazu leichtes Magendrehen, das nicht besser wurde mit den zwei halbgar gekochten Eiern im Glas, die der Roomservice in die Suite geschoben hatte.

Die Augen der Welt gehörten an diesem Tag ihm.

Die Veranstaltung im Palast der Republik sollte der Abschluss einer Tournee mehrerer linientreuer Friedenskünstler sein.

Das war nun anders, auch dank Harry Belafonte, vor allem aber dank Udo. Belafonte war für die Funktionäre okay, er hatte das strahlende Lächeln eines Filmstars, er war der große Freund der Armen in Südamerika und von Fidel Castro, aber Udo war eine andere Nummer.

Udo war der gute Kumpel. Die unberechenbare Sehnsuchtsgestalt all jener jungen Leute hinter der Mauer, die das Blauhemd, wenn überhaupt, wie einen alten Lappen trugen. Und jetzt würde Udo kommen. An jenen Ort, den das Zentralkomitee für einen Palast hielt. Und das staatliche Fernsehen der DDR würde übertragen. Zeitversetzt um eine Stunde zwar. Aber die dem System allmählich entgleitende Jugend des Landes würde vor der Kiste sitzen. Ganz klar. Was denn sonst, schließlich war dies einer der tieferen Gründe gewesen, warum Honecker Udo überhaupt eingeladen hatte.

Er wollte wenigstens den Versuch starten, seinem Laden, der ihm allmählich dahinbröselte, ein Gesicht ins Schaufenster zu hängen, das die meisten jungen Leute nicht nur respektierten, sondern bewunderten.

Udo ahnte das alles, als er in seinem Mietwagen, einem weißen BMW, durch Westberlin rollte, Richtung Grenzübergang. Er sah die Titelseite der Bildzeitung: »Udo Lindenberg: Zugpferd vor Ostberliner Propagandakarren.« Aber so einfach war es nun auch wieder nicht.

»Man darf den Lindenberg-Besuch nicht losgelöst sehen von den deutsch-deutschen Beziehungen, und wenn Udo Lindenberg diese Illusionen hatte, war dies 'ne schöne Illusion, aber leider völlig unrealistisch«, würde Egon Krenz, Vorsitzender der FDJ und der Mann, über dessen Tisch das gesamte Manöver lief, 27 Jahre später dem Moderator und Dokumentarfilmer Reinhold Beckmann sagen.

Es war ein Spiel, ein Pokerspiel. Aber erstens hatte Udo sein Leben lang sein eigenes Spiel gespielt und sich zweitens nur selten in die Karten schauen lassen. Dieses Mal würde es nicht anders sein. Vielleicht war Krenz mit seinem Kachelwand-Lächeln auch deshalb so nervös.

Was, wenn Udo, einmal im Palast, doch den »Sonderzug« sang? Was, wenn er zur Randale im Arbeiter-und-Bauern-Staat aufrief? Gut, die Fernsehübertragung wäre mit einer Stunde Zeitverzögerung zensierbar. Aber ein Skandal? Zensur? Das sichtbare Zuschlagen der schweren Faust der Staatsgewalt? Dann hätte man sich das ganze Theater um diesen Schlagerfreak aus dem Westen doch sparen können.

Gewiss, man hatte Vorkehrungen getroffen.

In einem Interview in der FDJ-Zeitung »Junge Welt« hatte Udo die Abrüstungsvorschläge des sowjetischen Generalsekretärs Andropow »ganz vernünftig« genannt und »sehr konstruktiv«, während ihn das »Jonglieren« der Reagan-Administration in keiner Weise überzeugen könne. Das klang schon ziemlich nach der Musik, die Krenz und sein Herr Honecker hören wollten.

Dazu kam, dass sogar Honecker, immerhin Anfang der 30er-Jahre in der Sowjetunion stalinistisch geschult, Chefplaner der Mauer und hundertprozentiger Verteidiger des Schießbefehls, einen Anflug von Horror vor den sowjetischen SS-20-Raketen und der Antwort aus Amerika hatte.

Selbst ihm war das Zeug vor und hinter der eigenen Haustür nicht mehr ganz geheuer.

Auch deshalb druckte ausgerechnet das »Neue Deutschland« drei Tage vor dem Konzert den Brief einer Dresdner Christengruppe ab, die sich um den Frieden sorgte.

Von »Entsetzen« war darin die Rede, Entsetzen darüber, »dass bei der von uns allen verurteilten Stationierung der amerikanischen Atomraketen in Westeuropa auch auf unserem Territorium entsprechende atomare Gegenmaßnahmen eingeleitet werden«.

Trotz all dieser Maßnahmen, Interessenlagen und Vorkehrungen blieb Udo für die sozialistische Diktatur ein Sicherheitsrisiko.

Es galt, ihn zu beobachten, zu bespitzeln, vor allem aber von den Fans, die aus Rostock, Leipzig, Magdeburg und anderen Teiler der DDR anreisen würden, abzuschirmen.

1615 Mitarbeiter der Stasi sollten dafür sorgen, dass es gesittet und ruhig zuging bei Udos erstem Auftritt im Osten. Hinter Absperrungsgittern warteten sie, teils in schicken blauen Anoraks, tailliert, Handschellen in der Tasche.

Fünfzig junge Menschen würden sie bis zum Ende des Abends verhaftet haben. Manche von ihnen im Anschluss niedergeprügelt in fensterlosen Räumen, die aussahen wie das Gebiss von Egon Krenz. Weiß gekachelt, mit Schläuchen an den Wänden und Öffnungen im Boden, damit das Blut der Misshandelten schnell in der Kanalisation verschwinden konnte.

Udo wusste von dieser Art Vorbereitung nichts.

Er saß im weißen Leihwagen, Hut, Lederjacke, Zigarette, fuhr Richtung Grenzübergang Invalidenstraße und sagte, die Augen leicht zusammengezogen wegen der blendenden Herbstsonne: »Ein historischer Tag. Acht Jahre hat's gedauert, und nun sind wir so weit. Viele Leute freuen sich, egal ob männlich, ob weiblich, sie freuen sich unbeschreiblich.«

Udo freute sich auch, aber er ließ es sich nicht anmerken. Er versuchte, gelassen zu bleiben und, vor allem, so zu wirken.

»Es gibt da auch Befürchtungen diverser Journalisten, ich würd mich da vor 'nen Karren spannen lassen oder politisch missbrauchen lassen für 'ne einseitige Darstellung. Das mache ich allerdings nicht. Lindi lässt sich nicht kastrieren. Ich werde da ganz locker und offen nach Art des Hauses meine Meinung sagen.«

Der BMW rollte auf den Grenzübergang zu.

Udo stieg aus. Vor dem Grenzübergang stand eine Gruppe Westjournalisten. Warum die Zeit nicht nützen und locker einen plaudern? Mit roter Schrift stand auf dem Rücken seiner Lederjacke »Die Heizer kommen« geschrieben.

Wenn die Heizer kommen und total aufdrehen
als ob sie nicht von dieser Welt wär'n
und es den Müttern mal wieder nicht gelungen ist
ihre Süßen einzusperren
Wenn die Heizer kommen und rocken und rollen
bis zur vollen Hysterie
Dann laden wir euch neue Power in die Batterie

»Die Heizer«, das war die Hymne der Tournee in den Monaten davor gewesen, aber dieser Auftritt in Ostberlin würde einen anderen Sound haben.

Nur welchen genau, wusste man nicht.

Das war der Reiz an der Sache.

Es war auch jene Restungewissheit, welche die Staatsführung hasste.

Udo erst mal warten lassen, war die Devise.

Runterkochen.

Udo stand am Grenzübergang und sprach mit den Journalisten im Diplomatenmodus. Cool, unaufgeregt. Es würde ein langer Tag werden, warum jetzt schon die Nerven für den Rest der Welt sichtbar in die tiefstehende Herbstsonne hängen?

»Ich freue mich sehr, dass es nun losgeht nach acht Jahren«, sagte Udo, »heute der Auftakt zur großen DDR-Tournee, mehr Städte in der DDR nächstes Jahr. Heute kurzer Auftritt. Im Moment ist es sehr wichtig, dass überall für den Frieden demonstriert und gesungen wird. Den ›Sonderzug‹ werde ich nicht singen, weil der Text nicht aktuell ist, denn da hatte ich ja nun gefragt, bist du wirklich so ein sturer Schrat, warum lässt du mich nicht singen im Arbeiter-und-Bauern-Staat. Nun lässt er mich ja singen, nun kann ich den Text ja so nicht bringen, neee?«

Udo lupfte die Spitze seines Huts, als sei er Lucky Luke.

Alles klar, nee?

Dann stieg er wieder ins Auto.

Kurz vor 12 Uhr mittags war man an der Grenzstation. Nicht dass gleich eine Katastrophe begonnen hätte, aber nervig war es. Willkommen jedenfalls sah anders aus. Die Grenzer tuschelten, ließen Udo warten, insgesamt über eine halbe Stunde.

Herumstehen für eine Angelegenheit, die über Monate von der

höchsten Staatsführung abwärts mit paranoidem Ordnungsfetischismus vorbereitet worden war.

Udo und seine Entourage hatten es eilig. Sie wollten, wie vom Protokoll vorgesehen, zuerst zum Flughafen Schönefeld, wo Harry Belafonte bald ankommen und von Egon Krenz zusammen mit Udo begrüßt werden sollte.

Aber anscheinend wollte Krenz nun den Weltstar aus der Karibik alleine mit sich auf dem Foto haben.

In Papieren kramen. Tuscheln. Schweigen. Agonie.

Normaler, über Jahrzehnte erlernter Grenzübertritts-Schikanen-Standard.

Um 12.20 Uhr hatten die Grenzer anscheinend genug gewurstelt. Der Schlagbaum wurde angehoben. Willkommen in der DDR.

Auf der anderen Seite wieder stopp.

Kameras, Journalisten, eine junge Frau, blond gefärbt mit einer dunklen Pelzjacke und einer roten Blume in der Hand kam eilig gelaufen. Sie umarmte Udo, erzählte, wie sehr sie sich freue.

Ja, ja, sagte Udo, er freue sich ebenfalls. Er wollte wieder an seiner Zigarette ziehen, als die Frau ihn auf den Mund küsste. Udo stutzte kurz, »lieb« sagte er und begann die Frau von sich zu schieben. Wie konnte so jemand an diesem Tag so nah an die Grenze kommen? War das ein Fan oder eine weitere Aktion der Stasi und wenn, wozu? Seltsam. Lieber mit den Journalisten reden, da wusste man ungefähr, was kam. Das war berechenbar, und natürlich stellte einer prompt die Frage nach dem »Oberindianer Honecker«, den Udo jetzt besuche.

Udo redete etwas von »obercharmant gemeint«. Der Journalist schaute stolz, weil er Material für sein Aufnahmegerät hatte. Die rote Blume spielte keine Rolle mehr, noch weniger die Blondgefärbte mit der Pelzjacke, von der sich Jahre später herausstellte, dass sie Herdith Kneffel hieß und ein richtiger Fan war. Strange days indeed.

Es ging weiter zum Flughafen Schönefeld, wo Udo mit einer halben Stunde Verspätung eintraf.

Belafonte und Krenz saßen bereits schmuck auf dem Sofa.

Udo bekam einen Sessel zugewiesen. Krenz, voll im Funktionärs-Flughafen-Empfangslook, trug einen grauen Anzug mit Krawatte.

Das Ding war gelaufen.

Krenz hatte die Show von Schönefeld ohne das Sicherheitsrisiko mit dem braunen Hut durchgezogen. Hier war nichts mehr zu holen.

Kurz nach 14 Uhr traf Udo den Rest des Panik Orchesters im Palast der Republik. Hannes Bauer knallte ein Chuck-Berry-Riff in die leeren Ränge. Udo ließ das Mikrofon in bester Panik-Manier in die Luft fliegen wie ein Lasso, fing es auf und sang »Wir sind Rocker, wir sind Rocker, aber wir stehen nicht auf Gewalt«.

Zum ersten Mal an diesem Tag kam das Gefühl auf, dass man die Sache doch in den Griff bekommen könnte. Außerdem hatte Steffi Stephan eine ganz eigene Überraschung in der Hosentasche. Er wollte der erste Mensch sein, der im Palast der Republik kiffte. Außerdem, das war seine Überzeugung, konnte ein wenig Entspannung an diesem Tag nicht schaden.

15.10 Uhr verzeichnete das Stasiprotokoll unter HA XX/6 OSL Müller: AG Fernsehturm, »dass sich in der Selbstbedienungs-Gaststätte am Fernsehturm 8 Lindenberg-Fans aufhalten und seine Lieder singen. Soweit feststellbar, stehen sie nicht unter Alkoholeinfluss.«

Das war es, was Krenz, Honecker und ihre Leute gefürchtet hatten.

Dass eine unkontrollierbare Masse an Jugendlichen nach Berlin-Mitte strömt und Randale macht.

Der erste Teil der Sorge wurde nun in der Tat Wirklichkeit.

Udo-Fans aus allen Teilen des Landes bewegten sich Richtung Palast. Manche hatten sich »Panik« auf die Jacken geschrieben, manche Stirnbänder mit dem Namen »Lindenberg« um den Kopf gebunden, manche sich T-Shirts mit seinem Porträt bemalt.

Viele riefen: »Wir wollen Udo.« Udo, drinnen im Palast, hörte ihre Rufe. Es zog ihn eigentlich hinaus auf den Vorplatz, gleichzeitig musste er aber die Nerven behalten. Der nächste Programmpunkt stand an: Treffen mit Egon Krenz im Palast.

Udo hatte vorher mitteilen lassen, er trinke nur Buttermilch. Das war nun ein Wunsch, den die Bürokraten endlich einmal ohne Bedenken und Hintergedanken erfüllen konnten. Buttermilch war nicht Cognac, das Getränk aus dem Sonderzug. Oder Coca-Cola, ein Symbol des westlichen Imperialismus.

Buttermilch war Buttermilch.

Über einem sorgsam gedeckten Tisch mit Tellern und Tassen, einer frisch gestärkten Decke und aufgestellten Servietten stießen Udo und der Vorsitzende der FDJ an. Udo kam immer wieder auf seine Tournee im nächsten Jahr zu sprechen. Krenz nickte, bestätigte. Jetzt die Sache nicht kippen lassen. Die Veranstaltung sollte so über die Bühne gehen, wie der Tisch gedeckt war: ordentlich, spießig, verlogen bis in die Serviettenspitzen.

»Wir wollen Udo.«

»Wir wollen Udo.«

Das Protokoll sah nach dem Buttermilch-Geproste eine Pressekonferenz im Internationalen Pressezentrum der DDR vor.

Aber Udo hatte plötzlich anderes vor. »Momentchen mal«, sagte er zum offiziellen Tross, tat so, als müsste er kurz auf die Toilette. Wie bei den Bürokraten üblich, musste wieder ein Aufpasser mit. »Als ich mit ihm zusammen am Pissoir stand, musste er wirklich, sodass ich entwischen konnte.« So schlüpfte Udo durch den Bühneneingang dorthin, wo die Rufe herkamen. Auf den Platz vor dem Palast. Arme in Jeansjacken winkten, wedelten, reckten sich in den Himmel.

Da war er, Udo. In Lederjacke. Mit Hut.

Egon Krenz hatte ihn nicht isolieren können wie ein gefährliches Virus. Tiefes Aufatmen, um Luft zu holen für die nächsten »Udo, Udo« Sprechchöre.

Taumelnde, erleichterte Begeisterung. Che Guevara in Havanna, JFK vor dem Schöneberger Rathaus. Das Charisma eines Mannes, der verspricht, dass das Schlimmste vorbei ist und nun die Zeiten besser werden.

Nicht mehr »Wir wollen Udo«.

Er war jetzt da.

»Udo, Udo.«

Udo war jetzt da. Das war die eigentliche Botschaft. Er hatte den Panzer des FDJ-Korsetts gesprengt, er war jetzt bei den Jeansjacken, den Ausgangspunkten.

Jetzt konnte alles passieren. Udo schob den Hut ein Stück nach hinten. »Es ist wichtig, dass wir über alle Grenzen hinweg und in allen Ländern singen und demonstrieren und fordern: Weg mit all dem Raketenschrott. Schluss mit der Kamikaze-Rüstung. Wir wollen nicht eine Rakete sehen. Nicht in der Bundesrepublik und nicht in der DDR.«

Jubel, Begeisterung, Udo, Udo.

Udo spürte, wie ihn zum ersten Mal an diesem Tag bis in die Zehen hinein eine gewisse Leichtigkeit durchzog. Das waren seine Leute. Seine Freunde. Deshalb nannte er sie jetzt auch so: Freunde!

»Freunde, ich find's geil, dass ich jetzt hier bin«, sagte Udo. »Aber das ist erst der Auftakt. Ich mache im nächsten Sommer 'ne Tournee, da sehen wir uns wieder.«

»Udo, Udo«, noch mehr Begeisterung.

Die Situation drohte zu kippen. Gaißmayer tauchte auf, das Gesicht verzerrt vor Sorge, und drängte Udo in ein bereitstehendes Auto. Ab zur Pressekonferenz. Die Fans tätschelten den abfahrenden Wagen wie eine kostbare Relique. Das war der Moment, auf den sie acht, zehn, zwölf Jahre gewartet hatten. Stell dir vor, du kommst nach Ostberlin. Vielleicht auch mal etwas länger, vielleicht auch mal etwas enger. Wir wollen doch einfach nur zusammen sein.

Auf der Pressekonferenz wurde bekannt gegeben, dass US-Truppen gerade auf Grenada einmarschiert waren. Harry Belafonte blickte mit einer Art wissendem Zorn in die Runde. Das war nun die Sorte US-Imperialismus, den er sein ganzes Leben gekannt und gehasst hatte. Die Menschen in den Bananenbooten brutal ausbeuten, und wenn sie es wagen, sich zu wehren, die Bananenboot-Menschen niederknüppeln, niederschießen lassen. Wenn die einheimischen Söldner und Geheimdienste den jeweiligen Putsch nicht zur Zufriedenheit der Oligarchen in Nord- und Südamerika erledigen – was dann? Die Besitztümer der Reichen dem Volk überlassen? Auf gar keinen Fall. Dann doch lieber die US-Boys losschicken. So wie jetzt in Grenada.

Belafonte nannte den amtierenden Präsidenten der Vereinigten Staaten einen »Teufel«. Nicht nur in Ostberlin, in fast ganz Europa war die Empörung groß, die Stimmung auf Belafontes Seite.

Aber die Staatssicherheit der DDR und die ihr beigestellten Ordnungskräfte hatten ihr ganz eigenes Protokoll. Der wichtigste Punkt war, Udo und seine Fans nicht noch einmal zusammenkommen zu lassen.

Wachsamkeit war jetzt oberste Stasipflicht.

In jenem Stasiprotokoll, in dem über den Ablauf des großen Friedensspektakels Buch geführt wurde, hieß es:

»18 Uhr 55 HA xx/1 Gen. Prüger

Marx-Engels-Platz, Seite zur Volkskammer, Ansammlung von

Personen, die in Sprechchören nach Udo Lindenberg rufen. Anzahl der Personen nicht konkret feststellbar.

19 Uhr 00 / Oberst Gerlach / Meldet, dass von der Reserve der HA XX 19.00 Uhr 230 Genossen im Einsatz sind.

19 Uhr 05 / Sitzpunkt HA XX / PdR / OSL Heß / Abschlussveranstaltung planmäßig 19 Uhr begonnen.

19 Uhr 10 / AVF / o.XX / Gen. Hübner meldet, dass Maßnahmen zur Verhinderung der Anreise von neg. – dek. Personen nach Berlin eingeleitet wurden.

19 Uhr 15 / HA XX / B / Gen. Weidel

Personenansammlung Marx-Engels-Platz, Seite zur Volkskammer, vereinzeltes Werfen von Feuerwerkskörpern.«

Die Anspannung war riesig. Trotz Personenkontrollen und anderer Schikanen wuchs die Zahl der Udo-Fans in der Oktoberkälte stetig.

Keiner hatte eine Eintrittskarte in der Tasche, aber sie hatten den unbedingten Willen, Udo nahezukommen.

Udo war ihr Mann. Nicht der Mann der FDJ. Er war der Mann der Jeansjacken, nicht der Blauhemden. Udo stand jetzt im Palast auf der Bühne – ihnen, den wahren Fans, wurde der Weg versperrt mit Eisengittern.

Verkehrte Welt.

Die Rufe wurden lauter, wütender.

»Wir wollen Udo.«

»Udo, Udo.«

»Wir wollen rein.«

Drinnen spulte Egon Krenz das Protokoll ab. Über der Bühne hingen blaue Fahnen mit weißen Friedenstauben, und weil man beim Aufbau des Sozialismus Dinge nicht oft genug wiederholen konnte, stand auf anderen aufgespannten Fahnen: »Wir wollen Frieden.«

Frieden.

Während draußen die ersten Jeansjacken-Träger über die Gitter gezogen wurden, um ihnen dann in abspritzbaren Räumen jene Sonderbehandlung zukommen zu lassen, die der Sozialismus vorsah, wenn sich jemand nicht an das staatlich festgelegte Protokoll des Friedens hielt.

Drinnen war es längst mollig warm.

Egon Krenz hatte bereits am Nachmittag die Krawatte abgelegt und sein weißes Hemd gegen ein blaues FDJ-Hemd getauscht. Der Kragen lag, Travolta-Style, auf den Revers des grauen Anzugs.

War das sieche DDR-Regime jener alten Männer, die die Säuberungen Stalins in der Sowjetunion Anfang der 30er-Jahre überlebt hatten, vielleicht doch noch zu retten?

Mit dem schönen Egon – jenem Bild von einem Mann?

Wenn der diese Veranstaltung mit diesem dekadenten Schlagersänger Lindenberg hinbekäme, so hatten ihm die alten Männer angedeutet, würde er ins ZK aufsteigen. Er würde ankommen. Ganz oben.

Vor Krenz saßen auf den Rängen des Palasts 4200 Funktionäre. Ebenfalls in Blauhemden. Die Leute, an die die Karten verteilt worden waren.

Sie klatschten, als Krenz sagte: »Die Jugend der DDR hält alles für richtig und wird dahinterstehen, was die Sowjetunion, die DDR und die anderen Warschauer Vertragsstaaten für die Sicherung des Friedens für notwendig halten.«

Es folgte drittklassige Folkmusik, stundenlang.

Udo nickte ein wenig müde, als er um 19 Uhr die Bühne betrat, und sein Herz sackte spürbar nach unten, als er feststellte, dass Krenz und seine Genossen das Ding wirklich hart und konsequent durchgezogen hatten.

Nur linientreue Blauhemden im Saal, kein Fan. Und wenn einer da war, dann durch ein Blauhemd gut getarnt.

»Wir werden benutzt«, dachte Steffi Stephan.

Jeder in der Band dachte das.

Udo natürlich auch.

Aber er sagte es nicht, weil er das Spiel, das er da eingegangen war, gewinnen wollte.

Spätestens mit seiner Tour im nächsten Jahr, wenn dann all die Leute, die jetzt ausgesperrt vor der Halle seinen Namen riefen, drin sein würden in den Hallen, in seinen Konzerten.

Udo wirkte steif, als er sagte: »Wir finden es spitze, spitze, dass wir hier sind.« Er sagte, dass von deutschem Boden nie wieder ein Krieg ausgehen dürfte. Es war so ein wenig das Übliche, es gab den üblichen Applaus.

Dann machte Udo eine Pause, holte Luft, drehte sich vom Publikum weg, ging Richtung Schlagzeug und sagte: »Weg mit allem Raketenschrott in der Bundesrepublik, in der DDR – nirgendwo wollen wir auch nur eine einzige Rakete sehen. Keine Pershings und keine SS-20.«

Das hatte nun nicht im Protokoll gestanden.

Keine SS-20.

Es war das erste Mal, dass in der DDR jemand gewagt hatte, öffentlich gegen die sowjetischen Mittelstrecken-Raketen zu protestieren.

Ein paar FDJler klatschten trotzdem, aber es war ein dünner Applaus, kaum hörbar.

Udo hatte sich nicht vereinnahmen lassen.

Und als zum Ende des Friedensspektakels Harry Belafonte alle Musiker auf der Bühne versammelte, um mit ihnen »We Shall Overcome«, die Hymne der amerikanischen Bürgerrechtsbewegung, zu singen, setzte sich Udo ganz hinten ans Schlagzeug und trommelte ein bisschen.

Vorne alle Arm in Arm, hinten Udo allein, mit offenem Mund und leerem Blick. Einsam, aber nicht vereinnahmt.

»Ich hab mein Ding da gemacht«, sagte Udo später. »Der größte Erfolg war ja sowieso die Begegnung *vor* dem Palast der Republik, weniger das on stage.«

Außerdem hatte er, übertragen vom DDR-Fernsehen, verkündet, dass sein »lang ersehnter Wunsch« nach einer Tournee durch die DDR im nächsten Jahr Wirklichkeit werde.

Jeder hatte das gehört, glaubte Udo. Wirklich jeder. Dahinter würden sie nicht zurückkönnen. Außerdem hatte er das Ganze schriftlich.

Mission erfüllt. Irgendwie hatte er das Gefühl, gewonnen zu haben, als er in den frühen Morgenstunden im Hotel Interconti in sein Bett fiel.

GITARREN STATT KNARREN

Es war ein sperriger Titel, den Egon Krenz 1984, im Jahr nach dem Auftritt im Palast der Republik, bekam, aber er liebte ihn: Stellvertreter des Vorsitzenden des Staatsrates.

Damit war er zum Stellvertreter von Erich Honecker aufgerückt und faktisch der zweitmächtigste Mann im Staat.

Im Februar 84 fuhr ein dunkler Wagen vor dem Büro des Leiters des Festivals des Politischen Liedes, Reinhard Heinemann, vor. Er sollte einsteigen, die Fahrt endete vor dem Büro von Krenz' Nachfolger als Erstem Sekretär der FDJ, einem Mann namens Eberhard Aurich. Dort wurde Heinemann ein Schreiben mit dem Briefkopf seines Festivalbüros gereicht. Es war die Absage zu jener Tournee durch die DDR, die Heinemann Udo noch vier Monate zuvor schriftlich zugesichert hatte.

Heinemann rang mit sich. Er wollte sein Wort nicht brechen. Er mochte Udo. Er hatte sich auf die Tournee gefreut, den Sommer, die Stadien, die Stimmung.

Schließlich unterzeichnete er, vollkommen gegen seine innere Überzeugung. Ein Vorgang, der ihn bis heute beschäftigt. So war das Leben in einer Diktatur.

Die Begründung war reines Funktionärsgeschwurbel.

Man habe keine Erfahrung mit Open-Air-Veranstaltungen

in Fußballstadien. Die Inhalte von Udos gegenwärtigem Album »Götterhämmerung« seien kontraproduktiv für die »Rezipienten«. Udo hätte sich flegelhaft benommen, indem er Wasser auf den Bühnenboden des Palasts der Republik gespuckt habe.

Die Wahrheit war eine andere. Udo hatte seinen Dienst für die Propaganda-Veranstaltung erfüllt, aber was an den Absperrgittern und auf den Straßen vor dem Palast geschehen war, blieb einer Staatsführung, der Ordnung über alles ging, unheimlich und widerwärtig.

Solche unkontrollierbaren Menschenaufläufe wollte man im Musterstaat nicht mehr sehen. Es knirschte in diesen letzten Jahren der DDR ohnehin an allen Ecken, da sollte nicht noch Lindenberg mit seiner eigenen Abrissbirne kommen.

Udo war perplex. Er war wütend, aber nach den Erfahrungen mit dem »Sonderzug« versagte er sich dieses Mal einen schnoddrigen Kommentar. Noch einmal wollte er der Gegenseite keinen Vorwand liefern, ihn zur Unperson zu erklären. Er würde zusammen mit seinem Strippenzieher im Osten, Michel Gaißmayer, nach neuen Möglichkeiten suchen. Selbst wenn ihn Krenz & Co. jetzt nicht in der DDR auf Tournee gehen ließen, bedeutete dies nicht, dass damit der Plan gestorben war. Udo würde vor seinen Leuten spielen. Es war keine Frage des Ob. Lediglich war es eine Frage des Wann. Denn im Ostblock war etwas im Gange.

Udo hatte bei seinem Auftritt die Funktionäre und die Sicherheitsvorkehrungen gesehen, das ganze Brimborium der Macht. Er hatte die Angst der Mächtigen vor den eigenen Menschen erlebt und ihre pompös-brutalen Versuche, diese Menschen in Grenzen zu weisen, die nicht die ihren waren. Sondern die jener, die sich an die Macht klammerten wie an einen löchrigen Autoreifen auf hoher See.

Vor allem aber hatte Udo die Menschen jenseits der Macht gespürt.

Ihren Hunger.

Ihre Sehnsucht nach Veränderung. Nach mehr Freiheit, was unter anderem bedeutete, die Musik an Orten und zu Uhrzeiten zu hören, die der Künstler bestimmte und man selbst – und nicht irgendein greiser, vor lauter Protokollpflichten früh versteifter Parteichef, für den Musik vor allem die Aufgabe hatte, die alljährliche Militärparade auf der Karl-Marx-Allee zu untermalen.

Dieser Hunger nach Veränderung, dafür hatte Udo eine Antenne, die auf Empfang geschaltet war. Es war dieselbe Antenne, die ihm einmal den Weg aus dem engen, grauen Gronau gewiesen hatte.

Nun führte ihn diese Antenne weiter Richtung Osten.

Im März 1985 war Michael Gorbatschow Generalsekretär des Zentralkomitees der Kommunistischen Partei der Sowjetunion geworden, und für jene, die über ein feines Gehör verfügten, war schnell klar, dass hier einer ins Zentrum der Betonfraktion gelangt war, der ein paar Dinge anders angehen würde, und zwar grundlegend anders.

Gorbatschow sprach von der neuen Offenheit (Glasnost) und vom Umbau des Systems (Perestroika). Er wirkte mutig und entschlossen, und auf einmal schien diese riesige, rot eingefärbte Fläche auf der Weltkarte zugänglich zu werden. Eine Möglichkeit zur Begegnung mit Abermillionen von Leuten, die vorher weggesperrt gewesen waren.

Dorthin zog es Udo.

Das Moskau, in dem er im Sommer 1985 landete, war anders als alles, was Udo bis zu diesem Zeitpunkt gesehen hatte.

Die monumentale Architektur Stalins stand neben winzigen, baufälligen Häuschen der Zarenzeit. Die Straßen waren breit und leer, und es gab keine öffentlichen Restaurants. Stattdessen gab es

Gebäude von Gewerkschaften und Verbänden, in denen sich alles abspielte.

Wenn aber einmal so eine Ansammlung von Menschen in Gang kam und der Wodka in Sto-Gramm-Gläsern ausgeschenkt wurde, begleitet von eingelegten Gurken, Heringen, Kartoffeln, Fleisch und Blinis, dann entstand oft eine wilde, überschwängliche Energie, die man im Westen, wo alles erlaubt war, lange suchen konnte.

Sto-Gramm-Gläser, das war eines der wichtigsten Worte, die einer aus dem Westen damals lernen musste, wenn er vorhatte, den Aufenthalt hinter den Kulissen zu genießen.

Sto-Gramm war russisch für 100 Gramm, es bedeutete, dass der Wodka aus Zahnputzbechern getrunken wurde.

Udo landete auf dem Flughafen in Moskau, und er hatte, Udo-Style, außer seinem Reisepass und einem Bündel Bargeld nichts dabei. Nicht einmal eine Zahnbürste.

Auch angesichts leerer sowjetischer Supermarktregale war Udo nicht von seinem Konzept abzubringen, dass sich schon alles finden würde, wenn er erst einmal selbst die Lage gecheckt und mit ein paar Sowjetbürgern ins Gespräch gekommen wäre.

Außerdem war Michel Gaißmayer, der alte Strippenzieher und Mauerspringer, bereits vor Ort. Ihm war es noch stets gelungen, Stacheldraht und Vorhängeschlösser beiseitezuräumen und Türen zu öffnen.

Aber sogar Gaißmayer fand Udos Ansatz dieses Mal ein bisschen gewagt. Doch als er sich vorsichtig nach der nicht vorhandenen Zahnbürste erkundigte, antwortete Udo ruppig: »Ich stehe auf Mundgeruch.«

Moskau war damals für Rockstars aus dem Westen unbekannte Erde.

Cliff Richard, der britische Schlagersänger, hatte es 1976 geschafft, hier zu spielen. Elton John hatte drei Jahre später noch einmal Glück gehabt, aber das war es dann auch.

Danach war niemand mehr gekommen, aber nun mit Gorbatschow und den neuen Zeiten war plötzlich von den Rolling Stones, Michael Jackson oder the Police die Rede.

Udo hatte sich als Erster auf den Weg gemacht. Im Rahmen der Weltjugendfestspiele sollte er 1985 einige Auftritte absolvieren. Udo, der Pionier, der aus dem Westen kam.

Udo staunte. Er traf junge Moskauer, die in Kellern mit billigsten Verstärkern und einem Maximum an Leidenschaft den Rock'n' Roll feierten.

Sein Verbindungsmann Gaißmayer wunderte sich an einem dieser Tage über eine große Menschenansammlung vor einem Moskauer Haus.

Was denn hier los sei, wollte Gaißmayer wissen. Man antwortete ihm, dass hier die große Alla Pugatschowa wohne, die berühmteste Rocksängerin der Sowjetunion, eine Frau, die 150 Millionen Alben verkauft habe.

Die Königin von Moskau.

Gaißmayer war neugierig, er klingelte. Die Königin öffnete selbst, ein wenig ungnädig, weil ihre Lippen von Herpes geplagt wurden. Gaißmayer, der selbst gelegentlich von diesem Leiden heimgesucht wurde, griff in die Tasche und zog ein West-Medikament heraus. Dann strich er die Creme behutsam auf die Lippe der Pugatschowa und begann, vom größten Rockstar Deutschlands zu erzählen.

Pugatschowa war interessiert, aber nachdem sie Udo einmal getroffen hatte, war sie auch irritiert.

Warum lief dieser Udo immer so abgerissen herum?

Warum zog er beim Essen – selbst in vornehmer Umgebung – immer die Schuhe aus? Warum hatte er alle zwei Stunden ein neues Mädchen im Arm?

War er nur ein als Künstler verkleideter Schweinekapitalist oder hatte er eine Seele, die größer war als ein Fünfmarkstück?

»Die Frauen, alle zwei Stunden 'ne Neue, was stellst du an mit denen?«, fragte die Pugatschowa.

»Ich lese ihnen Gedichte vor«, antwortete Udo.

Das gefiel der Sängerin. Sie wurde neugierig, und als Udo ihr einige seiner Texte und Songs hatte übersetzen lassen, wurden gemeinsame Auftritte verabredet.

Das größte Konzert fand in der »Dynamo«-Sporthalle statt. Vor 30 000 Menschen erklärte die Pugatschowa: »Ich weiß, er hat einen seltsamen Hut auf, und er bewegt sich komisch, aber ihr werdet sehen, er hat ein gutes Herz.«

Pugatschowa moderierte, erklärte Texte, schließlich sangen die beiden »Wozu sind Kriege da« als deutsch-russisches Duett.

Drei Jahre später wiederholte Udo die Reise im größeren Rahmen. Drei Riesenshows in Moskau, drei in Leningrad. Ganz neu dabei im Programm der Song »Der Generalsekretär«.

Und ich denk': Was is 'n nun
ist ja richtig Honeymoon
von Rügen bis zum Thüringerwald
und es wird zu jedem Bierchen ein Glas Nost 'reingeknallt
Und sie feiern ihren Staatschef
auf den sie ja nun alle gnadenlos abfahr'n
Und das ist Erich mit der Lederjacke an

Die Lederjacke, von der Udo da in Leningrad sang, hatte er Anfang Juni des Jahres an den Vorsitzenden des Staatsrates der DDR und Generalsekretär der SED, Herrn Erich Honecker, 1020 Berlin, Marx-Engels-Platz, DDR, geschickt.

Vorher, am 6.6.1987, hatten sich Jugendliche im Osten in der Nähe der Mauer wegen eines Konzerts von David Bowie im Westen, am alten Reichstag, zusammengefunden, um wenigstens ein paar akustische Fetzen von »Heroes«, »Ziggy Stardust« und den anderen Hits des großen Londoner Künstlers mit Westberlin-Vergangenheit aufzusaugen:

> I can remember
> standing by the Wall
> and the guns shot above our heads
> and we kissed as though nothing could fall
> and the shame was on the other side
> oh, we can beat them, forever and ever
> then we could be heroes, just for one day

Die Vopos hatten die Versammlung zum Anlass genommen, ihre Schlagstock-Autogramme unter den Anwesenden zu verteilen. Kann ja sein, dass ihr uns forever und ever beatet, aber in der Zwischenzeit schlagen wir euch noch mit diesem Hartgummiknüppel – made in GDR – grün und blau.

»Hallöchen Honey!«, hatte Udo in einem Brief zur Lederjacke geschrieben, »diese Kids sind keine Krawallisten und Randaleure, die stehen genauso wie Du auf Rock'n'Roll und Locker-drauf-Sein. Den Trouble gabs doch erst durch das hirnlose Vorgehen der Rudi-Ratlos-Gangs von der Vopo! Müsst ihr nicht allmählich mal was lernen über Rockmusik und Lebensgefühl? Mikrofone statt Megafone, Gitarren statt Knarren, Trommelstöcke statt Gummiknüppel!

Sag' mal, Honey, von Rock-Freak zu Rock-Freak: Hörst Du Deine Dröhung noch immer heimlich auf dem Klo? Geh doch endlich raus auf die Straße, zieh' die Lederjacke an und treff die bunten Kiddys und skandier' mit ihnen ›Urbi et Gorbi‹.

Indianischen Gruß, mehr flexibel und mehr frei, mehr sensibel und mehr high.«

Anscheinend wollte der Herr Staatsratsvorsitzende nun etwas humorbegabter wirken, denn wenig später erreichte Udo im Berliner Hotel Interconti ein Paket. Es enthielt eine funkelnde Schalmei plus einen Brief, der sich um einen Ton der Launigkeit bemühte.

»Lieber Udo Lindenberg,

mit der Übersendung der Lederjacke haben Sie mir eine Überraschung bereitet, für die ich Ihnen danke. Natürlich ist das Äußere Geschmacksache, aber was die Jacke betrifft: Sie passt.

Die mir zugedachte Lederjacke werde ich dem Zentralrat der FDJ übergeben. Die Freunde finden sicher einen Weg, sie einem Rockfan zukommen zu lassen – vielleicht sogar über eine Solidaritätsaktion zugunsten der antiimperialistischen Solidarität. Ich bin sicher, dass das Ihre Zustimmung finden wird.

Übrigens, da Sie gelegentlich auf meine musikalische Vergangenheit zu sprechen kommen, schicke ich Ihnen eine Schalmei. Viel Spaß beim Üben.

Mit freundlichem Gruß

E. Honecker«

In der Tat hielt sich die Freude bei Honecker über die Jacke in Grenzen. Das gute Stück wurde rasch verklappt. Erneut waren die Nutznießer nicht echte Fans von Udo, sondern ein VEB für Jugendmode in Rostock, der das Teil zugunsten der Dritte-Welt-Hilfe für 7500 Ostmark ersteigerte.

Aber Udo war auf seiner Mission nicht zu entmutigen, Honecker endlich seine versprochene, gebrochene, wieder in Aussicht gestellte, erneut verworfene Tournee durch die DDR aus dem Zentralrats-Schreibtisch zu leiern.

Beständiges freundliches Generve war der Ton, auf den sich Udo verlegt hatte. Speziell in der Süddeutschen Zeitung wurde Udo diese Beharrlichkeit vorgehalten. »Die ihm ohnehin unbekannten Grenzen der Peinlichkeit« habe der Sänger mit seiner Jacken- und Briefaktion erneut hinter sich gelassen.

Aber es gehört eben zum Universaltalent Udos, dass ihn solche Einwände nicht wirklich erreichen.

Er wollte Honecker auf den Fersen bleiben. Den nächsten Termin für eine Begegnung bot ein Staatsbesuch des sich durch die letzten Jahre der DDR schleppenden Greises in der Bundesrepublik im September 1987.

Es ließ sich schwer an.

Von einem Empfang beim saarländischen Ministerpräsidenten Oskar Lafontaine wurde Udo ausgeladen, weil man dort wegen Udos gerade erschienenen Songs »Der Generalsekretär« Irritationen bei der ostdeutschen Delegation fürchtete.

Stattdessen durften Peter Maffay und Katja Ebstein aufs dortige Bankett.

Udo schimpfte, aber abschütteln lassen wollte er sich deshalb noch lange nicht.

Geduldig klebte er im Münchner Hilton Hotel mit Letraset schwarze Buchstaben auf einen E-Gitarrenkörper, bis eine seiner Lieblingslosungen, »Gitarren statt Knarren«, darauf zu lesen war.

Nach der Jacke sollte dies sein nächstes Geschenk an den greisen deutschen Chefsozialisten sein.

Als Ort der Übergabe war Wuppertal vorgesehen, wo das Protokoll für Honecker eine Besichtigung des Hauses, in dem Friedrich Engels aufgewachsen war, geplant hatte.

Was sich nun ereignete, war eine weitere bizarre Begegnung des Rockers mit der Obrigkeit der DDR.

Udo hatte wie üblich den Flieger aus München fast verschlafen, war nur mit Verspätung in Düsseldorf gelandet und brüllte nun auf der Straße Richtung Wuppertal aus dem Autofenster, der Begleittross möge schneller fahren, weil man Honecker sonst in Wuppertal nur noch von hinten sehen würde.

Die vielen roten Fahnen im Wuppertaler Stadtteil Barmen signalisierten Udo, dass er auf dem richtigen Weg war.

Dazu sangen Hundertschaften der DKP-Jugend: »Wir sind die junge Garde des Proletariats.«

Gegendemonstranten riefen: »Die Mauer muss weg.«

Dazwischen stand das grauhaarige Männchen und versuchte ein würdiges, selbstbewusstes Gesicht zu machen.

Zu Hause, jenseits der Mauer, fiel sein Musterstaat gerade buchstäblich auseinander, aber hier im verhassten Deutschland der Kapitalisten wurde er endlich mit protokollarischen Ehren empfangen.

Das war doch ein Grund zur Freude, oder? Aber da kam schon dieser Typ mit der Sonnenbrille und dem grauen Schlapphut angerannt.

Der Freak, der in seiner DDR auftreten wollte. Der ihn Honey nannte und ihm mit komischen Liedern, Lederjacken und anderem Kram auf den Wecker ging.

Bitte nicht. Oder doch?

Hilfe.

Diesmal hatte der Typ eine Gitarre mitgebracht.

»Hier im Wuppertal, sozusagen bei Engels, das ist wichtig für unsere weitere Entwicklung«, faselte Honecker sozialistischen Blindtext.

»Nicht zu viel Protokoll und nicht zu wenig Rock'n' Roll«, antwortete Udo.

»Etwas Protokoll ist da, aber mehr Rock'n' Roll werden wir später noch haben. Also alles Gute«, sagte Honecker mit hoher Stimme und hoffte, dass die Gitarre vielleicht doch noch an ihm vorbeiziehen würde.

Aber nix alles Gute.

Udo schob die Gitarre in Honeckers Richtung.

»Gitarren statt Knarren, für eine atomwaffenfreie Welt im Jahre 2000. Diese Gitarre möchte ich Ihnen, lieber Erich Honecker, gerne überreichen.«

HEY HONEY-KEINE PANIK!

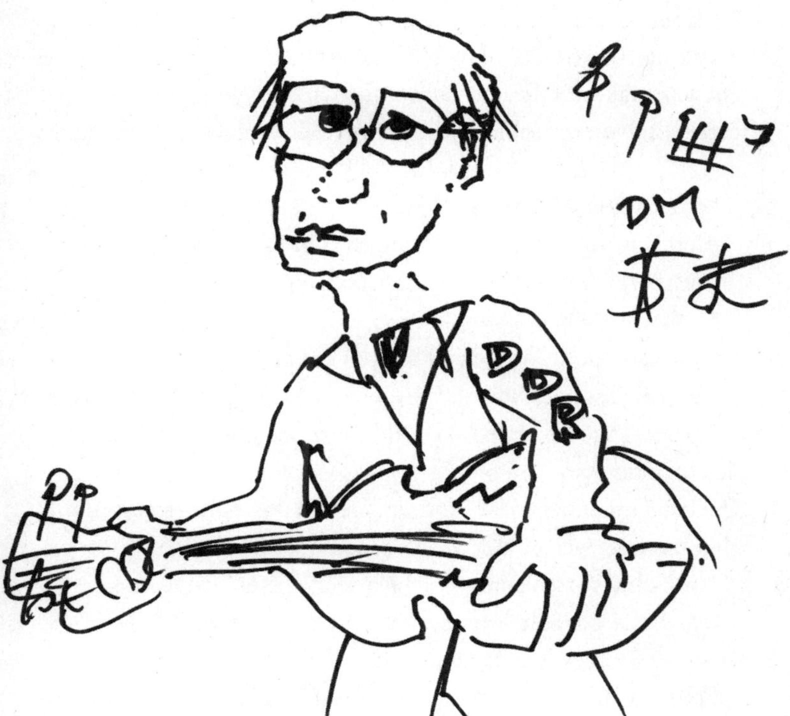

Da war es also, das Ding.

Vielleicht konnte man es ja auch bei einer Solidaritätsaktion versteigern. Zurückgeben ging nicht. Also annehmen und grinsen und die hohe Stimme wieder einschalten.

»Ich danke Ihnen recht herzlich. Gitarren statt Knarren, vollkommen richtig. Weiterhin viel Erfolg, ja, auf Wiedersehen in der Deutschen Demokratischen Republik.«

Nun hielt Honecker die Gitarre in der Hand. Sie war nicht besonders schwer, nicht einmal 6 Kilo. Aber der Staatschef wirkte so glücklich, als trage er ein giftiges Reptil mit sich herum.

War es das jetzt bitte?

Das hatte man jetzt davon. Über fünfzehn Jahre lang hatte er jeden Kontakt mit diesem verkommenen Subjekt vermieden, und jetzt sprach dieser Schlapphut-Freak einen einfach auf der Straße an.

Verdammter dekadenter Westen.

Aber Udo war noch längst nicht fertig. Er groovte sich gerade ein, jetzt wollte er eine Erklärung vorlesen.

Auch das noch.

Honecker wollte weiter. Er sprach davon, dass man Erklärungen und all das nachholen werde, »wenn Sie bei uns auftreten«.

Er rief: »Einverstanden? Ja? Alles Gute, ja.« Dann trat Honecker die Flucht an.

»Herr Lindenberg, das Protokoll der BRD ist sehr streng zu mir, ich muss jetzt weiter, auf Wiedersehen in der DDR.«

Der kleine Vorsitzende verschwand in seiner Limousine.

Udo holte die Schalmei hervor und blies ein paar Töne in die Menge, die klangen wie »Happy Birthday«.

Ein paar der roten Fahnenträger wollten später die Nationalhymne der DDR rausgehört haben. Dann begann Udo mit den Fingern der linken Hand zu schnippen und mit heiserer Stimme zu krächzen.

»Der Generalsekretär, der liebte den Rock'n'Roll so sehr. Gitarren statt Knarren und locker so wie ein Rocker, Bomm-Bomm, Tschk-Tschk. Oh, jetzt muss ich starten, macht's gut. Wir spielen am Wochenende in Duisburg.«

Wäre Honecker nicht der gewesen, der er war, er hätte einem fast leidtun können.

Fast.

Wieder in Sicherheit, hinter der Mauer, bat er tatsächlich Egon Krenz, die Möglichkeiten für ein Lindenberg-Konzert zu prüfen.

Aber Krenz blieb sozialistisch-verlogen.

Anders als bei Maffay oder Dylan gebe es bei Lindenberg »nicht wenige Jugendliche, die durch seine Musik und seinen Habitus zu unkontrolliertem und rowdyhaftem Verhalten angeregt werden«. Außerdem bleibe der Sänger ein unverbesserlicher Querulant, der immer noch fordere: »Die Mauer muss auch noch weg.«

25 Monate musste Udo noch warten. Dann wurde sein Wunsch erfüllt.

Nicht von Honey, nicht von Krenz.

Sondern von jenen Ostdeutschen, die auf der Straße und mit der Spitzhacke jene Freiheit erkämpften, die in Udos Liedern immer mitgeklungen hatte.

Gegen die Strömung, gegen den Wind.

HINTER DER MAUER

Udo hatte schon ein oder zwei Dinge im Showbusiness gesehen, als er am 6. Januar 1990 in Suhl auf die Bühne der »Stadthalle der Freundschaft« stieg. Er war seit dreißig Jahren im Geschäft. Aber der Jubel, der in dieser Halle erklang, war neu.

Dieser Jubel hörte sich nicht nach dem saturierten Rockpalast-Publikum an oder nach dem schrillen Kreischen, wenn eine Teenie-Band auftritt. Da war eine tiefe Dankbarkeit in diesem Empfang und viel Wärme, und in der lärmenden Freude glaubte man, einen großen, langen Seufzer zu hören: »Nu hamm wor fost zwoa Johrzände auf ihn geworded und nu isser endlisch doa.«

Udo trug seine Uniform. Den Hut, die schwarzen Lederhosen, er war der coole Rock'n' Roll-Ritter, der aus der Garderobe kam, aber als dieser Jubel ertönte, stieg ihm das Wasser in die Augen, und er musste die Tränen herunterschlucken.

So gerührt war er.

»Poah, is das geil, hier zu sein«, sagte Udo. »Die Politaffen entscheiden nichts mehr. Ihr habt das klargemacht.«

Dann wieder Schlucken gegen die Tränen. Dann weiter.

»Ihr seid auf die Straße gegangen und habt gesagt: ›Jetzt entscheiden wir, wer hier singt – und nicht mehr die Partei.‹«

Es war nicht das Rockfestival auf dem Alexanderplatz, von

dem Udo genau 27 Jahre früher in seinem Song »Mädchen aus Ostberlin« geträumt hatte. Es war nicht Sommer, die Luft war nicht weich und warm und hell.

Es war Januar. Feucht, dunkel, bitterkalt. Sibirien-Wetter.

Trotzdem hatten eine Menge Fans dreißig Stunden gestanden, um eine Karte zu bekommen. 3200 Plätze bot die »Stadthalle der Freundschaft«.

Fast doppelt so viele Menschen drängten sich in dem kargen, schmucklosen Raum. Das waren viele, klar. Aber man hätte zehn Mal so viele Karten verkaufen können. So groß war die Sehnsucht.

Rockfestival-auf-dem-Alexanderplatz-Sehnsucht.

Dagegen stand eine kleine, enge Halle im Thüringer Wald. Der Laden platzte buchstäblich aus allen Betonplatten, und als Udo »Cello« anstimmte, ganz zart, nur mit Klavierbegleitung, gab es kein Halten mehr.

Getrampt oder mit'm Moped
Oder schwarz mit der Bahn
Immer bin ich dir irgendwie hinterhergefahr'n

Diese locker hingetupften Zeilen über eine unbeirrbare Liebe, 6000 Menschen sangen sie mit, und das war erst der Anfang. Das Publikum sang auch die weiteren Songs mit, Zeile für Zeile, und den Takt klatschten sie mit den Händen. Udo hatte ein Panik Orchester Numero Due in Suhl gefunden, 6000 Menschen groß.

Es war ganz klar der Thüringer Wald im Januar, aber es fühlte sich warm an, intensiv, ausgelassen bis an den Rand des Bewusstseins, wie eine tropische Nacht. »Cello«. »Die Heizer«. »Reeperbahn, alles klar, du alte Gangsterbraut, jetzt bin ich wieder da«.

Bei »Ich lieb' dich überhaupt nicht mehr« nuschelte Udo an der Stelle mit dem eingetretenen Fernseher: »Da lief grad Eduard von Schnitzler, der Schwarze Kanal oder so.« Beim »Sonderzug« improvisierte er: »Wir haben ein Fläschchen Cognac mit, und das schmeckt sehr lecker. Das saufen wir jetzt allein – und zwar ohne Honecker.«

Es war Voodoo in Thüringen. Mit jeder Zeile, jedem Song vertrieb Udo die schartigen Geister der Funktionäre aus der Halle. Es war heiß wie in einer Sauna, die Menschen schwitzten, aber Udo klärte die Luft. Keine Minute Anstehen, so war das Gefühl der Menge, war zu lange gewesen für diesen Abend. Udo war die Warterei wert. Man hatte 20 Jahre unter einem miesen Regime Udo als Gegenfigur verehrt, was waren da schon 30 Stunden in der Kälte? So sahen es die Fans. Udo sah es anders. Er sah es als zusätzlichen Beweis einer Wertschätzung, die ihn sehr bewegte: »Ihr habt euch mit heißem Herzen den Arsch abgefroren, vielen Dank«, sagte Udo.

»Udo ist der populärste Musiker bei uns«, erklärte ein Fan später. »Er war der Einzige von drüben, der Lieder für uns geschrieben hat.«

Ein anderer schwärmte: »Die Texte, die verboten waren, hat hier jeder auswendig gekonnt, jeder!«

Eine sagte: »Er hat unsere Mauer mit geknackt.«

Am Ende des Konzerts, als Höhepunkt, »Mädchen aus Ostberlin«, im Duett mit der Thüringer Sängerin Ina Morgenweck, einst Preisträgerin beim Nachwuchswettbewerb »Goldener Rathausmann« in Dresden. »Wir wollen doch einfach nur zusammen sein.« Wer kein Feuerzeug hatte im Publikum, hielt eine Wunderkerze. Manche auch zwei oder drei auf einmal.

Wie ein winterlicher Wirbelsturm fegte Udo nach diesem Abend durch Leipzig, Erfurt, Schwerin, Rostock und Magdeburg, eine Heimkehr an Orte, an denen er nie vorher gewesen war, die er nur in den Seelen ihrer Bewohner mit seiner Musik bereist hatte.

Ein Triumphzug, dem doch jedes großspurige Siegergehabe fehlte. »Ich bin wirklich stolz auf die Leute hier, die da ’ne echte

Republik gemacht haben«, sagte er. »Stolz auf euch alle, die sich nicht haben abspeisen lassen mit der schnellen Banane und Du-darfst-jetzt-reisen-Sprüchen.«

Udo träumte in diesen südländisch anmutenden Januarnächten wirklich von einem alternativen Deutschland, jener bunten Republik, die nun durch die mutigen Menschen der ehemaligen DDR noch bunter werden würde.

»Ganz Deutschland muss die Chance nutzen, entmilitarisierte Zone zu werden.« Und er hörte nicht auf, die Menschen im Osten zu loben für ihre gelungene Revolution. »Im Westen, da werden die Jugendlichen doch alle durchverarscht von der englisch-amerikanischen Blödmann-Industrie.« Es gebe keine Leute, die mal gesunde Unruhe machen.

Das alles meinte Udo so, wie er es sagte.

Die Auseinandersetzung mit dem Osten hatte ihm ein Jahrzehnt lang eine Mission geschenkt und viel Energie dazu. Seine Leidenschaft für die Menschen dort hatte ihn wieder und wieder anrennen, forschen, polemisieren und manchmal sogar diplomatisch sein lassen.

Das lenkte ihn von seiner beginnenden Midlife-Crisis ab, seinem allmählichen Ausbrennen, das in seinem Leben im Westen langsam, aber unerbittlich eingesetzt hatte.

DER PHARAO

EHRENKODEX UND BRUT IMPÉRIAL

Stell Dir vor, Du hast zehn goldene Schallplatten bei Dir an der Wand hängen, und jetzt kommt einer von diesen Verkaufsmenschen bei Dir vorbei und bringt Dir Nummer elf.

Du lächelst, weil Du dem Verkaufsmenschen eine Freude machen willst, aber als er wieder weg ist, merkst Du, wie der Kick ausbleibt und diese elfte Goldene eben nur noch ein weiterer Scheck ist, der Dir beweist, dass die Geschäfte laufen.

Normale Sache, business as usual.

Normale Sache war aber nie Dein Ding. Es ging immer um Veränderung bei Dir und dass es gut ist und nicht schlecht, wenn die Dinge in Bewegung geraten und etwas Neues entsteht.

Die Mauern in den Köpfen waren Dein großer Gegner, und es war nur logisch, dass der echte Betonwall, der sich durch das Land zog, in dem Du lebst, etwas war, wogegen Du mit der Spitzhacke der Worte und der Musik angehämmert hast und mit dem Du Dich nicht abfandest wie viele andere. Überhaupt. Sich abfinden, auch nicht Dein Ding.

Aber jetzt steht hier die Goldene Nummer elf, und Du hast keine Ahnung, was Du damit anstellen sollst.

Auch noch an die Wand?

Vielleicht nicht. Du denkst an die Swimmingpool-Partys in feinen Hotels. Wie das abging, was Du für einen Spaß daran hattest, Deinen Erfolg zu feiern. Du musstest nicht einmal blau sein, um Dich zu freuen.

Eine künstliche Insel gab es im Becken, drei schöne Frauen bewachten die Insel. Einer meinte, sie sollten auf dieser Insel Fischfrikadellen und Champagner verteilen, und so war es dann auch. Die Klamotten von kaum jemandem blieben trocken an diesem Abend, es war eine wilde Party, und Du, der Pate, mittendrin.

Aber neulich, ein paar Jährchen und ein paar Goldene später, dasselbe Hotel, derselbe Pool, noch viel mehr Champagner, aber am Ende fiel nur noch Felix, der Zwerg, in den Pool und musste allein plantschen.

Tja, anscheinend gewöhnt man sich an alles.

Auch an den Erfolg.

Du kannst Dir jetzt alles kaufen, aber irgendwie interessiert Dich das alles nicht.

Du brauchst nicht jedes Jahr ein neues Sofa oder die neue Sonnenbrille von Gucci.

Dinge horten hinter Deinen eigenen vier Wänden, das fandest Du, wenn Du ehrlich bist, schon immer superlangweilig.

Das Gegenteil von Action.

Deshalb wohnst Du ja im Hotel, und der einzige Besitz, der Dir wenigstens ein bisschen etwas bedeutet, ist Dein Porsche, weil Du mit diesem Teil jederzeit abhauen kannst von den Sofas und den Gucci-Kollektionen oder einfach durch die Nacht brettern und nachdenken.

Aber das sind ziemliche Luxusprobleme.

Nur worüber schreibt jemand Songs, der jederzeit überall hinfliegen kann, für den Aufbruch jederzeit möglich ist?

Der sein großes Thema, die Sehnsucht, frei zu sein, grandios und vor den Augen der Welt verwirklicht hat?

Dass Du jederzeit überall hinfliegen und in tollen Luxushotels wohnen kannst. Viel Spaß. Damit können sich sicher eine Menge Menschen identifizieren.

Du blickst auf die elfte Goldene. Besser nicht aufhängen, nee?

Vielleicht hat ja irgendjemand, den du kennst, dafür Verwendung.

Oder vielleicht in den Hotelkeller?

Oder ins Museum?

Du bist noch nicht reif fürs Museum, wenigstens so viel steht fest.

Also wohin nun mit Nummer elf?

Mal gucken, nee?

*

Die erste Hälfte der 80er-Jahre hatte der Alkohol keine wichtige Rolle für ihn gespielt.

Seit dem Tod von Hermine und der Erwägung des Selbstmords im Waldorf Astoria in New York hatte Udo nicht mehr getrunken, und wenn die Jungs vom Panik Orchester wieder mal sämtliche Minibars eines Hotels ausplünderten und den Laden völlig zugedröhnt verwüsteten, hielt sich Udo wie ein Zirkusdirektor zurück und trat erst am nächsten Morgen in Erscheinung, um den Schaden zu begleichen.

In Speyer, zum Beispiel, fanden es die Musiker komisch, alle Kopfkissen des Hotels aufzuschlitzen und den Inhalt auf die Straße zu kippen.

»Es sah aus, als ob es geschneit hatte«, freute sich Hannes Bauer mit den anderen.

Außerdem hatten sie außer einem Haufen leerer Flaschen ein demoliertes Ölbild im Foyer zurückgelassen. Zugeknallt hatten sie das Gemälde mit einem Edding-Filzstift vollgeschmiert, um es »kunstvoll zu modernisieren«.

Am nächsten Tag verkündete Udo, ganz Grandseigneur, über die Bus-Stereoanlage: »Also Leute, dass es hier im Mai über Nacht plötzlich geschneit hat, ist ja zu verstehen, aber da ist noch ein Ölbild, das 4000 Mark gekostet hat. Wir als Künstler können doch nicht hergehen und das Kunstwerk eines Kollegen kaputt machen. Der Mann hat an dem Ding vielleicht fünf Jahre lang rumgepinselt.«

Schallendes Gelächter der Alkoholisierten. 4000 Mark wurden eingesammelt und sich den Alkoholbeständen des Tourbusses zugewendet.

Es durfte aus dem Vollen getrunken werden.

Die täglich neu zu ladende Fracht lautete: vier Kästen Bier, ein Kasten Wein, zehn Flaschen Schnaps. Dazu jede Menge Haschisch in Form von Joints und Keksen. »Ein Heck war immer schnell weg«, sagt Steffi Stephan. Ein Heck, das waren 100 Gramm Haschisch. So viel wie eine Tafel Schokolade.

Das aber war nur das Zeug zum Runterkommen. Zum Draufkommen, neu Energieladen gab es Speed und Kokain. Das waren nun vollends illegale Drogen, weshalb man sich die Mühe machte, für sie Codenamen zu erdenken.

Für die Droge Speed ersann Stephan den Ausdruck »Schundromane«, das vermeintlich edlere, auf jeden Fall kostspieligere Koks taufte er »klassische Bücher«.

Wenn nun der Tourbus beispielsweise vor der Oberschwaben-Halle in Ravensburg langsam zum Stehen kam, rief Steffi noch gerne: »Gehen wir ein klassisches Buch lesen, eben noch schnell.« Nicht wenige in der Band hätten gezogen wie die Hoover-Staubsauger, während draußen durch die Fensterscheibe die ersten Fans sichtbar wurden.

Im Panik Orchester zu spielen, das bedeutete für die meisten Musiker entweder zwei, drei Mal am Tag breit zu sein oder gar nicht erst nüchtern zu werden.

Steffi, zum Beispiel, wählte fast immer die letztere Möglichkeit: »Ich stand 35 Jahre lang stoned auf der Bühne.«

Gut, das war seine Sache. Nur – damit wenigstens ein gewisser Level an Breitsein garantiert war, wartete jahrelang ein Alkoholtestgerät hinter der Bühne. Jeder Musiker musste vor dem Auftritt blasen. Wer unter 0,8 Promille hatte, wurde zurück in die Garderobe geschickt – nachladen, bis der Pegel stimmte.

Udo durfte als Chef und Ex-Alkoholiker eine Ausnahmeregel geltend machen. Aber die meisten Mitglieder seiner Band, die sich inzwischen auch Orchester Gnadenlos nannten, wollten vom nüchternen Leben nichts wissen. Udo trank Tee, kümmerte sich um Abrüstung zwischen Ost und West und den sauren Regen, hatte Affären und One-Night-Stands und ging gelegentlich joggen.

Der Rest des Vereins hielt sich an die Losung der 70er-Jahre, an Sex und Drugs und Rock'n' Roll, und versuchte, die letzte Strophe der Opening-Hymne »Wenn die Heizer kommen« eins zu eins in die Wirklichkeit umzusetzen.

In welcher Stadt sind wir heute?
Weiß nicht, ist auch völlig egal
Hauptsache, es gibt hier 'ne Bühne
und 'n knallvollen Randale Saal
Wir sind Rock 'n' Roll Zigeuner
Wenn du 'n Gypsy ohne Heimat bist
bist du immer da zu Hause
da, wo grad der Larry los ist

Udo tat nun gelegentlich etwas für seine Fitness, für jemand wie Steffi Stephan sah körperliche Ertüchtigung anders aus.

Meistens, sagt Stephan, seien sie angemacht worden. Wenn die Initiative doch einmal ihm zufiel, hatte er sich einen Anmach-Spruch zurechtgelegt, von dem er schwört, dass er fast immer funktioniert habe. Nicht unbedingt Shakespeare, aber so waren die Zeiten: »Was hältst du von vorehelichem Geschlechtsverkehr?« In Städten wie Trier, Koblenz, Siegen und Wolfenbüttel ein fast todsicherer Hit.

Oft war die Trinkbruderschaft viel zu besoffen, um der sexuellen Betätigung nachzugehen.

An einem Abend während der 84er-Tournee schoben die Mitglieder der Band ihre Minibars auf dem Hotelflur zusammen und von dort weiter in das Zimmer des Schlagzeugers Bertram. Ein Groupie stieß dazu. Die Männer tranken, entledigten sich ihrer Kleider, das Groupie blieb angezogen. Gegen Mitternacht fanden die Männer, es sei jetzt an der Zeit, eine Disco aufzusuchen. Sie rannten nackt auf die Straße, versuchten eine Straßenbahn anzuhalten, ohne Erfolg, und wurden, es war Februar und kalt, schließlich wieder vom Groupie ins Hotel zurückgeführt, wo die Männer irgendwann völlig bedröhnt auf dem Fußboden einschliefen.

Das Hotel erteilte am nächsten Morgen Hausverbot, und Udo erschien im Frühstücksraum, sehr wütend. »Wer heute Abend beim Auftritt scheiße spielt, der fliegt«, drohte er.

Das war nun seine Rolle.

Einen Hühnerhaufen zusammenhalten, Politik treiben und nüchtern bleiben.

Die Frau, die ihn von dieser eisernen Abstinenz abbringen würde, hatte eine Stimme wie Zuckerwatte und spielte in einer vollkommen anderen Liga als Udo.

Sie sang von Luftballons und Regenbogen und Schlössern aus Sand, alles im Ungefähren, irgendwie, irgendwo, irgendwann.

Udo stand mit dieser Frau in einer Schlange am Flughafen in Berlin, um zum deutschen Live-Aid-Konzert-Ableger in München zu fliegen, und beiden war schnell klar, dass sie sich nicht besonders gut leiden konnten, aber dann war da eben auch so eine merkwürdige Kraft, die sie zueinanderzog.

»Ach, du Scheiße«, sagte sie zu einer Begleiterin, »da hinten steht der grausame Lindenberg.«

Udo freute sich über die Erscheinung, fand sie »lecker« und dachte sich, er müsse sich jetzt mal »anschleichen«.

»Na, Pop-Praline, wie läuft's denn so?« Dann sprach er darüber, dass für einen schwer politischen Künstler wie ihn so ein niedlich blinkender Schlagerleuchtturm wie sie, Nena, eigentlich kein Umgang sei, und er glaubte zu spüren, dass seine halb weggetretene, schnöselige Art nicht auf komplettes Missfallen stieß.

Er nahm es als Ermutigung und stieg, kaum im Flugzeug, ein paar Reihen nach vorne, um sich zu ihr zu setzen.

Nena kicherte bis zur Landung.

Schnell stellten beide fest, dass sie ineinander verknallt waren – und dass eine Verbindung eigentlich ein Ding der Unmöglichkeit sei.

Hier die Schlagersängerin, dort der Politologe Ende dreißig. Seine Leute würden das ebenso wenig verstehen wie ihre, also musste die Sache streng geheim bleiben, was den Reiz natürlich erhöhte.

Es begann ein virtuoses Versteckspiel. Einchecken mit Papiertüte über dem Kopf im Hotel: »Entschuldigen Sie, meine Frau hatte einen schweren Autounfall und leidet jetzt an einer Gesichtsverletzung.« Flanieren im Affenkostüm. Verstecken im Schrank, wenn der Roomservice klopfte. Gelegentlich kam auch eine Burka zum Einsatz: »Meine Cousine aus Saudi-Arabien.«

Man traf sich zum Rollschuhfahren in New York, in London, in Zürich, und wie das bei Udo so ist: Wenn er glaubt, richtig verliebt zu sein, beginnt er, misstrauisch und eifersüchtig zu werden.

Endlose Telefonate, Vorwürfe, Fernsprechrechnungen von 10 000 Mark pro Monat. Dazwischen immer wieder Versöhnungen mit Champagner und teurem Cognac, und weil es so schön und leidenschaftlich ablief, waren am nächsten Morgen die Flaschen leer und die Köpfe schwer.

Ein nicht geringer Teil des Problems war, dass Udo auf seinen Freiheiten als Rock'n' Roll-Zigeuner beharrte, von Nena aber verlangte, dass sie nur ihm allein treu zu sein habe.

Und als sei dieses Ansinnen nicht schon ebenso ungerecht wie unrealistisch, wollte Udo Nena auch noch mit teuren Anrufen von abgelegenen Erdteilen aus kontrollieren.

Er sah seine Rolle durchaus selbstkritisch, sprach davon, sich »in einen Klammeraffen zu verwandeln. In ein Kleinkind, das 24 Stunden am Tag gehegt und gepflegt werden muss«.

Aber ändern wollte er sich deshalb noch lange nicht. Nach 6 Monaten war die stürmische Romanze beendet, und Udo stand einmal wieder vor den Trümmern einer Beziehung. Das allein war nichts Neues. Er wollte jener Flipper bleiben, von dem er schon 1977 gesungen hatte.

Ja, als ich ankam, war ich so sicher
wir sind jetzt Romeo und Julia
Das lag bestimmt nicht an dir
dass es wieder nur Durchreise
und immer noch nicht der letzte Bahnhof war

Schade, denn du wärst sie gewesen
die Frau, zu der ich mich bekenn'
mit der ich durch ein ganzes Leben renn'
Ich gehör' zwar zu dir, trotzdem haut das nicht hin
weil ich doch leider nur ein Flipper bin

Außerdem befand er sich in einer Traditionslinie, die er durchaus ansprechend fand. Hat nicht auch Friedrich Hollaender schon in den Weimarer Jahren den Song geschrieben:

Ich weiß nicht, zu wem ich gehöre
ich bin doch zu schade für eine allein
Wenn ich jetzt grad' dir Treue schwöre
wird wieder eine and're ganz unglücklich sein

Marlene Dietrich hatte den Song gesungen, hingehaucht, und nun wählte ihn Udo für eine Cover-Version für sein 1986er-Album »Phönix«.

Udo wurde in diesem Jahr 40 Jahre alt. Der Titel des Albums signalisierte, dass ihm das Alter nichts anhaben könne, und damit dieser Anspruch noch ein wenig deutlicher hervortrat, hatte Heiner Müller einen Text auf die Rückseite des Covers geschrieben:

»Phönix heißt der Vogel, der sich alle 500 Jahre selbst verbrennt und neu aufsteigt aus seiner eigenen Asche. Manchmal sind seine 500 Jahre nur eine Nacht lang. Das Feuer verzehrt nur die Schlacken, mit denen der Abraum menschlicher Arbeit – Moden, Medien, Industrien, das Leichengift der Kriege sein Federkleid beschwert. Sein Geheimnis ist die ewige Flamme, die in seinem Herzen brennt. Er vergisst die Toten nicht und wärmt die Ungeborenen.«

Das waren schwere, weihevolle Worte für das Werk eines gerade Vierzigjährigen.

Phönix.

Klang nach Phönix aus der Asche.

Reimt sich aber auch auf Flasche.

20 Jahre Suff und weg
dann war er ready für sein Comeback ...
Zog er easy den Joker aus der Tasche
und wurd zum Phönix aus der Flasche

sollte Udo im Jahr 2016 selbstironisch singen.

Aber Mitte der 80er-Jahre war er noch längst nicht so weit.

Da ging es erst einmal in die andere Richtung.

Nicht aus der Flasche raus, sondern wieder einmal in die Flasche hinein.

Tief.

Haltlos.

Das volle Programm.

Am 30. Mai 1986, einen Tag vor Himmelfahrt, wurde Udos persönliche Sekretärin, Gabi Blitz, tot aufgefunden.

Gestorben an einer Überdosis Tabletten und Alkohol mit nur 33 Jahren. Gabi war für Udo beides gewesen: ein Halt in der ruhelosen Welt des Showbusiness, jemand, der ihn abschirmte und schützte, wenn es nötig war. Und gleichzeitig ein unglaublich quirliger und kreativer Geist, der das Leben als große Inszenierung sah und sich dieser Bühne, die Udo über die Jahre aufgebaut hatte, begeistert hingab.

Gabi sah aus wie ein Lausbub, konnte sich aber rasant schnell in eine Rock'n'Roll-Mieze verwandeln, der Lindenbergische Zirkus schien wie für sie geschaffen.

Mit 17 verheiratet, mit 18 geschieden, änderte sie ihren Nachnamen von Aukam zu Blitz, verließ Gütersloh und schloss sich Ende der 70er-Jahre dem Panik-Clan an.

Sie umsorgte Udo wie einen Bruder, Sohn, Freund, bei ihr fühlte er sich cool und sicher. Und nun war Gabi tot, und Udo taumelte vor Trauer.

Der Schmerz ließ ihn noch einmal kreativ werden wie in seinen guten Zeiten. Über Tage schloss er sich im Ballsaal des Interconti ein und komponierte mit Bea Reszat, einer guten Freundin, »Horizont«, einen seiner großen Songs.

Der Text, tief und schnörkellos, erzählt auf wenigen Zeilen die Geschichte einer wunderbaren Freundschaft, ihren Geist, ihre Essenz.

Wir war'n zwei Detektive
die Hüte tief im Gesicht
Alle Straßen endlos
Barrikaden gab's für uns doch nicht
Du und ich, das war
einfach unschlagbar
Ein Paar wie Blitz und Donner
und immer nur auf brennend heißer Spur

Wir war'n so richtig Freunde
für die Ewigkeit, das war doch klar
Haben die Wolken nicht gesehn am Horizont
bis es dunkel war
Und dann war's passiert
hab' es nicht kapiert
ging alles viel zu schnell
Doch zwei wie wir
die dürfen sich nie verlier'n

Hinterm Horizont geht's weiter
ein neuer Tag
Hinterm Horizont immer weiter
zusammen sind wir stark

Das mit uns ging so tief rein
das kann nie zu Ende sein
so was Großes geht nicht einfach so vorbei
Du und ich, das war
einfach unschlagbar
ein Paar wie Blitz und Donner
Zwei wie wir
die können sich nie verlier'n

Udo war angezählt und tief erschüttert.

Warum hatte er das Unheil nicht kommen sehen, die dunklen Wolken am Horizont?

Warum war es ihm nicht gelungen, die Gefährtin zu beschützen?

Wie sollte es nun weitergehen, ohne Gabi?

Der Laden, dieses gefräßige Monster, musste am Laufen gehalten werden – und wenn er ehrlich war, fiel es ihm oft nicht mehr besonders leicht.

Er war jetzt 40.

Voll etabliert, auch wenn er immer noch den Rebellen mimte.

Eine Institution, die sich mit anderen Institutionen rieb, sie herausforderte. Aber eben auch einer, an dessen Sound sich die Bundesrepublik gewöhnt hatte. Der dazugehörte, eingemeindet worden war, und der tief drinnen immer noch wusste, dass er am besten war, wenn er die Welt von außen betrachtete.

Als Außenseiter.

Aber jetzt kamen längst andere, die manchmal halb so alt waren und schärfere, unmittelbare, ungeheure Musik machten. Leute wie Prince, dieses sagenhafte Geschöpf aus Minneapolis, das den Himmel und die Tauben lila weinen ließ, die Rapper Run Simmons und Darryl McDaniels von Run DMC, der Rapper Rakim oder brillante Rotzlöffel wie die Beastie Boys, die zu AC/DC-Riffs rappten und mit Bierdosen warfen.

Wie begegnete Udo solchen Herausforderungen und Herausforderern?

Zunehmend schwerer, und manchmal begann es schon ein wenig hilflos zu klingen, wie in einem Song namens »Say no« auf »Phönix«, wo sich Udo im Funk versucht und dabei Bertolt Brechts Rede »Nie wieder Krieg« noch einmal bemüht:

»Lasst uns das tausendmal Gesagte immer wieder sagen / damit es nicht einmal zu wenig gesagt wurde …«

Say no
wenn sie kommen, um Euch zu holen
say no
für ihr elendes Geschäft
say no
wenn der Resignator sagt
Widerstand hätt' nichts gebracht
und der Krieg wär' nicht zuletzt
auch so 'ne Art Naturgesetz

Es klang, als würde Udo nun das Parteiprogramm der SPD vertonen, mit freundlicher Unterstützung von Opel und der Stadtsparkasse Oldenburg. Mit großem Pop hatte ein Song wie »Say No« nicht mehr allzu viel zu tun.

Es war Zeit für ein wenig Ablenkung.

Vielleicht für einen Freund, auch für einen Menschen, der sich kümmert, aber bitte keine Ansprüche stellt, wie das Frauen zu tun pflegen, mal früher, mal später.

Zeit für jemanden, der angenehme Gesellschaft leistet, aber nicht stresst.

Eines Tages, 1986, rief der Concierge des Interconti Berlin an.

»Da ist ein Herr, der sagt, er kennt dich von früher her aus Gronau. Er heißt Eiling oder so ähnlich. Ich weiß nicht, ob du ihn kennst.«

Udo war mit einem Mal hellwach.

»Eiling, meinst du Herm Eiling? Ich komm sofort runter.«

Im Foyer des Hotels stand er dann tatsächlich.

Herm Eiling.

Udos Idol aus Gronau.

Der große Herm.

Der Einzige aus seinem Kaff, dem vor ihm die Flucht geglückt war.

Der strahlende Stern, der angeheuert hatte als Schiffssteward, der in weißer Uniform mit goldenen Knöpfen die großen Meere befahren und Ansichtskarten geschickt hatte.

Aus Hawaii. Aus der Karibik. Aus Buenos Aires. Aus New York. Die Botschaften hatten gewirkt wie kleine Ferngläser, mit denen Udo hinausschauen konnte in dieses sagenhafte Leben, das er erforschen würde, wenn er es nur endlich herausgeschafft hatte aus Gronau, diesem elenden Nest.

Herm Eiling.

Es war allerdings nicht gerade ein strahlender Anblick, den Herm im Foyer des Interconti bot.

Die Welt der glamourösen Schiffsalons, der funkelnden Uniformen hatte er anscheinend lange hinter sich gelassen. Vor Udo stand ein übergewichtiger älterer Herr. Das Jackett war abgetragen, die Gesichtsfarbe grau wie der Himmel über Hamburg.

Udo war bewegt. Herm, der alte Freund. Was war mit ihm geschehen?

Herm berichtete von schweren Zeiten. Er hatte einige Jahre in Nordamerika verbracht, in der Provinz von Virginia, wo er versucht hatte, ein drittklassiges Restaurant am Leben zu halten, bis es schließlich pleiteging. Ein älteres Ehepaar beschäftigte ihn nun wie einen besseren Butler, diese beiden vermeintlichen Gönner musste er gerade durch Europa begleiten: Venedig, Paris, London, Rom, Berlin – see the Wall.

»Udo«, sagte Herm, »ich war nun über 10 Jahre in diesem Restaurant da. Vielleicht ist die Zeit gekommen, etwas Neues zu machen?«

»Herm«, sagte Udo, »das könnte gut passen, ich hab gerade keinen Leibsekretär. Würdest du das vielleicht machen?«

Es begann eine neue Zeit.

Herm und Udo kamen überein, dass es jetzt genug sei mit dem Karrierestress. Weiter, immer weiter, das war über zwei Jahrzehnte Udos Losung gewesen. Seit fast 10 Jahren war er ganz oben, und es strengte ihn zusehends an, mit immer neuen Alben, Zahlen, Platzierungen beweisen zu müssen, dass er da auch hingehöre.

Er war ja sowieso der Beste.

Der Papst, wie ihn viele in der Branche nannten. Eine Autorität, die über den Dingen und Hitparaden schwebte. »Götterhämmerung« hieß das neue Album. War Udo dem Allmächtigen nicht schon recht nahe gerückt?

Nach so 'ner strammen Maloche, sagte sich Udo, wenn's mit der Musik nicht ganz so gut läuft, dann gräm dich nicht, ist kein großes Ding. Die Zukunft bei so 'ner starken Vergangenheit ist auch schwierig. Nach solchen tollen Rekorden, da kann man ja auch mal 10 Jahre lang feiern.

Feiern, das lag ganz auf Herms Linie. Davon verstand er etwas, das war sein Beruf und zugleich sein Schicksal, denn Herm war schwerer Alkoholiker.

Ohne Alkohol kein Herm.

Herm wurde Udos Saufkumpel Numero uno.

Damit es besser klang, gab ihm Udo ausgesuchte Titel wie Zeremonienmeister oder Mundschenk. Aber im Grunde war Herm vor allem dafür zuständig, dass immer was zu trinken da war.

»Das Mindeste«, sagte Udo, »war 'ne Plastiktüte mit Eis drin und Brut Impérial und zwei, drei Gläser«. Durchaus wünschenswert war dabei ein weißes Handtuch, das Herm über dem Unterarm tragen sollte, wenn er einschenkte.

Sollte.

Denn es ging auch ohne, solange die Plastiktüte mit dem Eis da war.

So begannen die Tage seit 1986 im 8. Stock des Interconti in Hamburg. Herm weckte Don Udo gegen 14 Uhr. Oft wurde vom Balkon der Suite eine Leuchtrakete abgeschossen. Weißer Rauch am Petersdom in Rom, Leuchtrakete an der Außenalster in Hamburg, es müssen manchmal eindeutige Zeichen gesetzt werden, um dem Rest der Welt mitzuteilen, was der Stand ist. Und der Stand war: Udo ist erwacht, und wenn alles gut geht, steht er jetzt dann auch auf.

Das weiße Handtuch, der Brut Impérial, die Eiswürfel im Silberkübel. Dann erst einmal in die Sauna zum Rausschwitzen des Alkohols vom Vortag – auch damit Platz war für neuen Alkohol. In der Sauna, oft schon anwesend, Wolfgang Joop, der Modemann, der in der Nachbarschaft wohnte und ebenfalls schwitzte und durcherzählte. Dass die Schwarzen in New York ihn Tschuup nennen und voll cool fänden. Welches Model neulich wieder aussah wie eine Vogelscheuche. Dann, nach der Sauna, was für den Kreislauf. Brut Impérial oder Chablis. Dazu Rollmops oder Kaviar. Und natürlich was für die Gesundheit. Also Knoblauch, viel Knoblauch. Die Wundermedizin überhaupt, hatte Herm neulich irgendwo gelesen. Dann Büro, was zugleich die Bar des Interconti war.

Da konnte Herm dann auch mal sitzen und andere einschenken lassen. Bald beschwerten sich die Gäste, dass die Muscheln der Telefonhörer penetrant stanken – nach Knoblauch.

Ja, nun.

Dann mussten die Telefone eben ausgewechselt werden.

Oder die Gäste.

Nicht Herms Problem, nicht Udos. Oder musste man denn alles selber machen?

Dann weitertrinken. Den ganzen Tag wurde getrunken, sagt Udo. Aber nicht einfach so. Sondern mit Programm und Plan. Also nicht schon nachmittags zwei Promille, bitte. Sondern ein paar Gläser zum Wachwerden und dann so weiter Richtung Nacht.

Was hatte Herm für die Nacht geplant?

Tja, kam drauf an.

Gesund war ja immer auch ganz gut.

Zum Beispiel mit Rollschuhen auf die Reeperbahn. Oder mit dem Kanu auf die Alster. Oder mit der Limo nach Timmendorf zum Joggen. Oder, wenn das alles zu langweilig war, in die einzige Großstadt des Landes, nach Berlin, mit, logisch, genügend Eis und Brut Impérial im Kofferraum.

Nur – Berlin konnte auch unerfreulich sein.

In Berlin war Herm noch nicht eingeführt. Man kannte ihn nicht überall. Neulich hatte doch glatt ein großer schwarzer Mann die Tür zu einem Nachtlokal versperrt, auf Herm gedeutet und gesagt: »You fat white pig – you cannot come in« – »Du fettes weißes Schwein, darfst hier nicht rein«.

Udo dachte, er hätte sich verhört. Hatte da jemand seinen Freund Herm beleidigt?

»Das ist Ehrenkodex«, sagte Udo.

Mit Ehrenkodex war nicht zu spaßen. Ehrenkodex hieß, die Ehre des Syndikats L. ist verletzt, und es ist Panik angesagt. Volle Panik. So lange, bis die Ehre des Syndikats L. wiederhergestellt ist.

Udo ging in den Laden, verlangte den Chef, forderte, dass der Türsteher sich entschuldigen müsse bei Herm.

Er könne nichts machen, sagte der Chef, schlapp.

»Soll der Laden brennen?«, fragte Udo.

Der Chef zuckte mit den Schultern.

Udo ging hinaus zu seinem Freund Herm. Telefonate wurden geführt, bis in den nächsten Nachmittag hinein. Hanne Kleine von der Ritze in Hamburg wurde auf den Plan gerufen, Kalle Schwensen, andere Kiezgrößen.

Ehrenkodex.

Die Berliner hatten sich nicht entschuldigt.

Der Preis ging hoch.

Schließlich näherte man sich einem Arrangement zur Wiedergutmachung. Eine einfache Entschuldigung genügte schon lange nicht mehr.

Der Plan war: Udos Limo würde vorfahren. Der Türsteher müsste rauskommen und vor der hinteren Wagentür niederknien. Herm würde einen Fuß heraushalten. Der Türsteher würde den Schuh erst polieren, dann küssen und dabei murmeln: »Es tut mir alles sehr, sehr leid, ich bitte um Verzeihung, bitte. Im Namen meiner gesamten Verwandtschaft.«

So geschah es. Der Ehrenkodex war wiederhergestellt.

Wenn du zwei Flaschen Whisky im Kopf hast, dann geht das auch nicht anders, erklärte Udo später den Fall. Da müsse dann auch was passieren. Egal wie. Jetzt passieren. Dann würde an so ’nem Fall so lange gedreht, bis das dann auch klargeht. Konsequenz habe einen Namen, und der heiße Udo L.

Udo war jetzt wieder voll drauf.

Sechs Jahre ohne Suff schienen wie weggeputzt.

Er sog sich erneut an der Flasche fest. Die Sucht legte die Zwangsjacke aus, er zog sie an, und Herm half dabei, das weiße Handtuch über dem Unterarm.

Musik, ja, die gab es auch noch.

Aber eigentlich war keine Zeit mehr dafür, und mit so einer Band im Studio, das ging Udo zusehends auf den Geist. Das Kunstlicht, die Langeweile, das Gemucke, die Egos der Musiker, die gelobt werden wollten wie Kinder.

Am liebsten nahm Udo jetzt seine Kompositionen mit dem Keyboard selbst auf, setzte eine Drum-Machine darunter und sang dazu. Sollte doch jemand anderes das Zeug zu Ende bringen.

Er hatte keine Lust dazu.

Er trank lieber.

So klang es dann auch.

Es klang billig, wie Hintergrundmusik im Kaufhaus, wie Phil Collins oder Kenny G.

Keyboard, Drum-Machine, in der Ferne, so als menschliche Note, ein schmieriges Saxofon. Der Soundtrack für Männer um die fünfzig, die mit gelenkschonenden Schuhen in der Pilsbar hocken und stumm ins Glas gucken. Selbst Juwelen wie »Airport« und »Goodbye Sailor« wurden in Grund und Teppichboden produziert.

Manchmal versuchte es Udo mit Selbstironie wie in »Dirty Old Man«, dem Opener auf »Casa Nova«.

Nun kommt man langsam in die Jährchen
verliert das eine oder andere Härchen
Trägt die Frisur jetzt in Scheibletten
braucht ab und zu schon mal Potenztabletten

Doch trotzdem werden die Zeiten jetzt immer toller
Dolce Vita – je oller, je doller
schöne junge Frauen und Champagner jede Nacht
ja, so'n älterer Herr ist schon sehr gefragt
viel gefragter als damals

Aber wie das mit der Selbstironie so ist. Wenn man Udo und seinen Mundschenk so um drei Uhr früh durch die Ritze auf der Reeperbahn taumeln sah, dann schien es, als beschreibe »Dirty Old Man« den realen Istzustand. Der Titel hatte nur einen Fehler. Einen Rechtschreibfehler. Der Song hätte »Dirty Old Men« heißen müssen.

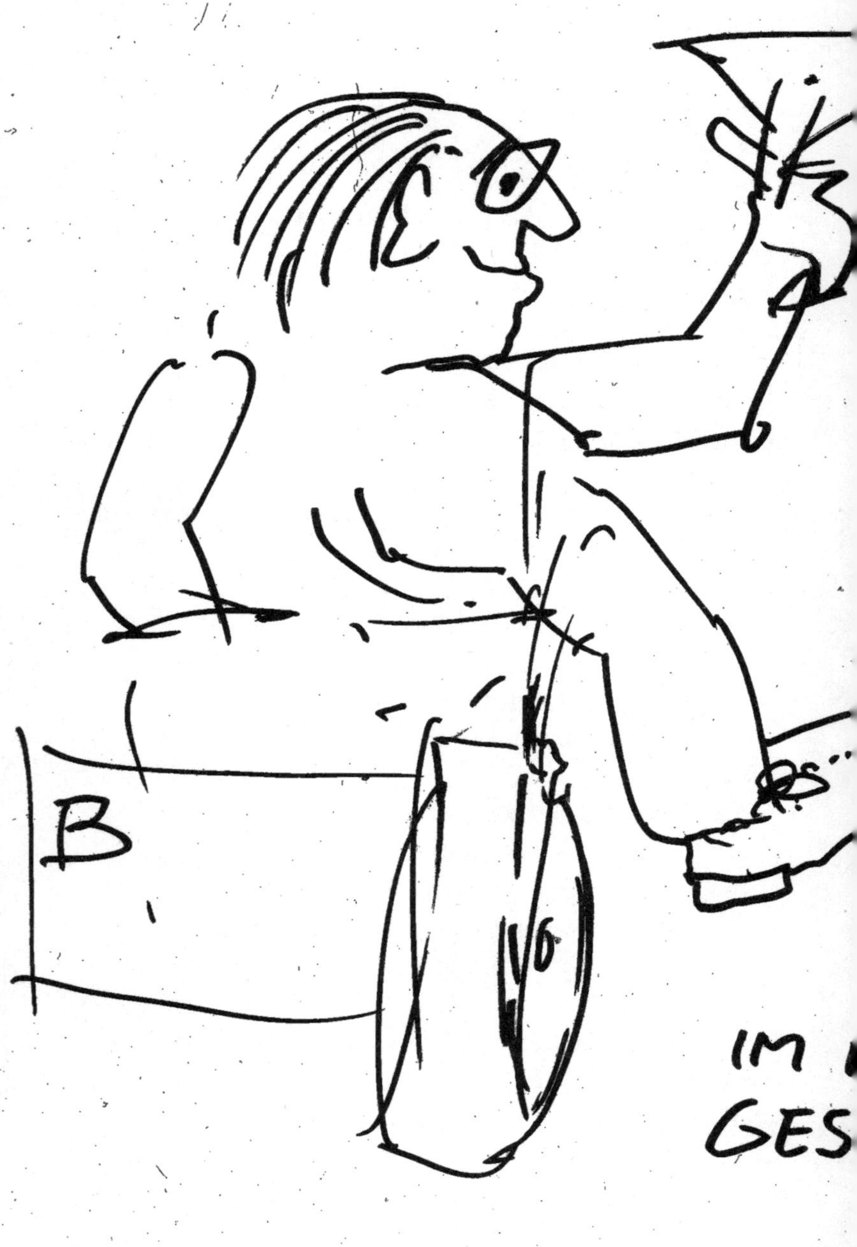
B
10
IM
GES

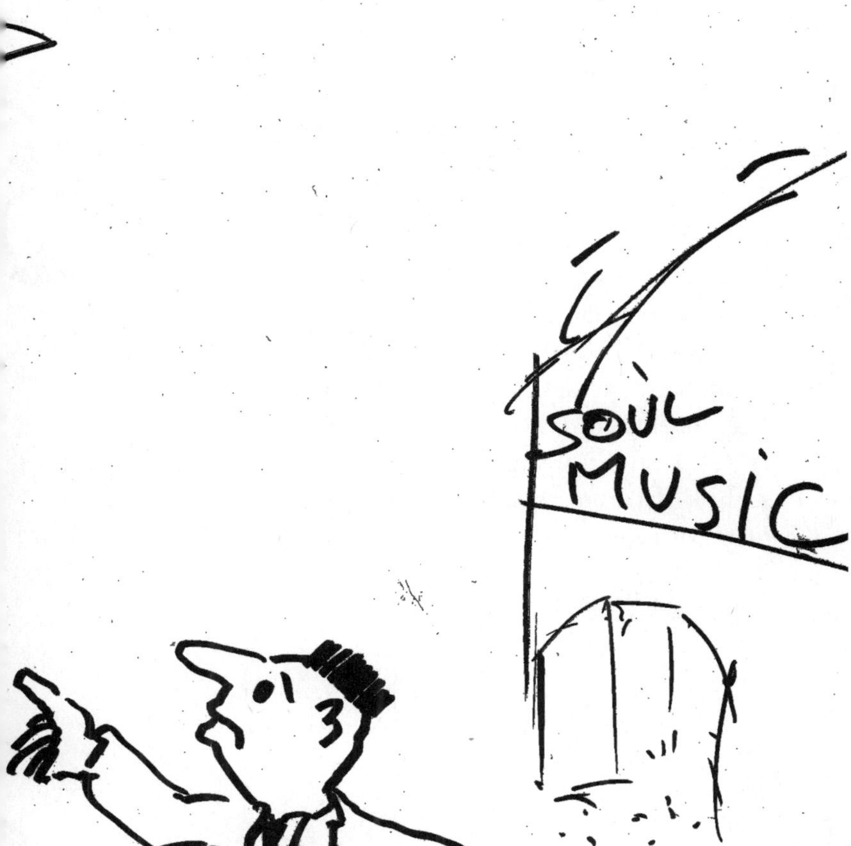

EN MEINER
TEN VERWANDTSCHAFT..

Wenn aufgenommen wurde, zum Beispiel im Berliner Hansa-Studio, saß Udo jetzt unten in der Kneipe, während die anderen oben im Studio spielten. Neben ihm Herm. »Wir haben uns festgetrunken«, sagte Udo, wenn man ihn bat, nach oben zu kommen.

Einmal stieg der Gitarrist Carl Carlton hinunter in die Kneipe und sagte: »Udo, ich hab grad ein tolles Solo erfunden. Das musst du dir anhören.«

Udo hatte keine Lust und sagte: »Ich hab so großes Vertrauen in dich. Ich muss das nicht mehr hören. Ich weiß, wie geil das ist. Du kannst ja gar nicht anders. Nur das Größte.«

Er sei einfach zu faul gewesen, den Hintern hochzubewegen, sagte Udo später. Erst als ihn jemand ins Studio zog, hätte er sich schließlich Carltons Werk angehört und gesagt: »Oh, das ist ja ein tolles Solo, aber das wusste ich vorher schon.«

LEBENSFREUDE-KONGRESS

Es ging dahin mit Udo, und selbst in seiner Plattenfirma, wo man sich daran gewöhnt hatte, alles durchzuwinken, begann man sich Sorgen zu machen.

»Wir brauchen jemanden, der darauf achtet, dass Udo nicht zu viel säuft«, lautete die Jobbeschreibung.

Udo wusste Rat. Er hatte da jemanden an der Hand. »Zahlt dem mal 5000 Mark«, sagte er, »und der Typ stellt sicher, dass ich nicht so viel in mich hineinschütte.«

Der Typ, von dem Udo sprach, war im Panik Orchester nur als »Erwin, der Bibelforscher« bekannt. Er hatte die Figur eines Grizzlybären, vertrug ein Vielfaches von Udo und wurde neben Herm der neue beste Zechbruder und zweiter persönlicher Sekretär.

»Da hatte ich genau den richtigen Komplizen an Bord«, sagte Udo.

Erwin hieß mit Nachnamen Hilbert, war ein Jugendarbeiter aus Tostedt, einer Kleinstadt zwischen Hamburg und Bremen, und er hatte Udo vor einem Jahr um 1000 DM angehauen, damit seine Jugendlichen Instrumente für eine Band kaufen konnten.

Udo schrieb den Scheck.

Bald wurde Erwin wieder vorstellig. Ob die Band einmal vorspielen könne? Zwei seiner Söhne würden dort Bass und Gitarre bedienen.

Udo kam, sah und war überzeugt.

»Genial, die beiden nehm' ich, den Rest kannste vergessen.«

Dummerweise waren Erwins Söhne erst 13 und 15 Jahre alt, aber so konnte der Vater bei seinen Söhnen Kieran und Lukas sein und gleichzeitig Udo Gesellschaft leisten.

Außerdem hatte das Panik Orchester genug von Udos Kneipensitzungen. Ausgerechnet Peter Maffay, von Udo jahrelang als Leichtgewicht und Schlagerfuzzy verhöhnt, bot seinen Musikern mehr Geld. Udo gab die Musiker frei, das Panik Orchester war fürs Erste Geschichte. Kieran und Lukas feierte Udo als seine neuen »Panik-Söhne.«

Erwin hatte in Tostedt auch die Berufung zum Laienprediger in einer Pfingstgemeinde in sich gespürt und diesen außerordentlichen Eifer mit ins Interconti zu Udo gebracht.

Udo spürte, dass Erwin ein, wie er es nannte, Extremling war. Einer der, wie Udo fand, oft und zu weit über den Rand hinausschrieb.

Man musste eben ein wenig aufpassen auf diesen Erwin. Ihn vielleicht nicht überallhin mitnehmen, aber andererseits hatte dieser Hobby-Missionar auch seine angenehmen Seiten.

Er hielt immer sofort ein geöffnetes Taschentuch in der Hand, sobald Udos Nase zu laufen drohte. Er schoss nicht nur die Leuchtmunition pünktlich vom Balkon, sondern bestand auch darauf, dass man sich dabei etwas wünschen solle.

Er trug die Leuchtpistole auch nachts in St. Pauli noch in der einen Tasche, um jederzeit ein kleines Privatfeuerwerk veranstalten zu können, und eine Flasche Jägermeister in der anderen, für alle Fälle.

Und dann hatte er neulich ein Plakat von einem Bauzaun vor den Deichtorhallen abgerissen.

»Lebensfreude-Kongress« stand darauf geschrieben.

Irgend so eine Esoterik-Messe.

Völlig daneben eigentlich.

Aber Erwin hatte dieses Plakat an die Theke der Hotelbar des Interconti gehängt und gesagt: »Das isses.«

»Was meinste nu?«, fragte Udo.

»Na, Lebensfreude-Kongress«, sagte Erwin. »Das ist doch unser Ding. Das klauen wir und nehmen es als unser Motto.«

Udo nickte. Brillante Idee. Darauf einen Jägermeister.

»Lebensfreude-Kongress« – so sollte das nun abgehen hier.

Und zwar konsequent.

»Von jetzt an nur noch konsequent leben«, sagte Udo.

Sie prosteten sich zu. »Darauf erst mal hoch die Tassen, klingelingeling«, sagte Udo.

Von jetzt an nur noch konsequent.

Dann fiel Erwin noch ein, Udo zu fragen, was dieser neue nur-noch-konsequente Lebensstil denn kleidungstechnisch bedeutete.

»Ganz einfach, Erwin: Du musst wie aus dem Ei gepellt sein, ich als Popstar darf dagegen mit schiefen Absätzen rumlaufen. Alles klar, nee? Nur noch konsequent leben, nee.«

Natürlich gab es auch Menschen an Udos Seite, die diesen konsequenten Weg in den Alkoholismus ablehnten und mit großer Sorge sahen.

Es war die Intellektuellenfraktion, die Udo immer gepflegt konsultiert und zu Geheimräten ernannt hatte.

Gut, Geheimräte gab es viele. Je länger ein Abend an der Hotelbar dauerte, desto mehr wurden es – auch, weil Geheimräten das Recht zustand, Getränke auf Udos Zimmer anschreiben zu lassen und auf diese Weise weit nach Mitternacht mit einem Portemonnaie Richtung Taxistand zu taumeln, das noch genauso voll war wie am späten Nachmittag, als sie Witterung aufgenommen hatten mit Udo.

Die Intellektuellengang, die besseren Geheimräte, ekelten sich vor diesen Stumpf-Alkis von der Jägermeister-Fraktion:

Schandhafte Existenzen, schmutzige Fingernägel, keine Zeile gelesen von Karl Marx oder Bertolt Brecht, nichts abgespeichert – außer vielleicht die Telefonnummer des Salambo, jenem Lokal auf St. Pauli, wo die Bühne zum Kopulieren unter Livebedingungen genutzt wurde und die Jägermeister-Fraktion das Treiben verfolgte wie ein Fußballspiel.

Furchtbar fand das die Intellektuellenfraktion. Dabei ganz vorne, seit den frühen Tagen des Onkel Pö, Dr. Horst Königstein, NDR-Redakteur, schwul, brillant, jemand, der Songtexte mitschreiben, Shows inszenieren, an einem Image feilen konnte.

Königstein gruselte sich davor, dass Udo sich in so einer Harley-Davidson-Werner-Beinhart-alte-Männer-die-sich-weigern-erwachsen-zu-werden-Welt festsaufen könnte. Schnelles Auto, junge Frauen und dazu der Drei-Akkord-Rock.

Deshalb wollte Königstein einen anderen Udo. Er sollte sich besinnen auf jene Stärken, die ihn eigentlich auszeichneten: seine Sensibilität, die leisen Töne, Udos Künstlertum.

Udo sollte erwachsen werden.

Ein reifer Entertainer, der von einem Barhocker aus tiefe Einsichten verkündet und nicht auf Socken vor voll aufgedrehten Verstärkern torkelt und das Mikrofon wie ein Cowboy schwingt.

Außerdem konnte bei dieser Gelegenheit der Öffentlichkeit, aber auch Udo selbst vor Augen geführt werden, wo seine Kunst der Unterhaltung eigentlich verwurzelt war, nämlich in den virtuos-melancholischen Songs der 20er-Jahre.

Kaum jemand hat die liberale Haltung dieser fortschrittlichen Kultur vor, während und nach dem Naziterror glamouröser verkörpert als Marlene Dietrich.

Als Lola im »Blauen Engel«, als Filmdiva und Hemingway-Freundin in Hollywood, als Unterhaltungskünstlerin der vorrückenden US-Truppen, als Nachtklubsängerin in Billy Wilders fabelhafter Komödie »A Foreign Affair« von 1948, wo sie im zertrümmerten Berlin eine tough-traurige Überlebenskünstlerin spielt und Hollaenders »Illusions« singt.

Udo war begeistert von Königsteins Idee, sich den alten, großen Songs wieder zu nähern und sie auf minimalistisch-zurückhaltend instrumentierte Weise zu feiern.

Es waren ja noch dazu die Songs, die seine Mutter Hermine immer so geliebt hat.

Want to buy some illusions
slightly used, second hand?
They were lovely illusions
reaching high, built on sand

Obwohl die Texte nicht von ihm waren, identifizierte sich Udo sehr stark mit ihnen. So stark, dass er bei den Aufnahmen von »Illusions«, dem Song darüber, dass unsere Träume am Ende doch nur ein paar Souvenirs sind – some for laughs, some for tears –, begann zu weinen.

Die Tontechniker waren überrascht. Udo war bekannt als ein Künstler, der es oft wagte, wie er es nannte, »weit hinauszuschwimmen«, aber geweint bei einem Song hatte er bis dahin noch nie.

Bei seiner Schatzsuche war Udo sogar fast ins Allerheiligste vorgedrungen – jenes sagenumwobene Apartment in Paris, in dem Marlene Dietrich ihre alten Tage verbrachte und, abgeschieden von der Welt, ihr Gesicht nicht mehr der Öffentlichkeit oder einem Fotografen zeigen wollte.

Die Menschen, so hatte es die Dietrich in preußischer Resolutheit beschlossen, sollten das Antlitz eines Stars in Erinnerung behalten.

Trotzdem erlaubte die Dietrich Udo, ein Tonband durch den Dienstboteneingang zu reichen, auf das sie dann am 23. Oktober 1987 sprach. »Menschenskind, warum glaubst du bloß, gerade dein Leid, dein Schmerz wäre riesengroß. Wünsch dir nichts, dummes Menschenskind, Träume sind nur schön, solange sie unerfüllbar sind.«

Für die Produktion des Albums waren die Theatermusiker Ernst und Hans Peter Ströer verantwortlich. Sie trugen ihre Verachtung für Udos »Kraut-Rock«, wie sie es nannten, offen zur Schau.

Als Udo während der darauffolgenden Tournee einige dieser Nummern vom allzu intellektuellen Sockel holte, äußerten sie ihren Ekel ungehemmt.

»Ich hab den Eindruck, der torkelt immer hin und her, der weiß nicht, was er selbst will. Aber ich geb ihm keinen Rat. Ich bin nicht der, der ihn vom Kraut-Rock wegbringt«, sagte Hans Peter Ströer der Zeit.

Spätestens als das Album nicht über Platz 26 in den Charts hinauskam, dämmerte Udo, dass die Zukunft, die Dr. Horst Königstein für ihn geplant hatte – »eine Art gefährliches Matinee-Idol, dem man zutraut, einen Tanztee erotisch interessant zu zelebrieren oder zu zerstören« –, ihn zu jenen Gefilden zurückführen könnte, denen er in den 60er-Jahren mit viel Anstrengung entkommen war. Mit »Gustav« sollte es zwar erst noch eine Platte fürs Familienalbum geben, dann war es aber wieder Zeit für die große Kirmes, die Wundertüte.

Natürlich waren Herm und Erwin und der Rest der Jägermeister-Fraktion erleichtert, dass Udo begann, sich zu besinnen.

Marlene Dietrich und rosengefüllte Dienstbotentreppenhäuser in Paris als Dankeschön für ein paar Worte auf Tonband – das war ja ganz nett, und wenn's Udo gefiel, sowieso, aber jetzt mal ganz ehrlich, »Candy Jane« war das alles ganz und gar nicht.

Das alles war natürlich auch Stress. Denn Udo ließ ja für seine Ausflüge in die Königstein'sche Welt des hohen Anspruchs die anderen Sachen nicht liegen.

Die Arbeit für »Hermine« und »Gustav« kam einfach obendrauf. Normale Studio-Alben lieferte er darüber hinaus mit »Casa Nova« und »Bunte Republik Deutschland« eines pro Jahr ab. Die Tatsache, dass er allmählich ausbrannte und sich immer weniger für diese normalen Alben interessierte, war eine zusätzliche Last.

Auch gegen diese Beschwernisse sollte der Lebensfreude-Kongress Linderung schaffen.

Im Juni 1989 stand ein längeres Paris-Wochenende an. Spontane Sache, aber eben sehr kurzfristig, weshalb die Direktflüge von Hamburg ausgebucht waren. Zwischenlandung in Düsseldorf, zwei Stunden Aufenthalt, alles easy eigentlich, aber plötzlich war da ein Stechen in der Brust.

Kann passieren, dachte Udo.

Erst mal an die Bar.

Einen trinken zur Entspannung.

Er war ja erst 43, da bekommt man noch keinen Herzinfarkt.

Er steckte sich eine an, trank einen Underberg. Es wurde nicht besser, sondern schlimmer.

Hmm.

Vielleicht half ja jetzt ein Fernet-Branca.

Noch mal einen Zacken schlimmer.

Jetzt aber besser den Arzt anrufen. »Du musst viel trinken«, sagte der Doktor. Udo machte sich jetzt richtig Sorgen – und rauchte eine nach der anderen. Er war ja nebenbei Kettenraucher, 100 Zigaretten am Tag.

Udo nahm ein Hotelzimmer. Paris konnte er vergessen für heute. Im Hotel erst Meditation, dann die Minibar. »Heilung durch Kräuterschnaps«, dachte Udo, »du musst dich gesundtrinken.«

Er sackte weg, in einen leichten Betäubungsschlaf.

Als er am nächsten Tag aufwachte, plagten ihn Angstzustände, noch stärkere Brustschmerzen, und der Schweiß lief ihm über das Gesicht. Er bestellte ein Taxi, fuhr ins Krankenhaus. Herzinfarkt, an einer Stelle kam kaum noch Blut durch. Später wurde der Engpass mit einem Katheter bearbeitet.

Als die Ärzte von Udos Zigarettenkonsum hörten, gratulierten sie ihm fast. Nicht zu seiner Nikotinsucht, aber zu seinem Körper: »100 Zigaretten am Tag – da ist ein Infarkt ein Zeichen, dass Ihr Körper gesund reagiert.« Ein Teil der Therapie: Der Patient Lindenberg muss mit dem Rauchen aufhören.

Udo war einsichtig. Außerdem hatte er in Paris in einer Apotheke bereits bei einem früheren Besuch diese Kräuterzigaretten gesichtet. Neun Mark die Schachtel zwar, aber dann jetzt mal die probieren, nee?

Und Alkohol?

Ein bisschen trinken geht immer, dachte Udo. Ist auch gut für die Stimme. Und, ja, wäre vielleicht nicht schlecht, wenn ein Arzt jetzt öfter dabei wäre.

»Trinken unter ärztlicher Aufsicht«, nannte Udo dieses neue Lebensfreude-Arrangement.

Die Jägermeister-Fraktion sorgte sich um den obersten Dienstherrn. Andererseits musste es ja weitergehen mit der Lebensfreude, denn war Vergnügen nicht die beste Medizin gegen Stress?

Ein paar Wochen nach dem Herzinfarkt fragte ein NDR-Reporter Felix, den Zwerg, auf der Straße in Pöseldorf, wie es Udo denn so gehe und wie die Genesung voranschreite?

»Udo hat sich prima erholt«, antwortete Felix.

»Er isst jetzt nur noch Becel-Magarine statt Butter.«

Ein Geniestreich, dieser Satz, dachte Erwin und sah sofort mannigfaltige Möglichkeiten, wie sich die Jägermeister-Fraktion an dieser Vorlage bereichern könnte. Eine »Hängematte aufspannen« nannten sie das.

Udo sollte für Herzinfarktspatienten-Produkte werben, das war der Plan.

Zum Beispiel für Becel-Magarine.

Aber dazu musste man erst einmal Udo beweisen, dass wirklich Geld zu holen war bei dieser Sache.

Also bestellte Erwin beim Concierge des Interconti einen Aktenkoffer und packte 30 000 Mark in kleinen Scheinen hinein, quasi zur Ansicht.

»Ich möchte mit in diese Hängematte. Da muss ich auch von profitieren«, sagte Herm Eiling, als er mitbekam, was Erwin da trieb.

»Mal sehen«, antwortete Erwin, »aber eigentlich ist diesmal kein Platz mehr da drin.«

Als Udo dann den Koffer öffnete, freute er sich zwar über die Ansicht der Kohle, wollte aber auf gar keinen Fall zum Apotheken-Musiker für Becel mutieren.

Idee durchgefallen.

Auf Herm Eilings Schadenfreude musste Erwin nicht lange warten. »Herr Hilbert«, sagte Herm, »bitte übertreiben Sie es nicht. Es könnte sein, dass Herr Lindenberg sonst Abstand von Ihnen nimmt.«

Um der neuen Situation Rechnung zu tragen, entwickelte Udo einen Trinkkodex, den er so formulierte: »Wir trinken mit Verstand. Nicht hirntotes Reinschütten. Diszipliniertes Trinken.« Es war eine schöne Theorie – und das blieb sie auch, denn in Wahrheit änderte sich nicht viel.

Champagner nach dem Aufstehen, Chablis am Nachmittag und weniger Jägermeister.

Dafür kam jetzt Underberg in Mode.

»Mit wenig Aufwand viel Rausch«, pflegte Erwin zu sagen, der nun gelegentlich mit einem Underberg-Gürtel durch Hamburg stolzierte. Ein Ding, das aussah wie ein monströser Patronengürtel, nur dass statt scharfer Munition kleine Underberg-Flaschen darin steckten.

In der Bar des Interconti war dieses Objekt jedoch weniger beliebt.

Die frühere Jägermeister- und jetzige Underberg-Fraktion musste den Schnaps nämlich eigentlich beim jeweiligen Barkeeper ordern, was ein ziemlich kostspieliger Auftakt in den Abend war. Ein Underberg kostete 4,90 Mark plus Trinkgeld, und bei 40 Underberg kam immerhin so viel zusammen, dass Udo Erwin gelegentlich mahnte.

»Kannste nicht mal den Underberg bei Aldi kaufen?«

Erwin bestand aber auf der Hotelbar. Lindenberg kauft seinen Underberg bei Aldi – wie sehe so was denn aus.

»Haste auch wieder recht«, sagte Udo und zeichnete die Rechnung ab.

Die nächste Station, an der der Kongress in der Regel festmachte, war das Büro.

Die Adresse des Büros lautete »Große Freiheit Nummer 39« und war der Nachtclub Salambo. Auf einer Bühne waren regelmäßig mehrere Personen damit beschäftigt, den Akt des Beischlafs zu zelebrieren. Aber wer das schon kannte oder langweilig fand, der konnte in einem der etwas diskreter gelegenen Whirlpools selbst tätig werden. Zwischen Bühne und Whirlpool in einer Ecke stand das Faxgerät des Syndikats L.

»Ratterratter«, sagte Udo, »dort sammelten wir die Angebote. Ratterratter, Rock gegen Rechts. Rock gegen Brokdorf. Heute die, morgen du. In nächtlichen Stunden waren wir im Salambo meistens sehr gut erreichbar.«

Auch das Salambo war nicht billig. Champagner und Frauen für den harten Kern des Kongresses, in der Regel kam das Büro am Abend auf eine Summe von 5000 Mark. Das hatte dann selbst Udo nicht immer in bar parat, weshalb Erwin bereitwillig Udos Scheckbuch präsentierte.

»Udo konnte immer unterschreiben«, sagte Erwin Hilbert. »Sein Geist war voller Klarheit – auch, wenn er besoffen in der Ecke lag.«

Die Rückfahrt zurück ins Interconti wurde, wenn es das Wetter zuließ, mit Rollschuhen angetreten.

Udo hatte diese neuen, sanft dahingleitenden Rollerblades auf einer seiner Amerikareisen entdeckt und war völlig begeistert, auch, weil er sich vom betrunkenen Rollen auf hanseatischem Asphalt zusätzliche Fitnesspunkte versprach.

Zurück im Hotel drehte der Kongress zur Feier der wohlbehaltenen Ankunft auf dem weißen Marmor der Lobby noch zahlreiche Kreise. Eine Aktion, die im kalten Licht des nächsten Vormittags meist hässliche, dunkle Spuren hinterließ.

Es gab Mahnungen von der Hoteldirektion.

Udo gelobte Besserung.

Neue Spuren, neue Mahnungen.

Schließlich hatte der Hoteldirektor genug von der Lebensfreude seines bekanntesten Dauergastes.

»Herr Lindenberg, das Ende der Fahnenstange ist erreicht. Sie müssen ausziehen.«

Als neue Heimat wählte Udo das Atlantic gegenüber, was schon deshalb praktisch war, weil das Kanu, mit dem der Kongress manchmal nachts über die Alster schipperte, einfach nur das Ufer wechseln musste.

Sonst hatte Udo nicht viel.

Das Faxgerät stand ja im Salambo, und eigentlich war bis auf die Dutzende von Kartons mit Schuhen, die der Kongress beim

Garagisten des Interconti eingelagert hatte, alles schnell gepackt.

Mit den Kartons hatte es folgende Bewandtnis: Udo hatte an die 100 Paar Schuhe gekauft, weil er Geschäftspartnern, die seine oft ungewöhnlichen Ideen nicht umsetzten, ein Geschenk präsentieren wollte. Die Widerspenstigen mussten beim Verlassen des Hotels noch beim Garagisten Station machen, worauf jener ihnen ein Paar Schuhe präsentierte: »Mit schönem Gruß von Herrn Lindenberg, damit Sie sich selbst in den Hintern treten können.«

Selbstverständlich konnte dieser Schatz nicht ohne Weiteres zurückgelassen werden.

Es war nicht so, dass Udo das Panik Orchester zu jener Zeit wirklich vermisste. Es gab jetzt ja wichtigere Dinge als die Musik, und wenn ein Album wie »Casa Nova« in den Charts 1988 nur Platz 32 erreichte, dann bedeutete das nicht viel, denn das Geld von der Plattenfirma kam trotzdem.

Pünktlich. Zuverlässig. Siebenstellig.

»Nie unter 'ner Million pro Jahr«, sagte Udo, »und das ist auch richtig so. Das ist sozusagen die Grundgebühr, dass sie meinen geheiligten Namen an ihre Hütte schreiben können.«

»Das ist der Papstbonus.«

Udo und der Kongress beschlossen nun offiziell, dass Champagner das unumstößliche Nummer-eins-Getränk sei.

Angenehm bedröhnt, schicke Sache, relativ gesund. Im Kofferraum mussten nun immer ein paar Flaschen gekühlt liegen. Damit der Trinkprozess einfach gehalten wurde, geschah es oft, dass Herm und Erwin das edle Getränk in Biergläsern reichten.

»Nur noch konsequent leben heißt eben auch: nur noch Champagner«, sagte Udo. Nur das weiße Handtuch auf Herms Unterarm durfte nicht fehlen.

Der Champagner musste aber standesgemäß transportiert

werden, was Udo dazu brachte, nun eine Limousine zu wollen, »wie sie amerikanische Präsidenten« fahren.

Das Fahrzeug wurde beschafft, es gab aber Probleme mit der Technik, weshalb Udo eines Tages erst mal mit dem Taxi in die Paris Bar in Berlin-Charlottenburg fuhr. Dort wartete er dann auf die Limousine, gespannt, ob das Ding nun wieder flott wäre.

Regen fiel auf die Straße vor der Bar.

Die Limousine fuhr vor, gesteuert von einem Mitglied des Kongresses.

Udo stand in der Tür der Paris Bar, als er sah, wie sich unter der Limousine ein Ölfleck bildete. Der Gebrauchtwagenhändler, der das Gefährt notdürftig repariert hatte, traf ein und meinte, den Schaden könne man ohne große Probleme noch einmal reparieren.

Udo nahm den Scheck, der für den Gebrauchtwagenhändler bestimmt war, und zerriss ihn.

Ausgestellt auf 10 000 Mark.

»Wir machen jetzt nur noch konsequente Sache«, sagte Udo, warf die Schnipsel des Schecks auf die nasse Straße und ging zurück in die Bar.

Udo war jetzt trotz Herzinfarkt wieder voll drauf. Die Alkoholkultur, die er als Kind in Gronau kennengelernt hatte, nahm ihn erneut auf. Er wurde abermals ein vollständig akkreditiertes Mitglied.

Udo, Sohn von Gustav, setzte die Erbfolge konsequent fort in diesem Stammbaum des Suffs.

Auf »Gustav«, jenem Album, mit dem Udo seinem Vater 1991 ein Denkmal setzte, ist der Vater auf der Rückseite abgebildet.

Er wirkt wie ein Aristokrat, makellos gekleidet und frisiert, ein Sektglas mit geschlossenen Augen erhoben, weihevoll wie ein kleines Heiligtum. Schöne Frauen und Männer prosten ihm zu.

Gustav als Hohepriester der besseren Gesellschaft von Gronau.

Der Installateur wirkte auf Partys wie der geheime Herrscher der kleinen Stadt.

»Unterm Säufermond« heißt einer der Schlüsselsongs dieses Albums auf den Spuren des Vaters. Aber es geht darin mindestens ebenso um Udo wie um Gustav. »Unterm Säufermond« ist Udos konsequentestes Selbstporträt der 90er-Jahre.

Wieder geht ein Tag zu Ende
und die Dämmerung zieht rauf
Leise zittern ihm die Hände
und der Säufermond geht auf
Er läuft hin und her im Zimmer
wie magnetisch fällt sein Blick
auf die Mini-Bar, wie immer
»Gib mir doch 'n kleines Glück
Meine Nerven, die sind, ach
die sind heut' wieder 'n bisschen schwach
Komm, mach mich wieder wach
mach mich bitte wieder wach«

Und der Whisky – der zieht runter
und sein Blut wird schnell und warm
und jetzt nimmt ihn Lady Whisky
ganz zärtlich in den Arm
Gratuliert zu den Geschäften:
»Die sind heut' sehr gut gelaufen
Lass uns beide, Du und ich
erstmal richtig einen saufen
Meine Küsse, scharf und nass
komm' erheb das nächste Glas
Eine Nutte heute Nacht
die's Dir für'n paar Scheine macht

die brauchst Du nicht
wenn Lady Whisky von der Liebe spricht«

Und die Zimmerdecke hebt sich
und die Wände brechen ein
auf dem Boden leere Flaschen
und er ist wieder so allein
Menschen in Hotels sind einsam
sie sind immer nur zu Gast
ewige Vertreter, die jeder Kunde hasst

In den Ohren ist ein Sirren
und im Herzen ist ein Schlag
Alle Fenster hört er klirren
dieses Zimmer ist ein Sarg
Aus dem Fenster zu den Sternen
nur: Die kann er nicht mehr seh'n
und in dunkler Wolkenferne
scheint fahl
der Säufermond

Ein Mann lag in seinem Zimmer
im Hotel Imperial
mit den Nerven wurd' es schlimmer
jede Nacht 'ne neue Qual
Dieses Leben ist so arm
ferngesteuerte Quälerei
Öffne die Flasche Nummer drei

4,7 PROMILLE

Es war ein stark schwankender Bus, den der Kongress der Lebensfreude da fuhr. Aber der Kongress hielt Kurs, trotz gelegentlicher Wechsel in der Belegschaft.

Erwin Hilbert bekam wegen all der sündigen Exzesse ein schlechtes Gewissen und stieg aus, dafür kam mit Peter Kroll-Vogel ein neuer Trinker dazu. Kroll-Vogel hielt sich viel darauf zugute, »gezieltes Trinken« betreiben zu können.

Also gleich nach dem Aufstehen einen gewissen Pegel ansteuern und diesen Pegel mit Alkohol unterschiedlichster Art möglichst lange halten.

Kroll-Vogels Lieblingsgetränk war Chivas Regal, der Nachschub an Chivas war schier endlos, was auch damit zusammenhing, dass Kroll-Vogel Kneipen im Ruhrpott betrieben hatte. Als er Udo traf, hielt er mit einem Laden namens Nixe auf Mallorca im sogenannten »Düsseldorfer Loch« von Port d'Andrax die sogenannte Schickeria mit Glühwein und O-Tannenbaum-Partys im September und anderem Unfug bei Laune.

Vor der Nixe lag Kroll-Vogels Boot, eine 38er Top Gun mit über 1000 PS, durch deren Tanks 400 Liter Sprit pro Stunde rauschten.

Kein Zweifel, die 38er Top Gun verschlang viel, aber Kroll-Vogel konnte ganz gut mithalten.

Udo fand, dass Kroll-Vogel mit seiner roten, pockennarbigen Nase aussah wie der amerikanische Säuferliterat Charles Bukowski.

Seiner Hässlichkeit zum Trotz hatte Kroll-Vogel ein Herz aus Gold und war einer der wenigen Geheimräte, der Udo nicht auf der Tasche lag, sondern gelegentlich selbst eine Rechnung abzeichnete und sogar bezahlte.

Mochten sich die Ausfälle von Herm Eiling häufen – einmal sperrte Eiling Udo auf Sylt lange in einem Schrank ein, ein anderes Mal fotografierte er Udo ohne Hut und drohte das Bild, wenn Udo nicht sofort viel Geld bezahle, an die Bild-Zeitung zu schicken – auf Kroll-Vogels Loyalität dagegen war Verlass.

Den Rest besorgte Chivas Regal. Erst nahm Kroll-Vogel ein ständiges Zimmer im Atlantic direkt neben dem von Udo. Später schliefen beide, wenn sie richtig betrunken waren, in einem Bett.

»Ein echter Cowboy und Ehrenmann, der Peter«, sagte Udo.

Es gab auch immer etwas zu begießen. Zum Beispiel, dass man sicher in Miami gelandet war, wo Udo jetzt ein Apartment sein Eigentum nannte. Oder wieder in Malle. Oder in New York. Oder in Rio.

»Herm«, sagte Udo dann, »lass mal einen trinken, der Kreislauf. Der Kreislauf meldet sich.«

Oder weil man gestern eine ganz außergewöhnliche Schlangenbeschwörerin im Salambo kennengelernt hatte.

Oder eines jener neuen Alben, für die Udo sich nicht mehr besonders interessierte und die Öffentlichkeit ebenso wenig, hielt sich noch in den Top 100.

»Platz 99 oder 198 – morgen sind wir immer noch unter den Top 200, garantiert. Darauf erst einmal hoch die Tassen, klingelingeling.«

Aber wie gesagt.

Trinken nicht einfach so.

Sondern mit Programm und Plan.

»Trinken, so wie wir es betreiben, könnte auch gut olympische Disziplin werden«, sagte Udo.

Erst nach 18 Uhr, so die Losung des Kongresses, ging der Säufermond richtig auf.

»Der Mond ist ja unsere Sonne. Aber auch dann nicht alles geben an der Bar«, sagte Udo. »Sonst bist du nach drei Tagen schon fertig. Wir aber wollten strecken. Drei Wochen wollten wir schon hinkriegen. Bis dann der Notarzt kommt.«

Manchmal schliefen sie auch gemeinsam mit der Flasche in der Hand ein und freuten sich, wenn sie beim Aufwachen irgendwann in der Mitte des nächsten Tages ihre jeweilige Flasche noch immer in der Hand hielten. »Kroll-Vogel, der Mann mit der Riesentrinkernase, Charles Bukowski, all the way from L. A., lange Matte, immer mit Chivas, ich meistens mit Rum«, sagte Udo.

»Lieber Gott, sei unser Gast, wir saufen, was du uns bescheret hast«, lautete nun ein weiteres Motto des Kongresses.

Dem gezielten Trinken folgte dann der gezielte Exzess und nach ungefähr zehn Tagen regelmäßig der Zusammenbruch.

Eine seltsame Routine entwickelte sich. Wenn es nicht mehr ging, wurden nachts Ärzte herbeitelefoniert, die Udo ruhigstellten. Ihm sedierende Mittel spritzten. In Hamburg und in Berlin gab es feste Anlaufstellen. Wenn es auf Reisen ins Ausland ging, waren Arztbriefe in englischer Übersetzung im Gepäck. Der Alkoholismus war allgegenwärtig, die hässlichen und lebensgefährlichen Seiten wohlbekannt. Die Abstürze waren Programm, und damit der jeweils folgende Aufprall nicht fatal und endgültig war, wurden Vorkehrungen getroffen, um die ungeheure Wucht der Sucht zu dämpfen.

»Der Exzess dauert meist drei oder vier Tage«, sagte Udo. »Dann kommt der Tropf ins Hotel. Der Arzt kommt ins Zimmer und knallt den Tropf dran. So geht es im Kempi, im Interconti oder im Askanischen Hof.«

Zum gezielten Trinken, das ohnehin kaum mehr als eine beschönigende Ausrede war, kam nun vollends das ungezielte Trinken.

Das sich Wegschießen ohne Plan und Verstand. Selbst alte Dröhnkollegen wie Steffi Stephan waren gelegentlich fassungslos.

Einmal hatten Steffi und Udo einen einwöchigen Urlaub geplant. Erst Miami, dann weiter nach Jamaika. Aber als Steffi Udo in Hamburg im Hotel abholen wollte, war der nicht zu erreichen.

»Sie können nicht hoch«, sagte der Concierge.

Der Flug ging um 12 Uhr mittags. Steffi, der ein willensstarker Westfale ist, ließ sich nicht abwimmeln.

Er ging hinauf, hämmerte gegen die Tür, minutenlang.

Schließlich öffnete sich die Tür einen Spaltbreit.

»Ich kann nich«, flüsterte eine heruntergekommene Gestalt.

»Scheißegal«, sagte Steffi wütend. »Wir haben das ausgemacht. Wir ziehen das durch.«

»Ich kann nicht«, wimmerte die Gestalt wieder, und Steffi sah nun, dass die Gestalt recht hatte. Das Zimmer war schmutzig, die Gestalt »total breit«.

Das waren nicht mehr die alten Panik-Tage, in denen man sich zusammenriss, eiskalt duschte und los ging's.

Das war anders. Steffi merkte das mit Schrecken.

Er holte sein Ticket aus dem Zimmer und fuhr alleine.

Auf dem Album »Panik-Panther« aus dem Jahr 1992 beschrieb Udo einen solchen Jetsetter am Abgrund. Selbst wenn es im Song um harte Drogen geht, die Udo immer und konsequent ablehnte, so liegt dem Stück doch genau jenes haltlose Dahintreiben zugrunde, das Udos Leben zu dieser Zeit so beschwerlich machte, auch wenn er es selbst kaum noch merkte.

Ob New York oder Berlin, die Welt ist krank und ich bin clean
Besser nich', der Fall ist klar, was muss 'n weg, was is 'n da?

Hier 'n Schuss, da 'n Sniff, das is 'n interessantes Spiel

Ich hab das alles voll im Griff, ich kann aufhör'n, wann ich will
Daran krepier'n tut doch nur 'n Idiot, sagt er noch
und schon bald war er tot
Aber ich doch nicht

Ich nicht – wie'n Tanz auf dem Seil
Ich nicht – ich bin schwindelfrei
Ich nicht – wie Russisch Roulette

Ich nicht – ich weiß wo die Kugel steckt
L. A. oder Paris, Dolce Vita, das Leben ist süß
wohl dem, der was zu knallen hat

Bald sprachen auch Udos Freunde davon, dass Udo mit seinem Leben »russisch Roulette« betreibe. Udo fackele »die Kerze von beiden Enden ab«, wurde Dr. Horst Königstein zitiert. Die Bild am Sonntag druckte die Überschrift: »Säuft sich Udo Lindenberg zu Tode?«

Das Rückzugsgebiet für Udo blieb die Bar des Atlantic.

Hier waren die Kellner diskret. Hier hatte er, wenn er es wollte, seine Ruhe. Hier durfte er so lange sitzen, bis er »dem Mond gute Nacht« sagen konnte. Hier begann er jetzt zum Zeitvertreib, auf Bierdeckel zu kritzeln. Kleine Comicfiguren mit Hut und Sonnenbrille. Nachdem ihm die musikalischen Selbstbildnisse immer schwerer fielen und nichts wirklich Aufbauendes mehr herauskam, öffnete sich hier eine Möglichkeit.

Zuerst war es eine, die Udo überhaupt nicht ernst nahm. Malen,

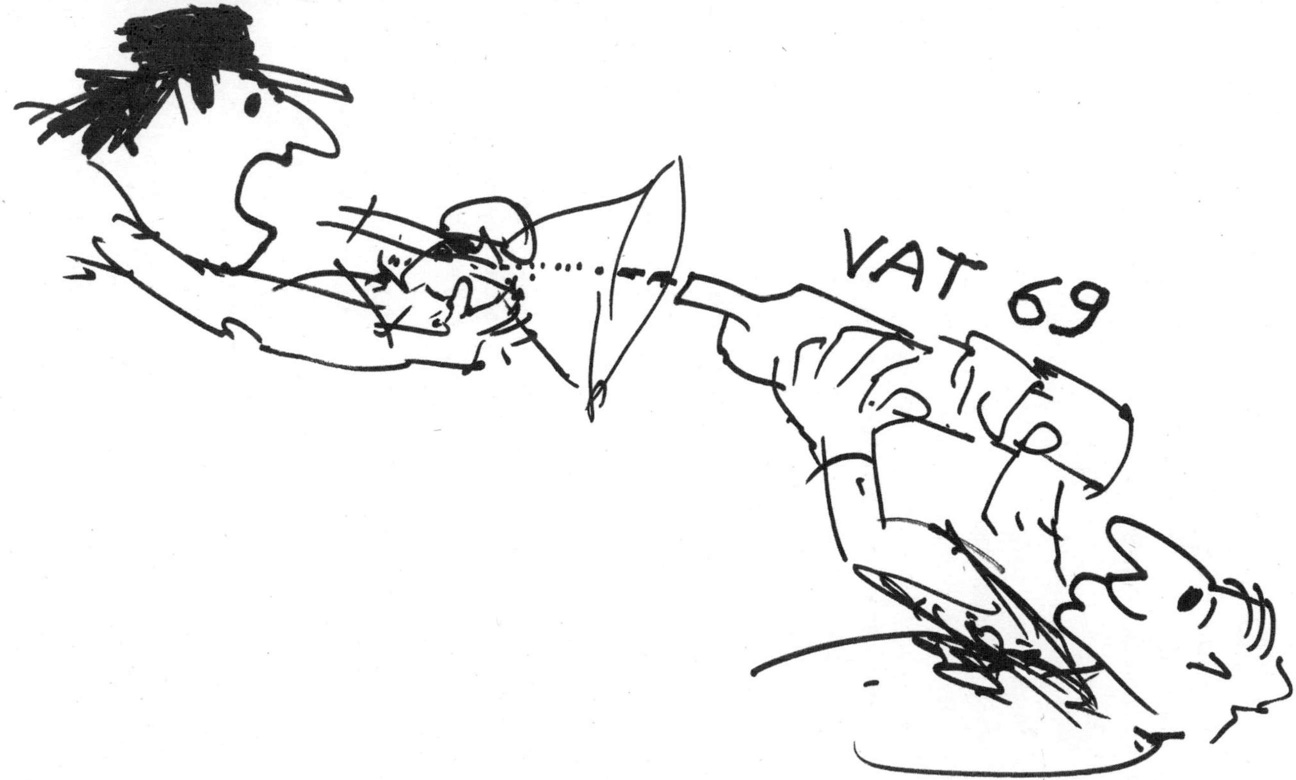
VAT 69

das war für ihn eine wirklich seriöse Kunst. Noch im FAZ-Fragebogen hatte er auf die Frage nach seinem Lieblingsmaler »Erich L.« geantwortet. Und dabei blieb es auch. Erich mit seinen abstrakten und dunklen Bildern – das war Malerei. Sie brachte kein Geld ein, aber anscheinend war das der Preis für Qualität. Dafür hatte ja Udo reichlich Kohle und konnte Erich seit Jahrzehnten finanziell unterstützen.

Erich dagegen beriet Udo – und war immer für ihn da.

Die Kunst aber war Erichs Revier – dort einzudringen, das verbot schon die brüderliche Solidarität.

Aber dann war das mit den Comicmännchen ja auch keine Kunst, die sich mit der von Erich messen sollte.

Sondern etwas anderes.

Und als Erich Udo ermunterte, doch diese Freude am Zeichnen ernst zu nehmen, war es für Udo wie eine Befreiung – Luft holen in seiner Midlife-Crisis.

Schnell hatte er ein paar weitere Ideen: Likörelle – Aquarelle, die er mit Alkohol malte. Ejakulator – Farben, die er mit dem Schlagzeug an die Leinwand spritzte.

Eine Ausstellung im Erotic Art Museum folgte. Bald mietete Udo ein weiteres Zimmer im Atlantic als Atelier. Mit den Serien »Arschgesichter« und »Die zehn Gebote« wurde er zu einem angesehenen Comicmaler, dessen Bilder sich blendend verkauften.

Musikalisch aber schleppte sich Udo über die Runden. Sein Album »Kosmos« war flau. Wo früher »Piano und Gitarre einander liebkosten, eiern heuer Keyboardbreitseiten«, diagnostizierte sein wohl größter Fan Benjamin von Stuckrad-Barre. Udo sei vom »Bürgerschreck« zum »Bürgermeister« geworden.

Auf der darauffolgenden Tournee war das Panik Orchester wieder am Start, die Konzerte dauerten teilweise drei Stunden, aber Udo fehlte die wirklich innere Überzeugung.

»Entweder ich sauf mich platt, oder ich baue die Legende noch einmal auf«, sagte Udo irgendwann zu Vertrauten. »Leider weiß ich noch nicht, mit wem, ich weiß nur, mit wem nicht.«

»Hanging in there«, sagt man im Englischen zu solch einer Haltung. Abwarten und dranbleiben, aber ohne den rechten Glauben an die Sache.

Udo würde bald 50 Jahre alt werden. Er ging jetzt zwischen den Alkoholabstürzen wieder viel joggen. Er versuchte, an die großen Zeiten anzuknüpfen, er würde bald mit dem Filmorchester Babelsberg seine Hits und die anderer großer Komponisten wie Legrand und Hollaender für das Album »Belcanto« einspielen, im weißen Anzug mit gepflegtem Haar.

Udo gab sich wirklich Mühe, zum Elder Statesman des deutschen Rock'n'Roll zu werden, vielleicht sogar erwachsen, ein bisschen Frank Sinatra, aber sein eigenes Denkmal wollte er trotzdem nicht sein. Er verhalf dem großen Filmorchester der untergegangenen DDR zu einem wichtigen Auftritt, schon klar. Das war verdienstvoll, vielleicht sogar edel.

Aber wo war all die Action hin, die er immer gefordert hatte?

Das Unberechenbare?

Die Bonnies und Clydes von früher, jetzt als Herr und Frau Bieder.

Gehörte er schon dazu?

An schlechten Tagen wusste er es nicht mehr.

Midlife.

Die Schatten wurden länger.

Ein Jahr später kam ein Anruf von Herm Eiling, dem Lebensfreude-Spezialisten Numero uno. Irgendwas stimme nicht, er sei schrecklich krank.

»Nimm den nächsten Flieger nach Hamburg«, sagte Udo.

Herm wurde sofort operiert. Darmkrebs. Aber die Krankheit war bereits so weit fortgeschritten, dass die Ärzte den Patienten aufgaben. »Nichts mehr zu machen.«

»Sie haben ein paar Meter Darm herausgenommen und wieder zugenäht«, sagte Udo.

Er besorgte dem alten Freund ein Zimmer im Atlantic, mit Blick über die Alster. Er sollte es gut haben. Aufgehoben sein. Udo bezahlte alles. Auch die Prostituierten, die Herm noch sehen wollte, bevor es zu Ende ging.

»Erwin, ich habe gerade die letzte Nutte weggeschickt«, sagte Herm, als es ins letzte Stadium seiner Krankheit ging.

»Herm, im Himmel geht es weiter«, sagte Erwin. »Halt's Maul, sterben müssen wir alle«, antwortete Herm.

Schließlich aber akzeptierte er einen katholischen und einen evangelischen Pfarrer an seinem Sterbebett. Und über allem schwebend, sich kümmernd, Trost spendend, Udo, der gute Geist.

Die Trauerfeier war dann wie ein weiterer Akt einer Reunion-Tour, die in die falsche Richtung läuft.

Abwärts.

Der Tod war nun endgültig in Udos Generation angekommen.

Wer würde der Nächste sein?

Vielleicht er selbst? Bei den Verlängerungen seines Plattenvertrages hatten sich erstmals in seiner Karriere Zweifel gemeldet.

War Udo den siebenstelligen Betrag, den man ihm jedes Jahr überwies, noch wert?

Anfang der 90er hatten ihm die ersten Manager geraten, sich mehr im Ausland aufzuhalten, weit weg in Miami. Es bestehe die Gefahr, dass er mit seinen Suff-Schlagzeilen seine eigene Legende zerstöre und zur Witzfigur werde.

Nun sollte verlängert werden. »Kosmos« war nicht gut gelaufen, »Belcanto« war schön, aber teuer, wo war das Neue?

Das Ding, das in die Zukunft wies?

»Wenn Udo früh stirbt, wird man noch einmal richtig viel Geld mit ihm verdienen können«, beschwichtigte ein Manager die Zweifler in der Plattenfirma.

Das war es also, was sie ihm künstlerisch noch zutrauten.

Ein früher Abgang.

Und dann wäre Zahltag.

Wie bei Jimi Hendrix, Janis Joplin, Jim Morrison und Kurt Cobain. Stirb früh und hinterlasse eine gut aussehende Leiche, wie einer der gnadenlosen Leitsätze dieser auf ewige Jugend gepolten Branche hieß.

Und jetzt war Udo an der Reihe.

Als Planspiel, sozusagen.

Nur mal so angedacht, Schulterklopfen, hahaha.

Udo bekam schließlich den Vertrag verlängert, siebenstellig. Aber es blieb ihm nicht verborgen, dass dies nun die Gnadenfrist war. Und als bei der zweiten Runde der »Belcanto«-Tour viele Sitze in den großen Hallen leer blieben, wurde Udo spätestens klar, dass während dieser Gnadenfrist die Uhr nun ziemlich laut tickte.

Udo ließ den Säufermond aufgehen, wieder einmal.

In vielen Nächten malte er jetzt in einem kleinen Zimmer im Atlantic, das ihm als Atelier diente. Das Malen hielt ihn am Leben in dieser Zeit.

Damit dieses Leben prall blieb, brauchte er Alkohol. Im Israelitischen Krankenhaus in Hamburg, wo Udo öfter eingeliefert wurde, kannte man ihn schon als Regelfall.

Ist zäh.

Kommt immer wieder.

Der Herr Lindenberg.

Gegen Ende der 90er-Jahre dann gab sich Udo bei seiner Entourage und seinen Freunden einen neuen Namen: Er war jetzt der »Pharao«.

Dass er eben genau dies sei, ein Pharao, hatte der Kongress –

oder was davon nach Herm Eilings Tod und Erwins Ausscheiden noch übrig war – bei einer Exkursion nach Kairo entdeckt.

Die Feste, die Riten, die Verehrung damals vor 5000 Jahren, das alles war ganz nach Udos Geschmack.

Als Souvenir und Ansporn, den Geist dieser Epoche ins spröde Hamburg der Jetztzeit zu retten, hatte man einen Streitwagen, angeblich früher einmal im Besitz von Ramses II, mitgebracht.

Udo feierte nun ägyptische Feste im Atlantic, die sich manchmal über Nächte und vor allem Tage hinzogen. Konkubinen, berauschende Düfte und Säfte, Kessel mit flüssiger Goldfarbe, und manchmal wurde als Höhepunkt der Streitwagen von einer vollkommen verstrahlten Gelage-Gesellschaft über die Flure des Atlantic gezogen.

Als Peter Kroll-Vogel seinen 60. Geburtstag feierte, war es wieder Zeit für ein solches Fest. Auch der Kessel mit der Goldfarbe war erneut am Start.

Weißgewandete Tempeldienerinnen bemalten die Füße des Jubilars mit Gold. »Welcome to your Golden Sixties« sangen sie und machten Abdrücke von Kroll-Vogels ersten Schritten in ein neues Jahrzehnt.

Der Pharao war jetzt immer mit dabei – auch auf Tour.

Der Pharao braucht dies, der Pharao braucht das.

Es kam vor, dass bei Udos neuem Sekretär Arno Köster mitten in der Nacht das Telefon klingelte.

Arno war das Gegenprogramm: Der frühere Radiogründer und Reporter war jung, leidenschaftlich, trotzdem diszipliniert und er war kein Alkoholiker.

Arno wurde jetzt vom Pharao öfter Hofdiener genannt.

»Hier ist der Pharao. Ich habe nichts mehr zu trinken, ich sitze auf dem Trockenen.«

Mit anderen Worten – Udos Minibar war leer.

Für Arno hieß das: aufstehen, eine Tankstelle finden, die noch offen hatte, und dort eine Flasche Whisky kaufen. Durst hieß beim Pharao jetzt wieder Durst nach Whisky, und weil es in Tankstellen meist nur das billige Zeug gab, hieß das Jim Beam, der Tankstellen-Whisky.

»Ihr habt den Pharao vergessen«, murmelte Udo, der auf seinem Bett saß, als Arno die Tür öffnete.

Dann trank er die Flasche aus und schlief ein wie ein kleiner Junge.

Im September 2000 war der Pharao wieder auf Tour. Vor allem im Osten Deutschlands gab es unter den jungen Leuten immer mehr Neonazis.

Man konnte den Eindruck bekommen, dass die vorherrschende Jugendkultur in den neuen Ländern eine stark braun eingefärbte Angelegenheit war.

Springerstiefel, Skinheadfrisur und als Freizeitbeschäftigung Ausländer und Linke jagen, verprügeln, manchmal sogar ermorden. Der Hass und Terror, der später durch die NSU, durch Uwe Mundlos, Uwe Böhnhardt und Beate Zschäpe und deren gezielten Morde an 10 Menschen einen grausamen Höhepunkt fand, hatte eine breite Basis.

Mit der Initiative »Rock gegen rechte Gewalt« tourte Udo durch Deutschland, an seiner Seite alte Mitstreiter wie Peter Maffay, Xavier Naidoo, Nena, die Söhne Mannheims. Die Einahmen der Konzerte gingen an lokale Widerstandsgruppen oder eine Organisation namens »Exit«, die Neonazis beim Ausstieg helfen sollte.

Udo bekam Morddrohungen, so etwas war neu, das hatte es bis jetzt noch nie gegeben.

Udo wurde nervös, engagierte zusätzlich zu seinem Leibwächter Eddy Kante noch Personenschützer, manchmal trug er eine kugelsichere Weste.

Morddrohungen, Lebensfreude-Kongress, Midlife-Crisis, was

Udo auf dieser Tournee an Alkohol in sich hineinschüttete, bildete selbst für einen Menschen seiner Konsumgewohnheiten einen neuen Höhepunkt.

Oft schlief er in der Garderobe ein, manchmal mussten Doppelgänger seine Nummern zu Ende singen. Sogar einige seiner treuesten Mitstreiter rieten ihm, die Tournee abzubrechen. Aber das war mit Udo nicht zu machen.

Abbrechen, aufgeben, sich in die Ackerfurche legen war nicht sein Ding. Da hätte er ja gleich in Gronau bleiben können.

»Ich verehr den Typen so sehr, aber der zerstört sich selber, und außerdem macht er unser Anliegen kaputt«, sagte Xavier Naidoo, »ich rede mit ihm.«

Das war in Rostock in einem Radisson-Hotel, das Gespräch dauerte fünf Stunden, und als Naidoo aus dem Zimmer trat, war er völlig frustriert. Udo torkelte hinter ihm her mit einer neuen Idee: »Ey, wir bauen jetzt eine Riesentüte, ziehen vor die Polizeiwache, rauchen die da und machen 'ne Riesenaktion. Alle sollen uns kiffen sehen.«

Haschisch war eigentlich nie Udos Sache gewesen, aber das war nun anscheinend der Pegelstand seiner Einsichten.

Die Riesentüte vor der Polizeiwache. Geile Aktion, neeee?

Das Trauerspiel ging weiter.

Udo zog die Tour bis zum Abschlusskonzert in der Alsterdorfer Sporthalle in Hamburg durch.

Dieses Mal hatte Peter Kroll-Vogel eine neue Attraktion mit in die Garderobe des Pharaos gebracht.

Eine Flasche Absinth.

Das Zeug hatte zwischen 80 und 90 Prozent Alkohol, so genau weiß das heute keiner mehr.

Absinth war ein Getränk der Pariser Bohème gewesen. Van Gogh, Baudelaire, alle hatten sie Absinth getrunken, aber dann war der Stoff verboten worden, Prädikat lebensgefährlich.

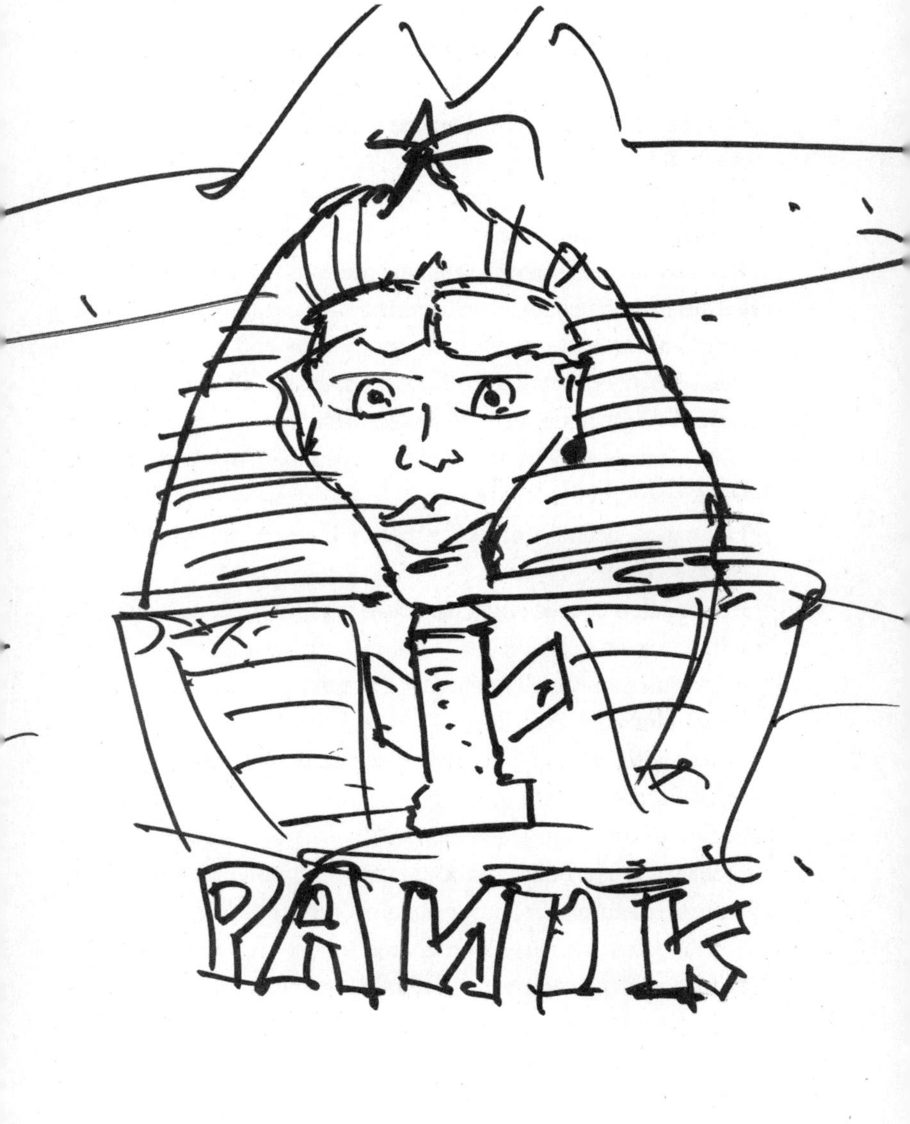
PANIK

Nun gab es die Droge wieder, und Kroll-Vogel, der Zeremonienmeister für »gezieltes Trinken« am Hofe des Pharao, hatte sie dabei.

Udo und sein Spezialist leerten die halbe Flasche, und als der Pharao auf die Bühne ging, hatte er das Gefühl, der Boden schwanke wie bei einem Erdbeben.

Auch die eigenen Texte auf dem Teleprompter konnte er nicht mehr erkennen.

Erinnern schon gar nicht.

Der Pharao lallte, Steffi Stephan musste beim Singen helfen, der Auftritt wurde frühzeitig beendet.

Aber Pharao hatte noch nicht genug. Der Boden in der Halle wurde schon gekehrt, das Licht war an, als der Pharao noch einmal auf die Bühne kletterte und weiterlallte.

»Das ist das geilste Festival der Welt, geiler als Woodstock, haut den Neonazis auf die Fresse.«

Wenn man genau hinsah, konnte man erkennen, wie der Pharao sich schämte.

Er hatte den Leuten eine gute Show versprochen, und nun das. Er lallte um sein Leben.

Es war nicht mehr alles klar, der Dampfer ging unter.

Es war nur noch traurig.

Es war wie in einem dieser amerikanischen Boxerfilme, wo der Champion von einst, ein Gespenst seiner selbst, Unsinn brabbelnd, dem Nichts entgegenschwankt.

Steffi stand am Bühnenrand mit einem Bündel Hundertmarkscheine und kaufte den Fotografen ihre Filme ab.

So sollte den alten Freund niemand sehen.

Der Pharao gehörte ins Bett. Oder wenigstens ins Atlantic. Jedenfalls raus aus dem Verkehr.

Man fuhr los, brachte ihn ins Hotel. Jetzt war Ruhe.

Oder etwa nicht?

Gegen drei Uhr früh war er wieder da.

Auf der Abschlussparty der Festivals auf dem Schiff »Cap San Diego« setzte er sich ans Schlagzeug und trommelte los.

Falsch.

Aus dem Takt.

Dann fiel er um.

Ein paar Tage später lieferte sich der Pharao selbst in das St.-Georg-Krankenhaus ein.

Er hatte 4,7 Promille.

Eigentlich eine tödliche Dosis. Aber die Ärzte und Tine Acke, seit Mitte der 90er-Jahre seine Freundin, retteten sein Leben.

Das 21. Jahrhundert nahm gerade Schwung auf. Ein Zivildienstleistender sagte zu Udo im Krankenhaus: »Alter, ich kann es nicht mehr mit ansehen, was du aus deinem Leben gemacht hast. Eine Schande. Eigentlich hast du hier nichts verloren.«

Der Zivi hatte recht. Aber es sollte noch fast sechs Jahre dauern, bis Udo seine Einsicht wirklich teilte.

Udo war nicht mal mehr stark wie einer, geschweige denn »stark wie zwei«.

FOREVER 28ER

Stell Dir vor, Du liegst in einer Umkleidekabine in einem Fußballstadion in Leipzig und Du versuchst, easy zu sein.

Adrenalin rückwärts, nennst Du diesen Zustand.

Nützt ja alles nix.

Da ist ein Kühlschrank, gefüllt mit alkoholfreiem Bier und Cola ohne Zucker. Da ist Niko Kazal, genannt »die Zarin«. Sie kümmert sich darum, dass Du gut angezogen bist, Dein Hut fest auf Deinem Kopf sitzt und, wenn Du wieder einmal Deine Sonnenbrille verlierst, no problem. Die Zarin hat noch 60 Stück von genau diesem Modell auf Tasche.

Da ist Arno, Dein persönlicher Sekretär, der aber viel mehr ist als das. Der Mann, der Deine Zigarren trägt, den Porsche fährt und sich still mit Dir freut, wenn Ihr um drei Uhr früh nach einem Konzert durch die Nacht rast und Du mit einer gewissen Demut in der Euphorie sagst: »Wow, dass mir so was noch mal an den Kopf fliegt in meinem hohen, irdischen Alter.«

Adrenalin rückwärts.

Könnte funktionieren.

Wie gesagt, alle hier bei Dir. Der allerinnerste Inner Circle Deiner Panik-Familie. Ein Rückhalt wie ein perfekt gepolstertes Sofa. Du könntest Dich zurücklehnen, entspannen.

Aber da ist dieses Geräusch.

Es brummt und rauscht, und manchmal kommt es Dir vor, als würde es fauchen wie ein Sturm oder ein großes Monster.

Rammmmarmmm.

Du versuchst, das beiseitezuschieben, was nicht viel Sinn hat.

Du weißt ja ziemlich genau, dass dieses Geräusch nichts anderes ist als über 40 000 Menschen, die gekommen sind, um Dich zu sehen.

Was hier unten im Keller, unter vielen Schichten von Beton, wie der Marsch von Godzilla Richtung Manhattan klingt, das ist nichts anderes als die Vorfreude von 40 000, die es sehr gut mit Dir meinen.

Du könntest Dir die Nervosität sparen. Die Show, die »Stärker als die Zeit« heißt, gehört zum Stärksten, was zurzeit auf die Bühnen dieser Welt gestellt wird.

Die meisten Deiner Kollegen können es nicht fassen, was Du da für einen Aufwand treibst. Ein Luxusdampfer, der über die Bühne geschoben wird. Ein Ufo mit kleinen grünen Frauen. Engel, die mit weißen Cellos vom Himmel schweben. Du schließlich, wie Du in einen weißen Astronautenanzug steigst und abhebst wie eine Rakete.

186 Menschen sind Teil dieser Rieseninszenierung. 30 Trucks braucht Ihr für die Ausrüstung, das alles kostet Geld.

Viel Geld.

So viel Geld, dass Bryan Adams, der ja auch einer der bekannteren Menschen in diesem Geschäft namens Rock'n'Roll ist, neulich verblüfft eine Frage stellte: »Udo, is this a nonprofit thing or what?«

Na ja, hast Du geantwortet, es geht hier nicht mehr wirklich nur um Geld.

Es geht darum, mit einem ganzen Fußballstadion für einen Abend abzuheben und die Leute happy zu machen. Denn wenn Du dieses Gefühl hast auf der Bühne, dass hier ein Raumschiff gemeinsam startet und dann dahingleitet in einer Galaxie der Zeitlosigkeit, getragen und angetrieben von eurer wechselseitigen Euphorie, dann ist das für Dich so ziemlich das beste Gefühl überhaupt.

Ein bisschen so wie damals, als Du zum ersten Mal verliebt warst in die Frau mit dem Cello. Sie hat Dich nicht wirklich zurückgeliebt – aber jetzt, die Zuneigung dieser Fußballstadien-Mengen, ja, wie soll man das eigentlich nennen?

Du sagst nur: »Na ja, is schon unheimlich schön, ein Geschenk.«

Und dann sagst Du noch »Thanksi«.

»Thanks«, das sagen die richtigen Alphamänner, die glauben, dass ihnen die Welt etwas schuldet und ihnen deshalb das Beste, was diese Welt zu bieten hat, zusteht. Gerade gut genug für sie und selbstverständlich noch dazu: »Thanks.«

»Thank you« sagen die Höflichen, die immer noch so tun, als seien sie völlig überrascht von ihrem Erfolg. Es klingt bescheiden und ein bisschen so wie eine Stewardess, die vor dem Start im Flugzeug erklärt, wie man die Schwimmwesten anlegt, und die davon ausgeht, dass kein Mensch zuhört, aber dann am Schluss so tut, als ob. Weshalb sie »Thank you« sagt, damit es wenigstens so scheint, als hätte irgendjemand seine Aufmerksamkeit auf ihre Darbietung verwandt.

Du aber sagst »Thanksi«. Es ist nur ein Buchstabe, den Du dranhängst. Aber dieses i macht den ganzen Unterschied aus zwischen Anpassung und gemeinsam etwas auf die Beine zu stellen.

Du hast neulich einen Song geschrieben über dieses Gefühl. Es ist ja ein bisschen widersprüchlich. Einerseits ahnst Du, dass Du niemals ankommen wirst irgendwo. Andererseits ist dieses Ankommen an einem guten Abend in den Herzen jener Leute, die Dich mögen, etwas, das Dich schlagartig glücklich macht. So gewaltig ist dieses Gefühl, dass es Dir manchmal fast unheimlich ist.

»Eldorado« heißt dieser Song, und er ist einer der Höhepunkte Deiner Konzerte.

> Nie hab ich den Augenblick gefragt
> ob er noch verweilen, noch 'n bisschen bleiben kann
> Der Wahnsinn hat mich weiter gejagt, im Schleudergang
> irgendwo kommt man schon an
> Und weiter, immer weiter – ich weiß noch nicht, wohin
> hab 'n Visum für das unerforschte Land
> doch ich spür schon ganz genau
> dass ich auf der Fährte bin
> zu den Schätzen, die noch keiner vor mir fand
>
> Eldorado, ich komm an
> auf der goldenen Landebahn
> Eldorado, schon so nah
> und ich seh schon euer Lichtermeer
> auf meinem Radar

Raaaaaaammmmmaaaammmmm. Da ist wieder dieses Geräusch, das dumpf durch den Beton des Stadions wandert. Raaaaaammmmmaaaaammmmm. Du trägst jetzt Deinen blauen Bademantel mit dem Superman-Emblem darauf. In der Garderobe der Zarin hängen auf einem Bügel Deine dunklen Hosen. Eine davon wirst Du gleich auf der Bühne tragen. Hüftgröße 28. Das ist jetzt so etwas wie der inoffizielle Gold-Standard für Rockstars, die im Alter nicht schlechter werden, sondern besser. »Too old to Rock'n' Roll, too young to die« hieß es einmal, als Ihr in den 60er-Jahren dieses Genre erfunden habt.

Und jetzt, über 50 Jahre später, 50 Jahre älter, sind einige der Besten von Euch immer noch da, weil da etwas in ihnen brennt, das zäh ist und nicht verglimmt.

Logisch, es ist auch schön, dass man dafür so gut bezahlt wird, aber, ganz ehrlich, noch mehr Geld braucht von Euch keiner mehr.

Dass er davon ausgehe, dass er einmal in einem Sarg von der Bühne getragen werde, hat Keith Richards von den Stones vor Kurzem wieder gesagt. Keith ist drei Jahre älter als Du. Hat aber dieselbe Jeansgröße – 28. Genauso wie seine Kollegen Mick und Ronnie. Alles 28er.

Drei Stunden dauern die Konzerte von Euch 28ern inzwischen. Ihr seid in einem Alter, in dem andere schon seit fast zehn Jahren zwangspensioniert sind.

Ihr wollt von einem derartigen Ruhestand nichts wissen.

Stattdessen flacher Bauch und volle Lautstärke.

Das Alter ist kein wirkliches Problem mehr im Rock'n' Roll. Der Hüftumfang ist es. Einen Rock'n' Roll-Mops will niemand auf der Bühne sehen, außer vielleicht Van Morrison.

Raaaaaammmmmmmaaaaaammmm. Andererseits muss man natürlich ein wenig auf sich aufpassen, und damit das besser passt mit dem Aufpassen, hast Du ein paar Spezialisten dabei, die eine spezielle Lizenz haben für diese Disziplin.

Ärzte. Drei stehen hier mit Dir in Deiner Garderobe. Dr. Partenheimer, der Orthopäde. Dr. Behrbohm und Dr. Pauly, der eigentlich immer dabei ist, eine Art Leibarzt.

Arno reicht Dir eine Zigarre. Die Zarin stellt ein alkoholfreies Weißbier neben Dich auf den kleinen Tisch.

Dein Abendessen wird hereingetragen. Ein kleines Kalbssteak mit viel Gemüse. Du isst viel Gemüse und nur wenig Fleisch. Der halbe Teller ist noch voll, als Du fertig bist. Du hältst den Teller den Ärzten hin und fragst.

»Wer will aufessen?«

Der Orthopäde meldet sich. Kein 28er, er.

»Ich.«

Noch eine Stunde, bis die Show losgeht.

Noch ein wenig ruhen, den Puls runterfahren. Das Adrenalin ist gut dabei in Sachen Schubumkehr.

Easy.

Dein zweites Leben als Rockstar, das Du seit Deinem Comeback gerade feierst, ist möglicherweise noch größer als Dein erstes Leben davor.

Deine Songs klingen jetzt nach Erfahrung. Sie klingen nach jemandem, der viel gesehen hat, auch viel, das nicht schön war. Zweifel, Einsamkeit, den Tod von Menschen, die Dir nahe waren. Und trotzdem klingt Deine Stimme nicht nach Bitterkeit, Resignation, Zynismus. Da ist kein Psychogift in Dir, das Dich zerfrisst.

Deine Stimme ist tiefer geworden, breiter. Sie hat jetzt eine raue Wärme, als würde jemand einen Kamin anzünden in einem eingefrorenen Haus.

Du hast die Herausforderungen gesucht in Deinem Leben. Weiter, immer weiter, war Dein Motto, aber das galt nicht nur für Dich, Deine Sinnenfreuden, Deinen Genuss.

Du wolltest auch, dass die Welt besser würde.

Weiter, immer weiter. Besser, immer besser.

Gegen den Krieg, gegen den Hunger, gegen den Rassismus, gegen die neuen Rechten, die sich jetzt nicht nur im Parlament, sondern auch in den Feuilletons angeblich liberaler Zeitungen einrichten. Es ist dieser schon vor 40 Jahren immer wieder verlachte radikale Humanismus, der Dich immer noch antreibt.

Eine Vision ist für Dich kein Schimpfwort. Sondern sie führt zu Zielen, die dringend angegangen werden müssen.

Visionen dringend vorziehen, jetzt, sagst Du.

Sigmar Gabriel, der frühere SPD-Vorsitzende und Außenminister, hat Dir neulich nach einem Deiner Konzerte mit den Worten gratuliert: Alles richtig und wahr, was Du auf der Bühne vertrittst. Würde er auch alles gerne sagen. Geht aber leider nicht.

Nicht als SPD-Vorsitzender und Außenminister.

Fandest Du nett von Sigmar. Später aber hast Du Dich schon gefragt, was eigentlich bei uns verkehrt läuft, dass der Spitzenmann einer Partei, die sich dem Fortschritt verpflichtet fühlt, sich in so vielen Fragen auf die Zunge beißen und sein Gewissen hinter einem Rocksänger verstecken muss. Jemandem, der von sich sagt, dass er bei seiner Geburt in ein Doppelkornfeld gefallen sei und nur eine Baumschulbildung besitze.

Weiter, immer weiter, sagst Du auch als jemand, den seine Arbeit reich gemacht hat.

Aber das fette Landhaus im Süden, die große Jacht, das brauchst Du alles nicht. Deine Zimmer unterm Dach des Atlantic sind bescheiden, den Porsche bezahlt Porsche, essen gehst Du bei Ramon, einem Sushi-Stand in der Wandelhalle des Hamburger Hauptbahnhofs.

Neulich hat ein alter Freund aus den frühen 90er-Jahren angerufen und brauchte neue Zähne.

Hast Du bezahlt. Ebenso wie seinen Skoda. Du kümmerst Dich um Deine Panik-Family. Ihr seid auch Kümmerer, ihr Lindenbergs. Deine Schwester Inge ebenfalls. Arbeitet immer noch als Sozialarbeiterin für behinderte Kinder.

Da ist eine Integrität in Dir. Du liebst die große Show, Du gehst manchmal gerne auf Kreuzfahrt, aber Dein eigentliches Ziel ist es, mit Deinem Publikum einen fabelhaften Abend zu feiern und den Leuten das Gefühl zu geben, dass die Welt besser werden sollte, nicht schlechter.

Das spüren die Leute, und vielleicht wollen auch aus diesem Grund immer mehr kommen in letzter Zeit. Drei Mal habt Ihr vor ein paar Jahren die größte Halle von Köln, die Lanxess-Arena, in ein paar Stunden ausverkauft. Also hat Balou, Dein geliebter Konzertveranstalter, gesagt, wir müssen umziehen in Fußballstadien. Da seid Ihr jetzt. Ebenfalls alle ausverkauft. So wie heute Abend in Leipzig.

Irgendwie gelingt seit ein paar Jahren alles, was Du anpackst.

Selbst abwegige Sachen wie die Idee mit dem Schiff. Klar, seit den Tagen mit dem Floß auf der Dinkel hast Du eine Schwäche für das Wasser und neue Horizonte, aber die Vorstellung, dass da ein großes Kreuzfahrtschiff mit über 4000 Fans übers Meer fährt und man zusammen eine scheinbar endlose Party feiert, das war schon ziemlich verwegen. Nur war es auch sofort ein Riesenerfolg. »Mein Schiff« steht nun in großen Buchstaben über dem Bug geschrieben. Jedes Jahr ist der Dampfer noch schneller ausverkauft.

Auch die Idee, ein Musical über das Lebensgefühl der Menschen in der DDR und in der BRD vor dem Mauerfall und später im wiedervereinigten Deutschland auf die Bühne zu bringen. Mit Udo-Songs und Udo als Hauptfigur. In Berlin. In Hamburg. Mit regelmäßigen Aufführungen, jahraus, jahrein. Das Drehbuch hast Du mit dem Schriftsteller Thomas Brussig und dem Theatermann Ulrich Waller geschrieben, die East-West-Side-Story wurde ein Sensationserfolg. Sechs Jahre Spielzeit, zwei Millionen Zuschauer.

Schließlich das MTV-Unplugged-Album 2011, »Live aus dem Hotel Atlantic«, eine epische Reise durch Udos Leben und Karriere, die sich zusammenfügt wie ein großes Gemälde. Ältere dunkle Farben in schwerem Öl neben frischen schnellen Skizzen, der große Reichtum von Udos Arbeit, zur Aufführung gebracht in der Lobby des Atlantic, aufwendig nachgebaut in der Theaterfabrik Kampnagel in Hamburg-Altona.

Man erinnerte sich an eine sehr frühe LP von Udo, ein Album namens »Lindenberg«, auf deren Cover ein Berg zu sehen war, der Udos Gesichtszüge trug.

Aus diesem Berg wuchs ein Baum.

War ein Riesenmisserfolg, damals, Udo war ja noch auf der Suche. Aber jetzt, 40 Jahre später, mit Inga Humpe, Jennifer Rostock und Alina Süggeler, vor allem aber mit Max Herre und Clueso und Jan Delay konnte jeder sehen, dass genau dies der Fall ist: Udo als der Berg, aus dem der deutsche Pop wuchs.

Dieser Berg hatte ja dieses Ding namens Pop in Deutschland quasi erfunden und groß gemacht. Und an diesem Abend in Udos Wohnzimmer, der Lobby des Atlantic, kamen die Stars der nächsten und übernächsten Generation, um dem Godfather den Ring zu küssen.

Nicht wirklich, aber musikalisch.

Sanft navigiert im Hintergrund wurde die Veranstaltung wieder von den Produzenten Andreas Herbig, Henrik Menzel und Jem Peter Seifert. Eine Idee wie den Groove von Everlasts »What It's Like« unter das ein bisschen angestaubte »Reeperbahn« zu legen und es dermaßen wieder zum Glänzen zu bringen? Hut ab!

Das Ergebnis dieser würdevollen Erneuerung: 1,2 Millionen verkaufte Alben. Einsame Spitze auf diesem Berggipfel. Die Nächstplatzierten in dieser Disziplin, das eigene Werk ohne Verstärker zu präsentieren, sind die Ärzte mit gerade einmal 600 000 Alben. Halb so viel.

Wie will man das übertreffen?

Am besten gar nicht, würden die meisten aus Udos 28er-Liga sagen. Mit dem Lebenswerk durch die Stadien ziehen, ab und zu eine Liveplatte oder eine andere Variation der größten Hits, das ist ja durchaus üblich. Man steht nicht mehr so unter Druck von den Vertragskonditionen her, klar.

Auch das Publikum will meistens nicht mehr wirklich neues Zeug von den 28ern hören, wenn es ehrlich ist.

Musik ist einer unserer mächtigsten Erinnerungsspeicher. Dort sind viele unserer großen Gefühle aufgehoben und gelagert, und bei einem großartigen Konzert werden sie reihenweise wieder wachgeküsst.

Der Sommer mit der ersten Knutscherei bei einer Engtanz-Party?

»Cello.«

Die erste Fahrt nach Italien mit dem eigenen Führerschein?

»Gegen die Strömung.«

Undsoweiter.

Auf diese Weise kann man durchaus würdig den Herbst einer Karriere feiern.

Aber das war Dir nicht genug.

Lieber noch mal an den Start gehen und schauen, was einem so zufliegt.

Aber sich auch plagen, manchmal zwei Tage und zwei Nächte durchgehend an einem Text sitzen, grübeln, streichen, wieder von vorne anfangen. Bis die Zeilen und die Worte sitzen wie ein Maßanzug.

Das Ergebnis hieß »Stärker als die Zeit«, Udos Album Nummer 35. Jede Menge starker Songs – wie stark, kann man daran sehen, dass es allein sieben davon auf die Set-List seiner Konzerte geschafft haben. Sie werden vom Publikum gefeiert. Normalerweise ist das anders. Normalerweise kann bei den 28ern die Ankündigung »And here is a song from the new album« als unfreiwilliges Zeichen an die Zuschauer verstanden werden. Die Botschaft: »Hey, vielen Dank, dass du uns schon seit vielen Jahren die Treue hältst. Ich glaube, jetzt ist ein prima Zeitpunkt, dich nach hinten an den Bierstand aufzumachen und wieder hier vorne zu sein, wenn wir unseren nächsten Song spielen, der nicht from the new album ist.«

Raaaaaaammmmmaaaaaammmmm. Das Fauchen ist wieder da. Du hast schon Dein grünes Lederarmband an. Hannes Rossacher, zuständig für die grandiose Optik auf der Bühne, testet die Regler. Aber jetzt ist es an der Zeit, noch einmal ganz tief einzutauchen in diese letzte halbe Stunde vor dem Start. Vor Dir auf dem Sofa werden jetzt zwei zylinderförmige Kästen aufgebaut, die mit einer Flüssigkeit gefüllt sind. Sie sind verkabelt. Der Orthopäde, der vorher Dein Kalbssteak aufgegessen hat, steckt Deine Beine in die Kästen.

Normalerweise läufst Du in Hamburg vom Atlantic aus gegen drei Uhr früh einmal um die Alster. Das sind rund acht Kilometer. Heute Abend auf der Bühne wirst Du, wie Stadionkameras der Leipziger Red Bull Arena später messen werden, über 12 Kilometer gerannt sein. Aber Du musst auch noch 34 Songs dazu singen. Und natürlich Zigarre rauchen. Da kann so ein bisschen Elektrokitzel in die Unterschenkel nicht schaden.

Du liegst auf dem Rücken, ganz entspannt. Normal ist das alles nicht. Aber Normalität fällt auch, wie Du früher oft gesagt hast, nicht in Deinen Zuständigkeitsbereich.

Trotzdem bist Du immer noch ein wenig erstaunt, dass Dein zweites Leben als Künstler so viele Menschen begeistert. Allein, das weißt Du, hättest Du das nie geschafft, noch einmal zurückzukommen.

Es macht Dich jetzt ein wenig traurig, dass zwei von den Männern, denen Du dieses zweite Leben verdankst, nicht mehr dabei sein können heute Abend.

Deine zwei verstorbenen Brüder, Fritz Rau und Erich.

Als Fritz vor drei Jahren ging, hast Du ihm ein Gedicht geschrieben. »Meinen großen Bruder« hast Du ihn genannt. Ein Ehrentitel, den Du bis dahin nur für Erich reserviert hattest.

»Ein letztes Ahoi, mein Abenteurer-Freund und großer Bruder Fritz Rau. Du warst immer schon ein Pionier – jetzt reist Du schon mal vor, irgendwann folge ich Dir. Brian Jones, Janis Joplin, Jimi Hendrix, Amy, Kurt, Michael. Mach die Bühne klar, Fritze, da oben – hinter den Sternen – the Show goes on. Du bist nicht von uns gegangen, Du bist nur vor uns gegangen. Für immer – Dein kleiner Bruder Udo L.«

Schon seltsam: Für die Vierzigtausend, die jetzt da draußen auf Dich warten, bist Du der große Held und der große Kumpel, aber für Fritze und Erich wirst Du für immer der kleine Bruder bleiben.

Der kleine Bruder, den sie stets beschützt haben. Auch mit ihrem Vertrauen, ihrem Glauben an Dich. Selbst, als die Zeiten mies waren und die Ränge fast leer und Du vor lauter Alkohol nicht mehr aus Deiner Garderobe herausgefunden hast.

Fritz Rau hat einmal über sich gesagt, dass er eigentlich nie etwas anderes war als ein Frosch, der in die Milch gefallen war und eigentlich hätte ertrinken müssen. Aber er strampelte und strampelte. Wie ein Wahnsinniger. Bis aus der Milch Butter wurde und er auf dem Trockenen saß.

Vielleicht bist Du ja auch so ein Frosch. Auf jeden Fall ist es gut, dass Deine Beine jetzt in diesen Elektroboxen stecken. Denn Du wirst sie brauchen und Du wirst strampeln müssen. Auch, wenn die Zuschauer Dich tragen jetzt.

Ein paar Berater wollten Dich mit einem dunklen Anzug auf einen Barhocker setzen. Würdiges Alterswerk. Wie Frank Sinatra. Nichts gegen Sinatra, er war ein ganz Großer. Aber er hatte nicht diese Gummibeine, diesen Schleudergang. Nicht dieses Gen von Dir, das Dich aufspringen und tanzen lässt, sobald die Musik in Deine Beine fährt.

Ist wahrscheinlich auch so ein 28er-Ding.

Deine Unermüdlichkeit, die Riesenshow, Du willst Deinem Publikum etwas bieten.

»Ist das Nonprofit?«

Man kann nie genug bieten, hast Du Dir gedacht. So wie Erich. Über tausend Bilder hat er gemalt. Sie sind jetzt in einem Privatmuseum im Tessin in der Schweiz. Später Ruhm auch für Erich. Sein eigenes Museum.

Raaaaaaaammmmmmaaaaaaammmmm. Da ist wieder das Fauchen der Vierzigtausend.

Es klingt bedrohlich jetzt, aber wenn sie Dich sehen, wirst Du feststellen, dass dieses Fauchen eigentlich nur die Vorstufe zu jenem Jubel ist, der dann einsetzt. Und je länger die Show dauert, desto mehr wirst Du spüren, dass dieser Jubel zu einer Art Wolke wird, die Dich hochhebt und schweben lässt.

Innerlich schweben, nicht wirklich.

Aber es ist ein großes Gefühl, einzigartig. Etwas, das Du immer gesucht hast, auch im Alkohol. Möglicherweise hast Du es auch geschafft, mit dem Saufen aufzuhören, weil Dir klar wurde, dass diese Zuneigung auch die Belohnung ist für die gute Arbeit, die Du in den letzten Jahren geleistet hast. Plus die Hoffnung, dass es noch Jahre so weitergeht.

Einer muss den Job ja machen.

Für dieses Gefühl streicht man schon freiwillig den Whisky von der persönlichen Getränkekarte und nippt nur noch gelegentlich am Eierlikörchen.

Keith Richards hat sogar das Heroin aufgegeben für dieses Gefühl. Ein Süchtiger bleibt immer süchtig. Aber er kann seine Süchte bewerten und Konsequenzen ziehen. Diese Zuneigung des Publikums, der Rausch der Musik, das ist natürlich auch eine Sucht. Aber es ist eine gute. Eine positive Droge. Und, wenn man sie weiter spüren will, ist es keine schlechte Idee, mit dem weißen und dem braunen Stoff aufzuhören.

Eldorado – und ich schwör'
dass ich für immer unserem Rock'n' Roll und euch gehör

»Eldorado«, der Song Nummer 31, den Du heute Abend singen wirst.

Kurz vor Schluss. Auf der Zielgeraden zum Grande Finale. Nach zweieinhalb Stunden auf der Bühne.

Zehntausende werden dann gerührt eine Milchstraße aus kleinen Handylampen in das Stadion zaubern, ein paar Oldtimer werden ihre Feuerzeuge hochhalten, der vordere Teil Deiner Bühne wird sich in eine goldene Landebahn verwandeln.

Das ist Dein eigentliches Ziel, diese goldene Landebahn, die nur ein Symbol ist für jene Verbindung, die so viel für Dich bedeutet. Die Brücke zu den Leuten, die Dich mögen.

Die Magie solcher Abende ist oft beschrieben worden, aber im Grunde ist es etwas ganz Einfaches, Urmenschliches, Elementares.

Zuneigung.

Getestet über Jahrzehnte. Verletzt. Gegen die Wand gefahren. Sogar enttäuscht. Aber nie wirklich zerstört.

Und jetzt wieder beflügelt von wunderschönen Songs und einem Soul, den niemand so hat wie Du in diesem seltsamen Land.

Soulbrother Number One, Germany.

Der Orthopäde nimmt Deine Beine aus den Zylindern. Die Zarin holt Deine 28er Hose.

Arno nimmt Dich bei der Hand und führt Dich durch die Katakomben zu jenem kleinen Metallkorb mit dem Minigeländer, der für Dich gebaut wurde, als Du wieder nächtelang darüber gegrübelt hast, wie das eigentlich funktionieren soll mit Dir in den Weiten eines Fußballstadions.

»Dann flieg ich eben zu den Menschen«, hast Du gesagt.

Dieses mächtige Gerät wurde also gebaut. Jetzt steigst Du hinein, das Mikrofon mit einer Handschelle am Handgelenk festgemacht wie ein Geheimagentenkoffer.

Da Da Da Da Da Da Da.

Das ist die Gitarre von Hannes Bauer.

»Odyssee«.

Abflug.

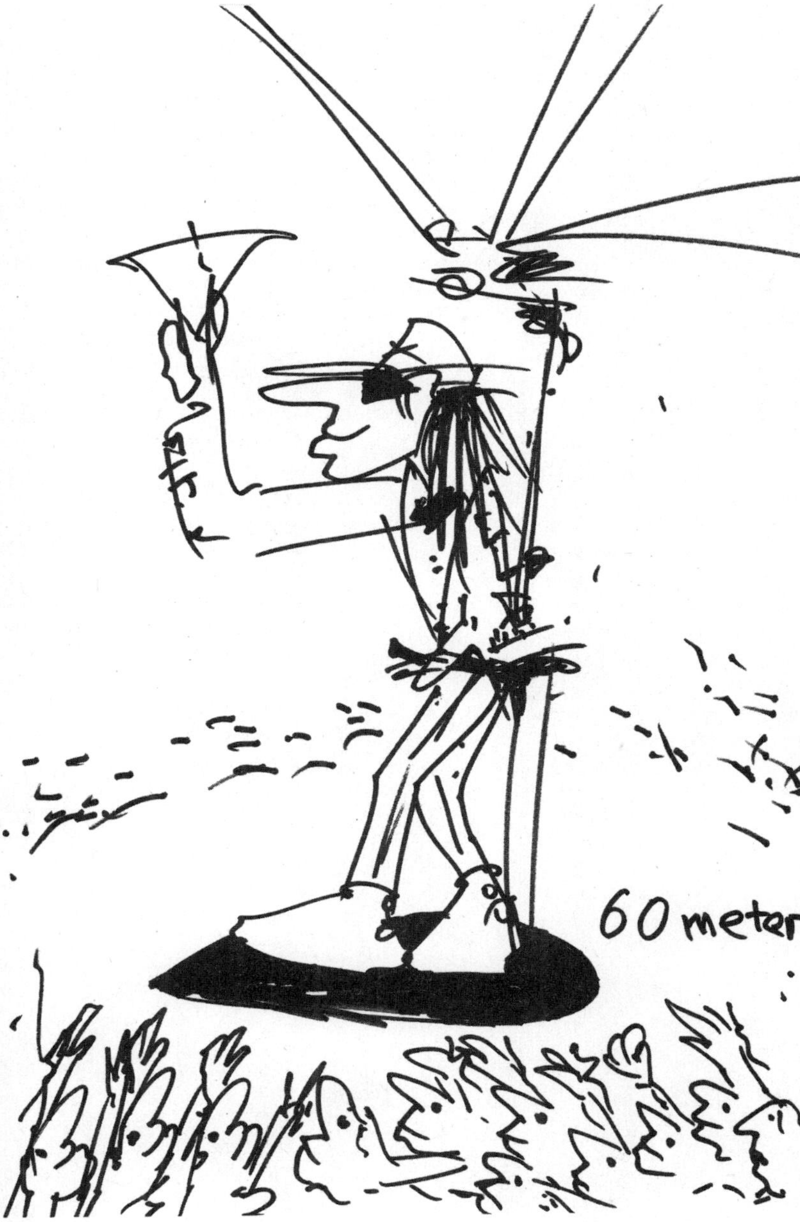
60 meter

PERSONENREGISTER

A

Abraham, Paul 22 ff., 33
AC/DC 278
Acke, Tine 54, 319
Adams, Bryan 103, 324
Ali, Muhammad 101, 157
Allaut, Karl (Karl Brutal) 147, 155, 157, 174
Amendt, Günter 211 f.
Andropow, Juri 235
Arff, Peter 147
Armstrong, Louis 24, 87, 93
Aurich, Eberhard 247

B

Backhausen, Backi 147, 155
Bailey, Benny 130
Baker, Chet 102
Basie, Count 152
Baudelaire, Charles 316
Bauer, Hannes 217, 228 f., 239, 269, 336
Beastie Boys 278
Beatles, The 109, 141, 149, 155
Becher, Johannes R. 15
Beckmann, Reinhold 234
Behrbohm, Dr. 327
Belafonte, Harry 233, 238 f., 242, 245
Benn, Gottfried 211
Biermann, Wolf 180. 224
Blitz, Gaby geb. Ankam 276
Bohlen, Dieter 31
Bohm, Hark 165
Böhnhardt, Uwe 315
Böll, Heinrich 152
Böttger, Gottfried 135, 137 f., 147, 155, 170 ff., 175
Bowie, David 151, 184 f., 252
Brando, Marlon 169
Brandt, Willy 141, 207, 224
Brasch, Thomas 224
Brecht, Bertolt 15, 30, 278, 292
Breschnew, Leonid 194
Brussig, Thomas 330
Bukowski, Charles 305 f.

C

Carlton, Carl 288
Carné, Marcel 184
Carter, Jimmy 194
Cash, Johnny 46 f.
Catterfeld, Yvonne 24
Chaplin, Charlie 23

Christmann, Fred 128
Clemi (Freund) 59, 71 f., 74, 78, 86, 92, 95, 120, 200
Clueso 331
Cobain, Kurt 313
Cohen, Leonard 152
Collins, Phil 285
Coltrane, John 191
Cooper, Gary 23
Crosby, Bing 24

D

Dahlke, Renate 185
Davis, Bette 23
Davis, Miles 16
Dean, James 84, 86, 88, 169
Delay, Jan 49, 52, 331
Dietrich, Marlene 23, 168, 191, 275, 292 ff.
Doldinger, Klaus 128, 130 f., 190
Doors, The 191
Dorsey, Thommy 84
«Dr. Hund« 28 f.
Dylan, Bob 142, 149, 152, 259

E

Ebstein, Katja 255
Eichendorff, Joseph von 154
Eiling, Herm 92 f., 97, 104, 107, 122, 279-284, 288, 297, 300, 305, 311 f., 314
Eisler, Hanns 22, 24, 30
Ellington, Duke 16, 191
Engel, Bertram 272
Engels, Friedrich 255 f.
Enzensberger, Hans Magnus 152
Ertegün, Ahmet 159
Etta (Tante) 70

F

Ferry, Bryan 165
Fichte, Johann Gottlieb 15
Fitzgerald, Ella 191
Flasse, Gerold 103
Fleischmann, Familie 70
Flottmann, Bernie 150, 153
Flügge-Timm, Rita 55
Franklin, Aretha 152
Frederike (Oma) 70
Funke, Hans Werner »Mac Funke« 187 ff., 191, 278

G

Gabriel, Sigmar 132, 328
Gaißmayer,Michael 224, 226 f., 230 f., 241, 248, 250 f.
Gildo, Rex 19 f., 32
Gillespie, Dizzy 130
Goethe, Johann Wolfgang von 16
Gogh, Vincent van 316
Goodman, Benny 61, 78, 83 f., 88, 90
Gorbatschow, Michael 214, 249, 251
Grass, Günter 152
Gray, Colin S. 213
Greger, Max 164
Guevara, Che 217, 241

H

Hagen, Nina 224
Hager, Kurt 226
Haley, Bill 85
Hammond II, John Henry 151 f.
Harksen, Jürgen 27
Heck, Dieter Thomas 19, 164, 175-178, 270
Hegel, Georg Friedrich 15
Hehn, Sascha 33

Heinemann, Reinhard 232, 247
Heino 175 f.
Heller, André 183
Hemingway, Ernest 23, 292
Hendrix, Jimm 125, 191, 313, 333
Henkel, Gabriele 132
Herbig, Andreas 44-50, 53, 55, 331
Herbolzheimer, Peter 125
Hermann, Ralf 200 f.
Herre, Max 49, 331
Hesse, Hermann 35, 52, 137, 154
Heymann, Werner Richard 22, 24
Hilbert, Erwin 289, 297, 299, 304
Hilbert, Kieran 290
Hilbert, Lukas 290
Hitler, Adolf 22, 64, 160, 187
Hodosi, Judith 147, 155, 157
Hoffmann, E. T. A. 154
Holiday, Billie 24, 152
Hollaender, Friedrich 23 ff., 274, 311
Honecker, Erich 224, 228, 230 f., 234 f., 238 f., 247, 252, 254 ff.258 f., 262
Humpe, Annette 43 f.
Humpe, Inga 330

I

Illner, Maybritt 44

J

Jackson, Michael 251
Jagger, Mick 151
Jarreau, Al 135
John, Elton 250
Joop, Wolfgang 282
Joplin, Janis 313, 333
Jule (Freundin) 89 f., 111
Jürgens, Udo 176

K

Kante, Eddy 25, 53, 315
Karajan, Herbert von 177
Kazal, Niko »die Zarin« 323
Kennedy, John f. (JFK) 149, 241
Kenny G (Kenneth Gorelick) 285
Kerstin (Mädchen für alles) 179
Kleine, Hanne 283
Kohl, Helmut 214
Königstein, Horst 211 f., 292 ff., 308
Köster, Arno 314
Krenz, Egon 231, 234 ff., 238-241, 243 f., 247 f., 259
Kretschmer, Thomas 209 ff.
Kriegel, Volker 125
Kroll-Vogel, Peter 304 ff., 314, 316, 318
Krug, Manfred 224
Krupa, Gene 83, 88, 90, 104
Kübler, Olaf 131 f.
Kuckuck, Thomas 134, 147, 172
Kuhn, Tobias 49

L

Lafontaine, Oskar 255
Led Zeppelin 159, 180
Lennon, John 142
Lindenberg, Ecki 17, 67, 74
Lindenberg, Erich 10-18, 20, 48, 62 f., 65 f., 78 f., 80, 121, 129 ff., 138, 310, 333 f.
Lindenberg, Gustav 63-68, 70 f., 74 ff., 82, 87 f., 104, 121, 138, 301 f.
Lindenberg, Hermine 17, 66, 68, 70 f., 74, 76, 94, 104, 107, 121, 124, 138, 161, 196 f., 199 f., 211, 233, 269, 293

Lindenberg, Inge 11, 17, 67, 74 f., 329
Little Richard 84
Loch, Sigi E. 131, 159 f.
Lojewski, Wolf von 199
Lubitsch, Ernst 24

M

Maffay, Peter 32, 255, 259, 290, 315
Mangelsdorff, Albert 125
Mann, Heinrich 15
Marx, Karl 292
Marxen, Peter 134
McDaniels, Darryl 278
Meinecke, Ulla 189
Menza, Don 130
Menzel, Henrik 53, 331
Meola, Al di 135
Mertens, Hans Otto 126, 133, 170 f.
Meysenbug, Alfred von 211 f.
Michael, Marion 88
Miller, Glen 83, 228 f.
Moja (Freundin) 110 f.
Monroe, Marilyn 88
Morrison, Jim 313
Morrison, Van 327
Müller-Westernhagen, Marius 170 f.
Müller, Heiner 15, 224, 231, 275
Mulligan, Gary 102
Mundlos, Uwe 315

N

Naidoo, Xavier 315 f.
Nena 32, 273 f., 315

O

Orwell, George 209

P

Parker, Charlie 78, 88, 102
Parker, Colonell 164
Partenheimer, Dr. 327
Paul, Bernhard 183
Pauly, Dr. 327
Payne, Keith 213
Peterson, Oscar 191, 196
Piscator, Erwin 224
Police, The 251
Presley, Elvis 84, 131
Prince 278
Pugatschowa, Alla 251 f.

R

Rakim (Rapper) 278
Rau, Andreas 190
Rau, Fritz 190 ff., 196 ff., 200, 211 f., 215, 218, 232, 333 f.
Rau, Hildegard 191
Reagan, Ronald 207, 214
Redford, Robert 108, 156
Reich, Wilhelm 127
Richard, Cliff 250
Richards, Keith 327, 335
Richter, Kurt 147, 159
Roberts, Chris 175 f.
Rolling Stones, The 112, 141, 180, 191, 211, 219, 251
Rollins, Sonny 191
Rostock, Jennifer 330
Rubin, Rick 46
Rubink, Rainer 124
Rudorf, Reginald 176
Rühmkorf, Peter 134
Rumpf, Inga 125, 140
Run DMC 278

S

Salinger, J. D. 153, 169
Sander, Jörg 50
Sartre, Jean-Paul 16 f.
Schmidt, Helmut 181, 199, 207, 214
Schneider, Helge 49
Scholz, Felix 184 f., 193 f., 268, 296
Schubert, Franz 154
Schulz, Bernie 197
Schumann, Robert 154
Schwensen, Kalle 184
Seger, Bob 52
Seifert, Jem Peter 53, 331
Shakespeare, William 193, 272
Simmons, Run 278
Sinatra, Frank 311, 334
Söhne Mannheims 315
Springsteen, Bruce 52, 152
Stalin, Josef 244, 249
Stephan, Karola (Mutter von Stephan, Steffi) 109
Stephan, Steffi 43, 54, 108, 112, 137, 147, 155, 195, 239, 245, 270 f., 307, 318
Sternbergs , Josef von 23
Stewart, Rod 139, 185
Ströer, Ernst 294
Ströer, Hans Peter 294
Süggeler, Alina 331

T

Tammen, Werner 11
Temme, Roland „Balou" 329
Teufel, Jürgen 36 ff.
Thalbach, Katharina 224
Tingvall, Martin 49
Townshend, Pete 184
Triebel, Simon 49

V

Van Delden, Familie 61, 64
Voxx, Jim 50

W

Waalkes, Otto 170
Wader, Hannes 134
Waller, Ulrich 330
Warhol, Andy 165, 181
Waters, Muddy 112
Weigel, Helene 15
Weill, Kurt 22, 24
Wilder, Billy 23 f., 293
Winehouse, Amy 333
Wolfe, Tom 155
Wolf, Konrad 224, 226
Wolf, Markus 230
Wood, Ronnie 237

Z

Zadek, Peter 192-200, 226
Zschäpe, Beate 315

DANKSAGUNG

Mein Dank gilt allen, die dazu beigetragen haben, dass es dieses Buch gibt, oder die mich bei der Arbeit begleitet und inspiriert haben:
Benjamin von Stuckrad-Barre, Helge Malchow, Stephan Landwehr (Rhythm Guitar), Alexander Smoltzcyk (Slide Guitar), Kristin Rübesamen, Linda, Josephine und Sissi Hüetlin, Hank Senfft, Thilo Wermke, Rebecca Casati, Moritz von Uslar, Sigrid Rothe und Roya Ahmadi.

Dann mein ebenso großer Dank an alle meine Gesprächspartner, die ihr Wissen und ihre Erfahrung für dieses Buch so großzügig zur Verfügung gestellt haben:
Arno Köster, Niko Kazal, Inge Lindenberg, Tine Acke, Hannes Rossacher, Frank Bartsch, Jem Peter Seifert, Henrik Menzel, Steffi Stefan, Hannes Bauer, Ulla Meinecke, Thomas Kuckuck, Rita Flügge-Timm, Hans-Otto Mertens, Gottfried Böttger (†), Clemens Buss, Hanspeter Dickel, Jürgen Teufel, Erwin Hilbert, Peter Kroll Vogel (†), Annette Humpe, Michel Gaismayer, Christoph Silber, Leander Haußmann, Louis von der Borch, Birgit Mayer, Reinhold Beckmann, Jörg Hoppe, Simone Adelsbach, Lutz Rosenkranz, Kristine Meierling und Fabian Döring.

Und zum Schluss und vor allem:

Mille Grazie an den Soulbrother Numero Uno, Udo Lindenberg – für Deine Musik und Dein Vertrauen.

TEXTNACHWEISE UND COPYRIGHTS

Seite 33, zitiert nach: *Bin nur ein Jonny*, Text: Udo Lindenberg, Paul Abraham, Aggro Grünwald, Fritz Löhmer-Beda; auf: »Songbook«, udo-lindenberg.de

Seite 253, zitiert nach: *Heroes*, Text: David Bowie, Brian Eno; auf: songtexte.com

Seite 275, zitiert nach: *Ich weiß nicht, zu wem ich gehöre*, Text: Friedrich Hollaender, Robert Liebmann; auf: »Songbook«, udo-lindenberg.de

Seite 293, zitiert nach: *Illusions*, Text: Friedrich Hollaender; auf: »Songbook«, udo-lindenberg.de

Alle Udo-Lindenberg-Songs zitiert nach: http://www.udo-lindenberg.de/songbook.52424.htm

Votan Wahnwitz 1975
Musik: Peter Herbolzheimer, Udo Lindenberg
Text: Udo Lindenberg

Hoch im Norden 1972
Musik und Text: Udo Lindenberg

Ich träumte oft davon, ein Segelboot zu klaun' 1998
Musik: Udo Lindenberg
Text: Udo Lindenberg, Hark Bohm

Honky Tonky Show 1974
Musik: Gottfried Böttger, Udo Lindenberg
Text: Udo Lindenberg

Bitte keine Love-Story 1974
Musik und Text: Udo Lindenberg

Cowboy Rocker 1974
Musik und Text: Udo Lindenberg

Riskante Spiele 1974
Musik: Udo Lindenberg
Text: Udo Lindenberg, Karl Allaut

Da war so viel los 1975
Musik und Text: Udo Lindenberg

Elli Pyrelli 1975
Musik und Text: Udo Lindenberg

Rudi Ratlos 1974
Musik und Text: Udo Lindenberg

Wozu sind Kriege da? 1982
Musik und Text: Udo Lindenberg

No Future 1982
Musik und Text: Udo Lindenberg

Gegen die Strömung 1981
Musik: Dave King Virgin
Text: Udo Lindenberg

Rock 'n' Roll Arena in Jena 1976
Musik: Jean-Jacques Kravetz
Text: Udo Lindenberg

Horizont 1988
Musik: Udo Lindenberg
Text: Udo Lindenberg, Beatrice Reszat

Say No 1986
Musik: Udo Lindenberg
Text: Udo Lindenberg, Bertolt Brecht

Dirty Old Man 1988
Musik: Udo Lindenberg
Text: Udo Lindenberg, Horst Königstein

Flipper 1977
Musik: Udo Lindenberg, Dave King Virgin, Kristian Schulze
Text: Udo Lindenberg

Russisch Roulette 1983
Musik: Lucas Hilbert
Text: Udo Lindenberg, Angelina Maccarone

Die Heizer kommen 1980
Musik: Thomas Kretschmer
Text: Udo Lindenberg

Der Generalsekretär 1987
Musik und Text: Udo Lindenberg

Cello 1973
Musik und Text: Udo Lindenberg

© Star Musik Edition, Berlin und Universal Music Publishing GmbH, Berlin:

Alles klar auf der Andrea Doria 1973
Musik und Text: Udo Lindenberg

Good Life City 1998
Musik und Text: Udo Lindenberg

Sommerliebe 1998
Musik und Text: Udo Lindenberg

Er wollte nach London 1998
Musik und Text: Udo Lindenberg

Boogie Woogie Mädchen 1983
Musik und Text: Udo Lindenberg

Du heißt jetzt Jeremias 1973
Musik und Text: Udo Lindenberg

Nichts haut einen Seemann um 1973
Musik: Udo Lindenberg
Text: Udo Lindenberg, Thomas Kretschmer

Mädchen aus Ost-Berlin 1973
Musik und Text: Udo Lindenberg
(© Enterprises Sonor Musik GmbH, Hamburg)

Ganz egal 1973
Musik: Udo Lindenberg
Text: Udo Lindenberg, Karl Allaut

© NB Music Corp. Warner Bros., Inc., Hamburg, Neue Welt Musik Verlag, Hamburg, EMI Feist Catalog Inc. EMI Music Publishing Germany GmbH, Berlin:

Sonderzug nach Pankow 1983
Musik: Udo Lindenberg, Harry Warren, Mack Gordon (Chatanooga-Choo-Choo)
Text: Udo Lindenberg, Harry Warren, Mack Gordon

© Edition Jem / Edition Herbig 2.0 / Edition Menzelmusic / Regenmacher Musikverlag GmbH / Porn & Poetry Publishing Robin Grubert. BMG Rights Management GmbH / Kobalt Music Publishing Limited / Budde Music. All Rights Reserved. International Copyright Secured.

Einer muss den Job ja machen 2016
Musik: Peter Jem Seifert, Henrik Menzel, Andreas Herbig
Text: Udo Lindenberg, Peter Jem Seifert, Benjamin von Stuckrad-Barre, Simon Müller-Lerch, Andreas Herbig, Henrik Menzel

© EMI Partnership, Berlin:

Unterm Säufermond 1994
Musik: Michel Legrand
Text: Alan und Marilyn Bergman, Horst Königstein

© Edition Jem / Edition Herbig 2.0 / Score Encore Music Rita Flügge-Timm / Edition Menzelmusic / Regenmacher Musikverlag GmbH / Porn & Poetry Publishing Robin Grubert. Universal Music Publishing GmbH / BMG Rights Management GmbH / Kobalt Music Publishing Limited / Budde Music. All Rights Reserved. International Copyright Secured.

Eldorado 2016
Musik: Daniel Flamm, Robin Grubert, Andreas Herbig, Henrik Menzel, Peter Jem Seifert, Martin Tingvall
Text: Udo Lindenberg, Daniel Flamm, Sera Finale, Benjamin von Stuckrad-Barre

© Beboton Verlag GmbH, Hamburg:

Leider nur ein Vakuum 1974
Musik und Text: Udo Lindenberg

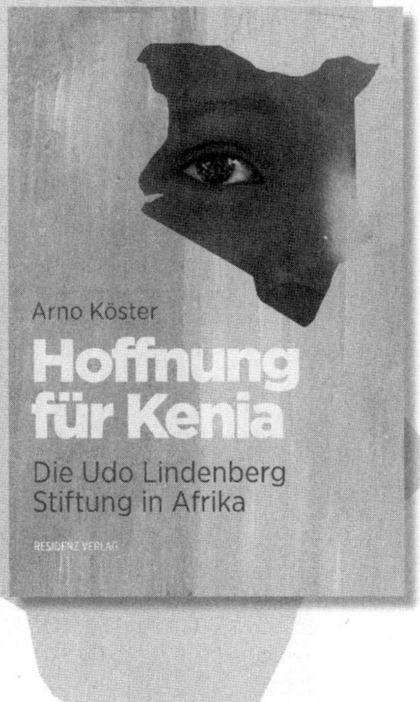

ISBN 978 3 7017 3472 6